高等学校法学专业考研辅导与习题精解

# 中国法制史考研辅导与习题精解

主 编／李 军　孙照海

副主编／李 震　张丽静

社会科学文献出版社
SOCIAL SCIENCES ACADEMIC PRESS(CHINA)

# 编写说明

本书为法学专业经典教材的配套辅导材料，参编者均熟知教材的知识点和考点。

本书的基本框架分为辅导提要和习题精解两大部分：辅导提要部分按照配套的经典教材的章节顺序讲解知识点，分析其重点难点和考点；习题精解部分大致按单项选择题、多项选择题、名词解释、简答题、论述题、案例分析题等题型进行详细讲解，同时又吸取了近年来各高校的考研真题和司法考试的真题等，基本涵盖了所有知识点。这种编写方式，题量适中、涵盖面广、重点突出、考点明确，节省了广大考生梳理教材的大量宝贵时间和精力，可以达到事半功倍的效果。

本书不仅适用于研究生入学考试、本科生自测，也适用于参加司法考试的广大考生，还可以为高校教师讲授教材、编写考题提供有价值的参考，是一本实用性、针对性较强的辅导资料。

由于编者水平有限，书中不当之处，敬请广大师生在使用过程中提出宝贵意见和建议，以便将来进一步修订。

李 军<br>
2012 年 3 月

# 目 录

## 第一部分 中国法制史辅导提要

**第一章 夏商的法律制度** ........................................... 3

**第二章 西周的法律制度** ........................................... 5
    第一节 西周初期法律思想的发展变化 ........................... 5
    第二节 西周的主要立法及法律形式 ............................. 6
    第三节 西周的宗法制、礼与刑 ................................. 7
    第四节 西周的刑法制度 ....................................... 9
    第五节 西周的民事法律制度 .................................. 11
    第六节 西周的司法制度 ...................................... 14

**第三章 春秋战国时期的法律制度** .................................. 17
    第一节 春秋时期成文法的公布 ................................ 17
    第二节 新兴地主阶级的法治原则 .............................. 19
    第三节 李悝的《法经》 ...................................... 21
    第四节 商鞅变法及其影响 .................................... 23

**第四章 秦代的法律制度** ......................................... 25
    第一节 秦代法制的发展概况 .................................. 25
    第二节 秦代法律的主要内容 .................................. 28
    第三节 秦代的司法制度 ...................................... 33

**第五章 汉代的法律制度** ......................................... 35

**第六章 三国两晋南北朝的法律制度** ............................... 40
    第一节 三国两晋南北朝的立法概况 ............................ 40
    第二节 三国两晋南北朝法律内容的发展变化 .................... 46
    第三节 三国两晋南北朝的司法制度 ............................ 49

- 第七章 隋唐的法律制度 ... 51
  - 第一节 隋朝的法制概况 ... 51
  - 第二节 唐初法制的指导思想 ... 53
  - 第三节 唐朝的主要立法及法律形式 ... 55
  - 第四节 唐律的主要内容 ... 61
  - 第五节 唐律的主要特点和历史地位 ... 75
  - 第六节 唐朝的司法制度 ... 77
- 第八章 宋辽金元时期的法律制度 ... 81
  - 第一节 宋代法律制度 ... 81
  - 第二节 辽金立法概况及法制特点 ... 88
  - 第三节 元朝的法律制度 ... 89
- 第九章 明代的法律制度 ... 92
- 第十章 清代的法律制度 ... 95
  - 第一节 清代的立法概况 ... 95
  - 第二节 清律的主要发展变化 ... 97
  - 第三节 清代的司法制度 ... 98
- 第十一章 清末法律制度的变化 ... 100
- 第十二章 中华民国南京临时政府的法律制度 ... 102
- 第十三章 中华民国北京政府的法律制度 ... 106
- 第十四章 中华民国国民政府的法律制度 ... 112
- 第十五章 革命根据地新民主主义的法律制度 ... 115

# 第二部分 中国法制史习题精解

- 导论 ... 121
- 第一章 夏商的法律制度 ... 126
- 第二章 西周的法律制度 ... 135
- 第三章 春秋战国时期的法律制度 ... 149
- 第四章 秦代的法律制度 ... 158
- 第五章 汉代的法律制度 ... 169
- 第六章 三国两晋南北朝的法律制度 ... 179
- 第七章 隋唐的法律制度 ... 189

# 目 录

第八章　宋辽金元时期的法律制度 …………………………………… 205
第九章　明代的法律制度 ………………………………………………… 221
第十章　清代的法律制度 ………………………………………………… 235
第十一章　清末法律制度的变化 ………………………………………… 248
第十二章　中华民国南京临时政府的法律制度 ………………………… 263
第十三章　中华民国北京政府的法律制度 ……………………………… 269
第十四章　中华民国国民政府的法律制度 ……………………………… 282
第十五章　革命根据地新民主主义的法律制度 ………………………… 297

# 第一部分 中国法制史辅导提要

# 第一章 夏商的法律制度

## 一 法律思想"天罚神判"

1. 神权时代：社会生产力发展水平还十分低下，人们认识自然界的能力也极其有限。

"天命"、"鬼神"的宗教迷信思想。出于对"天""神"的信仰崇拜及畏惧，其政治法律思想具有鲜明的"天罚""神判"特色。

2. 夏代：自然神。
3. 商代：祖先神。

## 二 法律形式

1. 以习惯法为主，其中包括礼与刑两部分内容。

（1）刑：禹刑，汤刑。

（2）命名：本部族祖先的崇拜和景仰。"夏有乱政，而作禹刑"（禹刑：夏朝的法律制度）。"商有乱政，而作汤刑"（汤刑：商朝的法律制度）。

法律是阶级矛盾不可调和的产物，在夏商两代社会的长期发展过程中逐步形成和不断扩充的，其内容基本以习惯法为主。

（3）禹刑与汤刑的异同。

共同点：一是它们都是中国奴隶制早期的刑法制度。二是残酷的刑罚作为法律的主要内容。三是罪名体系尚不健全，以事定罪，以罪定刑。四是以开朝首领的名字为法律命名。

不同点：一是指导思想上，商朝较夏朝神权法思想更浓。二是宗族行为上，商朝的法律活动主要以占卜形式进行。三是在刑罚体系上，商朝更发达。四是在司法机构设置上，商朝的内外服制度已初具中央、地方机构分设雏形。

2. 夏王、商王的命令也是一种重要的法律形式，而且其法律效力高于其他法律形式。

夏商两代的王命主要包括：军法命令的"誓"；政治文告的"诰"；训令臣民的"训"等各种形式。

3. 商代已产生比较成熟的文字，据说也有一些不公开的成文法。

"刑不可知，威不可测"的法律神秘主义原则，实行"临事制刑，不予设法"的立法传统。

## 三　法律内容

夏商两代的法律制度还比较简单，整个法律体系也很不完善，其他法律内容基本以刑事法律规范占据主要地位。

（一）刑罚体系

（1）夏奴隶制五刑：大辟、膑刑（刖）、宫刑、劓刑、墨刑。

（2）赎刑。

商五刑已较通行，但处刑手段尚未规范化，带有很大的随意性。已经有徒刑。

（二）主要罪名

夏：不孝、不用命、昏（强盗）、墨（贪污）、贼、杀。

商：（1）暂遇奸宄（2）颠越不恭（3）破律乱政（4）言行惑众（5）讽十愆。

继续沿用不孝、违命等罪名，同时也规定了一些新罪名。

（三）刑法原则

虞舜时代："眚灾肆赦，怙终贼刑"的刑法原则。

夏代："与其杀不辜，宁失不经"的刑法原则。体现慎刑思想，是有积极意义的。

商代：可能已有不公布的成文法，并形成了"殷罚有伦"的刑法原则（即依据特定规则适用刑罚制度）有积极意义。

## 四　司法制度

夏商两代的司法制度，基本建立在行政、军事同法不分的体制之上。

夏王、商王；最高统治者和立法者，拥有最高司法审判权。监狱的起源："皋陶造狱法律存"（《急就篇》）"夏帝芬三十六年作圜土"（《竹书纪年》）。

# 第二章 西周的法律制度

## 第一节 西周初期法律思想的发展变化

### 一 "敬天保民"、"以德配天"

（一）天命靡常（非一成不变）

天命并不是一成不变的，即"唯命不于常"、"天命靡常"。这是对夏商绝对天命观的反动，具有历史进步性。

（二）天命可以转移（天命的转移是有规律可循的——两条规律）

1. 保民者享有天命（天唯时求民主）（民心无常，惟惠之怀）。

西周初期的统治者从夺取政权到巩固政权的严峻斗争中深刻意识到：欲使统治长久，不但要"敬天"，而且要"保民"。"敬天保民"，是对夏商"天命观"的改造，是一种以国家长治久安为目的的立法、施政思想，具有进步性。

2. 有德者享有天命（皇天无亲，惟德是辅）。

西周初期的统治者从夏特别是商朝兴亡的史实中，还悟出天命转移的另一条规律：天命总是归属于有德者，故君主必须"以德配天"。上天对于君主，没有亲疏远近之分，谁有德则保佑谁。

### 二 "明德慎罚"

周公在告诫康叔治理卫国的命令中，最先提出了"明德慎罚"的思想。

所谓"明德"，就是要求统治者崇尚德治，提倡德教，发扬德礼教化，用道德的力量教育、感化民众，从而达到弃恶向善的积极效果。

所谓"慎罚"，是指适用法律、实施刑罚时应当谨慎、宽缓，反对滥施刑罚、乱杀无辜。

"明德慎罚"的法制指导思想是在夏商两代"天讨"、"天罚"的神权法思想的基础上发展起来的。这种思想的形成，从一个侧面说明，当时的统治阶层在政治法律思想上已经趋于成熟。

### 三 "亲亲"、"尊尊"

"亲亲"要求父慈、子孝、兄友、弟恭，主要从家庭方面着眼。"尊尊"的含义较广，不但父子、夫妻之间尊卑有别，在贵族之间、贵族与庶民之间，特别是君臣之间，尊卑也截然不同。"尊尊"要求下级必须尊敬和服从上级。

"亲亲"、"尊尊"的原则强调，至亲莫如父，至尊莫如君。子对父必须尽孝，臣对君必须尽忠。孝，旨在维护父的权威；忠，旨在维护君的权威。因为，家庭中的孝子，是很少去犯上作乱的。所以要求孝于亲，归结是为了忠于君。

## 第二节 西周的主要立法及法律形式

### 一 主要立法

（一）周文王之法："有亡荒阅"

这是周文王时制定的有关搜捕逃亡奴隶的刑事法规。"亡"，逃亡；"荒"，大；"阅"，搜。

（二）周公制礼（"作周官，兴正礼乐，度制于是改"）

（三）"九刑"（"周有乱政，而作九刑"）

"九刑"是西周初期因"乱政"而制定的成文刑书，由九篇构成。

（四）吕侯制刑

吕侯制刑，是指西周穆王时由司寇吕侯制定刑书的立法活动，其立法成果称为《吕刑》。《吕刑》全面贯彻了西周初期提出的"明德慎罚"的法制指导思想。

《吕刑》主要是关于赎刑的规定，使自夏朝以来就有的赎刑制度化。

## 二 法律形式

西周继承发展夏商两代的法律形式，仍以礼、刑为其主要渊源。其中，尤以具有习惯法内容的成文法占重要地位。此外，王命、前朝的成规旧例也是其重要的法律渊源。

（一）习惯法

（二）刑

刑也是西周的主要法律形式。是指西周刑事法律的表现形式，如《九刑》、《吕刑》等。通常以成文法的形式出现，相当于近现代的刑法典。

（三）国王的命令

王命是西周时普遍适用的法律形式，其称谓和表现形式因王命性质的不同而不同，但均具有最高的法律效力。

1. 誓。誓是国王发布的用以动员和约束将士的军事命令。如《牧誓》、《费誓》、《秦誓》等。

2. 诰。诰是国王对诸侯和官吏的告诫之辞。如《大诰》、《酒诰》、《召诰》、《洛诰》等。

3. 命。命是国王针对具体事务向行政机关发布的临时指令。如《文侯之命》等。

4. 遗训。遗训是先王处事的规则或惯例。这些规则或惯例对后继之君具有约束力。

（四）故事

"故事"主要是指行政和审判方面的成例，类似于后世的事例或断例。

（五）殷彝

殷彝，是指商朝的某些法规或习惯。

## 第三节 西周的宗法制、礼与刑

### 一 宗法制

1. 宗法制的渊源及含义

在氏族社会后期父权家长制下，便有根据父系血缘维护家长世袭权力的传统。

围绕着家长，按血缘关系的亲疏尊卑，确定他们在家族或宗族中的身份。在国家形成的过程中，氏族血缘关系不但没有解体，反而在新的历史条件下得到巩固。族权与政权合而为一，宗统和君统难解难分。

所谓宗法制，是指由父系家长制演变而来的、以血缘关系为纽带的嫡长继承和庶子分封的族制系统，是家族制度与国家政治制度的密切结合。

2. 宗法制确立的原因

灭商之后，周王朝面对被征服的广大国土采取"封建诸侯、以藩屏周"的国策，实行统治。鉴于商朝属国时服时叛而最后反戈相击，以及历史上因王位继承问题带来的扰乱，为了加强王室对诸侯国及其下属封邑的控制，为了解决权位继承问题，周初统治者系统地确立了宗法制。

3. 宗法制的主要内容

"亲亲"、"尊尊"原则在这里获得完备的、严格的体现，成为宗法制的精神支柱。

宗法制的主要内容可以概括为：从周天子到诸侯王、卿大夫再到士，均实行嫡长子继承制；大宗与小宗具有政治上的隶属关系，即大宗统率小宗，小宗服从大宗；全体贵族共同向周天子负责。

## 二　西周的礼

1. 礼的内容及其精神

礼的内容大体上包括"本"和"文"两个层面，所谓"本"，是指礼的基本精神和原则；所谓"文"，是指礼仪形式。从基本精神和原则方面看，礼的核心在于"亲亲"和"尊尊"，在于强调等级名分和尊卑贵贱。从具体的礼仪形式方面看，礼通常有"五礼"（吉、凶、宾、军、嘉）、"六礼"（冠、婚、丧、祭、乡饮酒、相见）和"九礼"（冠、婚、丧、祭、乡饮酒、朝、聘、宾主、军旅）之说。总之，礼以"亲亲"、"尊尊"之义为最高准则，并全面渗透于各项具体的礼节仪式中。

2. 礼的性质与作用

礼在西周实际上具有法的性质，但又不限于法。西周的礼既是根本大法，又是国家机关的组织法和行政法，刑事、民事、经济等方面的立法，以及司法的基本原则也具于礼。同时，国家施政的成败得失，人们言行的功过是非，罪与非罪，统统以礼作为根据。正因如此，礼被认为是"经国家，定社稷，序民人，利后嗣"的头等大事。此外，西周统治者还认为礼具有预防犯罪、防止臣民"犯上作乱"的重要功能，即礼"绝恶于未萌"，"礼者，因人之情而为之节文，以为民坊者也。"

## 三 礼与刑的关系

礼与刑是西周法的两个基本方面。二者相辅相成，互为表里。礼与刑都是维护社会秩序、调整社会关系的重要社会规则，共同构成了西周社会完整的法律体系。但礼与刑并非完全等同，两者调整的社会关系及发挥作用的领域各有侧重。

1. 礼"绝恶于未萌"，刑"禁恶于已然"
2. 出礼入刑
3. "礼不下庶人，刑不上大夫"

## 第四节 西周的刑法制度

西周的刑事法律充分地体现了周初法制指导思想。"九刑"、"吕刑"等成文刑书的制定，反映了奴隶制习惯法向成文法全面过渡的基本事实。以"誓"、"诰"、"命"等形式发布的王命具有最高法律效力。西周的罪名、刑罚体系也较夏商有较大发展。

### 一 刑法原则与刑事政策

1. 三国三典

周初统治者将其领域按占领、开辟的先后和政局稳定程度，分为三类地区，制定了因时因地制宜的原则："刑新国，用轻典；刑平国，用中典；刑乱国，用重典。"

2. 区分故意和过失、惯犯和偶犯

西周时，统治者已经开始对故意犯罪与过失犯罪、惯犯与偶犯进行明确的区分，并给予截然不同的刑事处罚。

这一原则表明：西周时期，根据犯罪者的主观恶性的大小来判定刑事责任轻重的刑法理论已经达到较高的水平。

3. 老幼残疾犯罪减免刑罚

西周时规定：年老、年幼及愚痴者犯罪，免予追究刑事责任。《礼记·曲礼上》载："八十、九十曰耄，七年曰悼。悼与耄，虽有罪，不加刑焉。"

4. 罪疑从轻，罪疑从赦

罪疑从轻，指定罪时对罪行的轻重难以决定时，则以轻罪论；罪疑从赦，指对有罪与无罪难以判定时，则予以赦免。

## 二 刑罚种类

1. 九刑

西周刑罚基本上沿用夏商的墨、劓、刖、宫、大辟等五刑，此外，还有鞭刑、扑刑、流刑、赎刑，合称"九刑"。

西周死刑执行的方式较多，也很残酷。

2. 其他刑罚

除了上述九刑之外，西周时还有类似于后世的劳役刑和拘役刑，即所谓的"圜土之制"和"嘉石之制"。

劳役刑，是指限制或剥夺罪犯自由并强制其从事劳役的刑罚。西周时，在中央设有司圜，专门负责劳役刑的执行。后人将西周的劳役刑制度称为"圜土之制"。

西周的拘役刑又称为嘉石拘役或者"嘉石之制"。

## 三 主要罪名

1. 不孝不友

不孝不友是严重违反和破坏宗法等级制度的伦理性犯罪，是历代刑法打击的重点之一。不孝，是指不孝顺父母；不友，是指兄弟不恭敬兄长，兄长不亲近兄弟的行为。

对不孝不友，不予赦免刑罚。

2. 犯王命

"犯王命"就是违犯国王的命令。王命是西周重要的法律形式之一，具有最高的法律效力，任何人不得违犯，否则构成严重犯罪，处以严厉的刑罚。

3. 群饮

群饮，指聚众饮酒的行为。西周初期统治者总结殷商统治集团灭亡的教训时认识到，纵酒行乐荒废国政是导致政治腐败、社会混乱的一个重要诱因。为此，周公再三告诫周人，不许聚众饮酒滋事，违者，处以死刑。

4. 寇攘

劫夺为寇，窃取为攘。在这里，寇攘相当于后世的强盗罪。寇攘罪侵犯和破坏了统治阶级的财产所有权，故也是西周时重点打击的犯罪之一。

《周礼·秋官·司刑》郑玄注认为，寇攘罪当处重刑乃至死刑。

5. 杀越人于货

所谓"杀越人于货"，是指杀人而夺取财物的犯罪行为，相当于后世的抢劫杀人罪。西周时对此行为处以死刑。

## 第五节　西周的民事法律制度

### 一　所有权制度

西周所有权制度的核心，是以土地及附着于土地上的民众为代表的财产所有权。由宗法等级制度所决定，周天子乃是代表宗法制国家的最高权力主体，拥有最高的财产所有权。

西周初期除王室直接控制王畿的土地外，实行"授民授疆土"，即分别赐给各级诸侯多少不等的土地连同附着于土地上的臣民，诸侯又将其国内部分土地分别赐给卿大夫，卿大夫再将其采邑的部分土地给其臣属。自天子至卿大夫，都把土地分成小块给一家一户的生产者耕种，称井田。

土地的授予者有权向接受者征收贡赋、租税，后者则有义务向前者纳贡、交租。周天子有权收回所赐的土地。诸侯以下分得的土地只能由嫡长子世袭占有、使用、收益，而不得买卖或转让，即所谓"田里不鬻"。

然而，至少在西周中期以后，土地的王有制在悄悄地发生变化：这时已经出现贵族以土地租赁、交换和充当赔偿的事例，而且事实上得到法律的承认，这说明贵族事实上已取得土地的处分权。

西周中期以后，周初宗法制下土地王有制的局面已经被打破，并逐渐向各级奴隶主贵族所有制过渡。随着土地私有化进程的加快，整个社会的私有观念也得到进一步发展。

### 二　契约制度

1. 质剂（买卖契约）

《周礼·天官·小宰》："听买卖以质剂。"民间买卖奴隶、牛马和兵器、珍异之物，要通过"质人"成立"质剂"。质人是市场管理人员。买卖奴隶、牛马使用较长的契卷，称"质"；买卖兵器、珍异之物使用较短的契卷，称"剂"。质、剂皆由官方制作，说明官方已经对市场交易进行干预。

2. 傅别（借贷契约）

《周礼·天官·小宰》："听称责以傅别。"即借贷契约采用"傅别"的形式。"傅"即债券，债券一分为二称"别"。债权人执左券，债务人持右券。债券是重要的诉讼证据，是审理有关债权、债务纠纷案件的重要根据。春秋时期审理这类纠纷，大多要债务人以右券与债权人以左券相合，以作判断。

西周设有司约、士师等专职人员，负责管理契约事务，处理契约纠纷"约剂"即契约文书之类的法定凭证，由司约统一掌管，作为士师处理诉讼纠纷的法律依据。

## 三 婚姻、家庭和继承制度

（一）婚姻制度

1. 婚姻形式

西周婚姻实行一夫一妻多妾制，且严格妻妾界限。

自从父系氏族取代母系氏族以来，男子已成为社会和政治活动的中心。父家长制决定了男子在家庭中的主宰地位。

西周还实行媵嫁制度。所谓媵嫁，是指女子出嫁，须带着同姓娣侄随嫁的制度。妻妾有分，妻主妾从，妻贵妾贱。妻必须"聘"，而妾可以"买"。

在西周，广大平民"匹夫匹妇"，"别无媵妾，唯有夫妇相匹而已"。

2. 婚姻的成立

根据西周礼法的规定，婚姻的成立必须具备实质要件和形式要件。

（1）实质要件（三个）

第一，"父母之命，媒妁之言"。

"娶妻如之何，必告父母"，"娶妻如之何，匪媒不得"。

第二，聘金。

所谓聘金，是指男方给女方家的聘礼。西周时规定，男女两家不交受聘金的，则不能缔结婚姻。

第三，"同姓不婚"。

所谓"同姓不婚"，是指同一姓氏的男女不能婚配。

西周实行同姓不婚原则，主要基于两个目的：一是"男女同姓，其生不蕃"，即不利于后代健康发育成长。二是"娶于异姓,所以附远厚别也"。即通过婚姻加强与异姓的联系,以婚姻的形式扩大和巩固宗法的范围。

(2) 形式要件(六礼)

西周时,婚姻的成立还必须履行一定的程序,具备法定的形式要件,即"六礼"。

3. 婚姻的解除("七出"或"七去","三不去")

西周婚姻关系的解除,主要有"七出"和"三不去"的规定。"七出"是指丈夫一方休妻的七种法定理由或条件;"三不去"是对男子休妻的三种限制。婚姻关系的解除决定权操之于男方。

"七去"具体使指"不顺父母,去;无子,去;淫,去;妒,去;有恶疾,去;多言,去;盗窃,去"。

但是,已婚妇女在三种情况下,可以不被夫家休弃,即所谓"三不去":"有所取无所归,不去;与更三年丧,不去;前贫贱后富贵,不去。""三不去"在某种程度上对于男子任意休妻作了限制,但更主要出于维护宗法伦理的需要。

(二) 家庭制度

西周时处理家庭关系的原则是:"亲亲"、"尊尊"、"长长"、"男女有别"。

子女必须尽孝,必须绝对服从家长,不得有任何违反和埋怨,否则,家长有权教令和处罚。

在家庭中,妻子必须服从丈夫。

(三) 继承制度

1. 继承总原则

西周继承制度的总原则是嫡长继承,即"立嫡以长不以贤,立子以贵不以长。"

2. 继承的主要内容

其主要内容是宗祧继承、官爵继承和财产继承。宗祧继承是指继承祖宗的宗族和祭祀。

3. 继承的特点

官爵和财产继承附属于宗祧继承。宗法制严格确定嫡长子的继承权。嫡长子将宗祧、官爵和财产继承集于一身。在财产方面,其余庶子也只能由嫡长子分给。

至于女子,出于维护贵族的体面和联络感情的需要,出于父兄的赐予。

## 第六节 西周的司法制度

### 一 司法机构

（一）周王拥有最高司法权

宗法制的根本原则决定了周天子具有国家最高统治权，随之也掌握最高司法权。重大案件和诸侯之间的纠纷，都由周王裁决。

（二）中央：大司寇、小司寇（未形成独立司法机构）

中央设大司寇辅佐周王全面行使司法权，其职责是："佐王刑邦国，诘四方。"。大司寇下设小司寇掌管具体司法工作，其主要职责为："以五刑听万民之狱讼。"

司寇之下还设置士师等官职，"掌国之五禁之法，以左右刑罚"，即负责中央禁令的执行和审核地方处理的案件。

（三）地方：乡士、遂士

在地方，由乡士、遂士等掌握司法。

各诸侯国司法机关的设置与周王室基本相同，其权力的行使具有相对的独立性。

### 二 诉讼审判制度

（一）别狱讼、定讼费

1. 区别狱讼

西周对刑事、民事诉讼似已作了区分，即"狱"与"讼"有别。郑玄注："争罪曰狱，争财曰讼"，以罪名相告称狱，以财货相告称讼。

2. 制定讼费（民事—束矢；刑事—钧金）

西周时，司法机关受理民事或刑事案件，通常依案件的性质收取诉讼费用。从《周礼》的有关记载来看：起诉时，"两造"（双方当事人）必须同时缴纳规定的诉讼费。民事案件缴纳一百支箭（束矢）；刑事案件缴纳三十斤铜（钧金）。不缴纳的一方则被认为"自服不直"，以败诉论处。

（二）两造具备

诉讼时，要求当事人双方必须到庭，即"两造具备"。一方故意不到庭者，以败诉论。但"命夫命妇不躬坐狱讼"。要求法官在审理案件时，必须"听狱之两辞"，做到兼听则明。

（三）重视各种证据的运用（口供、人证、书证、盟誓）

西周在司法活动中比较重视证据。除口供、人证外，当事人的盟誓也是主要证据之一。如《鬲攸丛鼎铭》等金文中所记载的盟誓，实际上是作为诉讼、判决的重要证据。此外，"傅别"、"质剂"等契约文书，也是民事诉讼中常用的重要书证。

（四）审讯的主要方式：五听

1. 含义

所谓"五听"，是指司法官用察言观色的方法审核当事人陈述，以便确定案情真伪的一种审讯方式。

西周时，要求法官在审讯中察言观色，注意当事人的表情，通过"五听"的方式审断案情。

2. "五听"的内容

"五听"即"辞听"（理屈者言语错乱）；"色听"（理屈者面红耳赤）；"气听"（理屈者喘气急促）；"耳听"（理屈者应对缺乏机敏）；"目听"（理屈者双目失神）。

西周时，司法官通过"五听"之法，结合当事人的陈述，对比前后供词，核实证据，然后进行判决。

3. 评价

"五听"之法，是西周统治者司法审判经验的总结，是朴素的心理学在司法审判中运用的体现，较之夏商时单纯的"天罚审判"有质的进步。

（五）司法官的责任：五过之疵

在采用"五听"审讯的同时，西周比较重视司法的公正。要求司法人员依法办案，严禁徇私枉法，故意出入人罪。《尚书·吕刑》中记载了涉及司法官法律责任的"五过之疵"。

"五过之疵"，指对司法人员在审理案件时容易出现的五种过失或弊端的处罚。即司法官有惟官（依仗权势）、惟反（报恩怨）、惟内（裙带关系）、惟货（勒索财物）、惟来（接受请托）情形的，惩罚的原则是"其罪惟均"，即对其以所涉案件应处的刑罚予以处罚。

（六）刑罚执行（身份别轻重、秋冬行刑）

刑罚的执行充分体现了礼别贵贱、身份决定刑罚轻重的思想，这也是宗法等级制度影响司法的必然结果。关于这方面的内容,前面已多有论述。此外,从"敬天"的基本观点出发,西周统治者也很注意执行刑罚要配合时令。秋冬象征"肃杀"之气,故执行死刑一般在秋冬,以应天道。

## 三 监狱制度

西周的监狱仍称圜土。《尔雅·释名·释宫室》:"狱又谓圜土,言筑土表墙,其圆形也。"郑玄解释说:"圜土者,狱城也。"西周的监狱有时也称为囹圄。

西周的狱政由大司寇统一掌管。其下设有负责具体狱政事务的"司圜"、"掌囚"等狱官。

# 第三章 春秋战国时期的法律制度

## 第一节 春秋时期成文法的公布

### 一 成文法公布的历史背景

春秋,是我国奴隶制瓦解,封建制逐步确立的时代。井田制遭到破坏,郡县制取代分封制。王权旁落,政权下移,宗法制日趋衰落,法治取代礼治,是这一时代的基本特点(礼崩乐坏)(大动荡、大变革)。

(一) 经济方面
1. 生产力水平提高(铁器的使用、牛耕的推广)。
2. 私田出现、井田制破坏(土地可以交换、租赁、买卖)。

(二) 政治方面
1. 诸侯称霸、王室衰微(礼乐征伐自诸侯出、自卿大夫出,陪臣执国命)。
2. 郡县制取代分封制(世卿世禄被打破)。

(三) 思想文化意识形态方面
1. 百花齐放、百家争鸣(儒、法、道、墨)。
2. 朝觐述职、纳贡进献之礼废(礼崩乐坏、礼治衰落:"臣弑君、子弑父"的现象屡屡发生)(孔子大发雷霆:"是可忍,孰不可忍也"——克己复礼)。

(四) 法制方面
1. 公布成文法(郑、晋)。
2. 打破"刑不可知、威不可测"的传统。

### 二 成文法公布(铸刑鼎事件)(春秋末期)

(一) 郑国子产"铸刑鼎"
1. 子产其人。

(1) 郑国的执政——有魄力、有作为。

(2) 思想家、政治家。

(3) 宽猛相济（水—火）（得到孔子赞赏）。

2. 郑国铸刑鼎的历史背景。

(1) 春秋末期：从经济基础到上层建筑都发生了重大变化——奴隶制向封建制迅速转变。

(2) 郑国处于四大强国包围之中：北有晋，东有齐，南有楚，西有秦；只有新政，才能救郑国于危亡中。

3. "铸刑鼎"事件

(1) 公元前536年，子产"铸刑书于鼎，以为国之常法"。（《左传·昭公六年》）

(2) 中国法制史上第一次。

(3) 叔向反对（子产回信反驳）（内容见后）。

4. 邓析造"竹刑"

(1) 邓析其人：政治家、思想家——活跃激进——能言善辩。

(2) 公元前501年（子产公布刑书后的第三十五年）。

(3) 杜预注："邓析，郑大夫。欲改郑所铸旧制，不受君命而私造刑法，书之竹简，故言《竹刑》。"《左传·定公九年》："郑驷颛杀邓析而用其竹刑"。

(4)《竹刑》后经国家认可，具有法律效力。

(二) 晋国"铸刑鼎"

1. 时间：公元前513年。（历史上第二次）

2. 主持者：赵鞅、荀寅——晋国大夫。

3. 所铸刑书：范宣子制定的刑书。

4. 孔子反对。

## 三 公布成文法之争议

(一) 叔向—子产（写信—回信）

1. 叔向给子产的信（《左传·昭公六年》）

"昔先王议事以制，不为刑辟，惧民之有争心也……民知有辟，则不忌于上；并有争心，以征于书，而侥幸以成之，弗可为矣！……'国将亡，必多制。'其此之谓乎？"

2. 子产给叔向的回信（救世）

大意是：我没有才能，不能惠及子孙。但我不能按您所说的那样去做，我之所以铸刑鼎，是为了挽救郑国于危亡，即"救世"也。

（新政初期：孰杀子产，吾其与之；中后期：子产死后，谁其嗣之。）

（二）孔子——赵鞅、荀寅

《左传·昭公二十九年》：孔子反对晋国铸刑鼎，"晋其亡乎！失其度矣。……今弃是度也，而为刑鼎，民在鼎矣，何以尊贵？贵何业之守？贵贱无序，何以为国？"

双方论争的实质在于：维护什么性质的制度。叔向和孔子极力维护"贵贱不愆"的奴隶制等级制度；子产等人则想通过公布的法律保护新兴地主阶级的利益，维护正在形成中的封建制度。

## 四　成文法公布的历史意义

1. 打破了奴隶主贵族"刑不可知、威不可测"的司法专横传统。
2. 拉开了战国成文法运动的帷幕，推进了习惯法向成文法迅速过渡。
3. 在一定程度上促进了封建生产关系的发展。

# 第二节　新兴地主阶级的法治原则

## 一　法家学派及其主要代表人物

（一）法家之含义（以法治国）

指战国时期代表新兴地主阶级利益、主张"以法治国"的一个学派。（从汉朝开始将这些主张"变法"、提倡"以法治国"的人士统称为"法家"。）

（二）法家学派的鼻祖——李悝（率先在魏国变法，造《法经》）

（三）法家流派的划分及主要代表

根据不同标准，大致有三种划分方法：

1. 以时间为标准——前期法家与后期法家

（1）前期法家——指战国中期以前的法家。——主要代表人物是：李悝、吴起、商鞅、慎到、申不害。——大都注重政治法律实践，常兼政治家、思想家于一身，其法律思想的实践性色彩浓厚（不完全排斥礼义教化的作用）。

（2）后期法家——指战国后期的法家，即通过兼并实现全国统一时期的法家。——主要代表人物是：韩非、李斯。——总结前期法家的经验，提出了较系统的"法治"理论，其法律思想具有较强的理论色彩（否定道德教化作用）。

2. 以地域为标准——晋法家和齐法家（不同地域文化之影响）

（1）晋法家（其思想是战国法家思想的主流和代表）。

指以三晋文化和秦文化为基础产生的法家派系——主要代表人物：李悝、吴起、商鞅、慎到、申不害、韩非、李斯——思想的主要特征：重农抑商、严刑峻法、否定道德教育作用、极端夸大刑罚的功能。

（2）齐法家（其思想主要反映在《管子》一书中）。

指以齐国文化为基础产生的法家派系——主要代表人物：管仲——思想的主要特征：重农而不抑商、重法而不否认道德教化的作用。

3. 以各自所侧重的理论为标准——法派、势派、术派

这是韩非对战国中前期法家学派的划分。韩非是其集大成者，提出"以法为本，法、势、术结合"的法治理论。

（1）法派——商鞅——重法重刑——极力论证"法治"的重要性。

（2）势派——慎到——重势政权——论证推行"法治"的可能性。

（3）术派——申不害——重术权术——论证推行"法治"的可能性。

## 二 新兴地主阶级的法治原则

这些法治原则，反映了新兴地主阶级的法律观，并成为战国时期法制发展的主要指导思想。

（一）事断于法（反对因人设法）

1. 国家应制定法律作为全社会的基本准则，以统一的法律对社会生活的各个方面作出相应的规定，将全社会都纳入法律秩序之中，以法律作为普遍的行为标准。

2. 国家应依照所制定的法律来处理各种事务，所谓缘法而治，反对宗法时代的因人而制。

3. 以法律作为统一的取舍标准，要求全社会都在法律范围内活动，强调"事断于法"。"不别亲疏，不殊贵贱，一断于法"。

（二）刑无等级（反对礼有差等）

1. 商鞅："刑无等级，自卿相将军以至大夫庶人，有不从王令、犯国禁、乱上

制者，罪死不赦。"

2. 韩非："刑过不避大臣，赏善不遗匹夫。"

（三）行刑重轻（反对刑罚轻重相等）（重刑理论的极端表现）

"重其轻者"，这是指在执行刑罚时，加重对轻罪的刑罚，从而达到预防犯罪的目的，这一立法的指导思想主要是针对劳动人民。"重刑主义"也是法家法律思想的突出内容和极端表现。

1. 商鞅："禁奸止过，莫若重刑。""行刑，重其轻者，轻者不生，则重者无从至矣。""重刑连其罪，则民不敢试。民不敢试，故无刑也。"

2. 韩非："重一奸之罪，而止境内之邪。"

（四）法布于众（反对法的秘密性）（否定了"刑不可知、威不可测"）

1. 管仲："法律政令者，吏民规矩绳墨也。"

2. 韩非："法者，编著之图籍，设之于官府，而布之于百姓也。"

# 第三节 李悝的《法经》

## 一 李悝其人及其新政

（一）李悝其人（悝，音亏）（公元前455～前395年）

战国初期法家主要代表人物之一，政治家、改革家，提倡"法治"。公元前5世纪，魏文侯任用李悝为相，推行新政。

（二）李悝"新政"的主要内容（三方面）

1. "尽地力之教"。即鼓励开垦荒地，提高单位面积产量，废除井田制，确认发展土地私有制。

2. "善平籴"。即国家在丰收之年收购一定数量的粮食，用来备荒。荒年由国家出售一定的粮食，以平衡粮价，防止旧贵族和大商人囤积居奇。

3. 制定《法经》。

## 二 《法经》的指导思想

"王者之政，莫急于盗贼。"

## 三 《法经》的体例结构——六篇

《法经》主要由盗、贼、囚、捕、杂、具六篇组成。其中,"杂法"相当于近现代刑法的总则;"盗法"、"贼法"相当于近现代刑法的分则;"囚法"、"捕法"相当于近现代的刑事诉讼法。

1. "盗法"——保护公、私财产所有权的法律。
2. "贼法"——维护政权稳定及地主阶级人身安全的法律。
3. "囚法"——关于囚禁、审判、监狱管理方面的法律。
4. "捕法"——关于追捕逃人、罪犯方面的法律。
5. "杂法"——有关处罚狡诈、越城、赌博、受贿、逾制等行为的法律(拾遗补缺)。
6. "具法"——关于定罪量刑的通例和原则方面的法律(相当于近现代刑法的总则)。

## 四 《法经》的主要内容

《法经》的原文早已失传。《晋书·刑法志》保留了部分片断,大致勾勒出其基本框架。又参明代董说所著《七国考》中引用桓谭《新论》中内容。

(一)"盗法"

1. 大盗,戍为守卒,重则诛。
2. 窥宫者膑,拾遗者刖,曰有盗心焉。

(二)"贼法"

1. 杀人者诛,籍其家及其妻氏。
2. 杀二人,及其母氏。

(三)"杂法"(七禁)

1. 淫禁——"夫有一妻二妾,其刑聝(音郭,指割右耳);夫有二妻则诛;妻有外夫则宫。"
2. 狡禁——"盗符者诛籍其家;盗玺者诛,议国法令者诛,籍其家及其妻氏。"
3. 城禁——"越城,一人则诛。自十人以上夷其乡及族。"
4. 嬉禁——"博戏,罚金三币。太子博戏则笞,不止则特笞,不止则更立。"

5. 徒禁——"群相居，一日以上则问（警告）；三日四日五日则诛。"
6. 金禁——"丞相受金，左右伏诛。犀首以下受金则诛。"
7. 逾禁——"大夫之家有侯物，自一以上者诛。"

（四）"具法"

又称"减法"。"罪人年十五以下，罪高三减，罪卑一减。年六十以上，小罪情减，大罪理减。"

## 五 《法经》的特点

1. 重惩盗贼。2. 轻罪重刑。3. 维护君权。4. 维护特权。5. 保留奴隶制残余。

## 六 《法经》的历史地位或意义

（一）初步确立了封建法典的体例和基本原则。

1. 体例——盗、贼、囚、捕、杂、具（法经—秦六律—汉九章律—北齐律—开皇律—唐律—大明律—大清律）（诸法合体、以刑为主）。
2. 基本原则——"王者之政，莫急于盗贼"（重惩盗贼）。

（二）有利于司法官统一司法（准确定罪量刑）。

（三）有利于法律文献的整理、修订、解释和研究。

（四）对封建经济的形成和巩固发挥了积极作用（维护、巩固经济基础）。

## 第四节 商鞅变法及其影响

## 一 商鞅变法的主要内容

战国时期，封建性社会改革较为全面彻底的是秦国。秦孝公当政后，任用著名法家代表商鞅主持变法改革运动。商鞅携《法经》入秦，先后于公元前359年和前350年主持了两次变法活动。就法制改革而言，主要有以下内容。

（一）改法为律

1. 在《法经》的基础上，结合秦国实际情况，经过厘定、修改，制定完成了秦律。内容有所扩充，如《田律》、《徭律》、《置吏律》、《军爵律》等。

2. 将基本法典的名称由"法"改为"律"。强调法律的普遍适用性，注重法律的贯彻实施（即"律"的均布作用）。

（二）明法重刑，奖励告奸

1. 明法——"燔诗书而明法令"、"布之于众"、"简易明白"。
2. 重刑——"行刑重轻"、"刑用于将过"、"不赦不宥"。
3. 奖励告奸——"不告奸者腰斩，告奸者与斩敌首同赏，匿奸者与降敌者同罚"。（制定"告奸连坐法"——"令民为什伍，而相牧司连坐"。）

（三）奖励耕战

1. 废井田、开阡陌（鼓励垦荒，确认土地私有合法化）。
2. 奖励耕织、重农抑商——"努力本业，耕织致粟帛多者，复其身；事末利及怠而贫者，举以为收孥"，"民有二男以上不分异者，倍其赋"。
3. 制定《军爵律》，依军功授爵、禁止私斗——"宗室非有军功论，不得为属籍"，"有军功者，各以率（同律）受上爵"，"官爵之迁与斩首之功相称也"，"使有功者显荣，无功者虽富无所芬华"，"为私斗者各以轻重被刑"，"勇于公战，怯于私斗"。

（四）行郡县，剥夺旧贵族特权——共设31个县，县下设乡、邑。县令、县丞均由国君任免，不再世袭。

## 二 商鞅变法对秦国的影响

1. 奠定了秦国封建法律的基础。（以六律为代表，云梦秦简为佐证。）
2. 确保了政治、经济改革的顺利进行，巩固了改革成果。
3. 使秦国一跃成为"七雄"之首，为秦始皇并吞六国、统一中国奠定了坚实基础。

# 第四章　秦代的法律制度

## 第一节　秦代法制的发展概况

### 一　秦代法制的指导思想

秦代，包括战国时期的秦国和统一后的秦朝。秦国自孝公任用商鞅变法以来，倡导"以法治国"，以法家的"法治"理论指导立法、司法。秦朝建立后，继续推行法家思想和政策，特别是以法家思想集大成者韩非的"以法为本，法、术、势结合"的法治理论作为立法、司法的指导思想。此外，李斯等人还根据形势变化提出了一些新的法制原则，以适应统一后秦朝统治的需要。

（一）"以法为本，法、术、势结合"

1. "法"、"术"、"势"的含义

"法"即"缘法而治"，法是处理国家各项事务、衡量人们言行是非的最具权威性的标准。商鞅重"法"，他要求"事断于法"、"禁奸止过"、"明法"。（"法莫如显"。）

"术"，即"权术"，指国君驾驭群臣的各种手段和方法。申不害重"术"。他极力提倡君主用术治官吏，重视官吏办事的能力和实际效果，以加强对各级官吏的监督、考核与检查。

"势"，即"权势"，指国家之政权。慎到重"势"。君主只有牢牢抓住"势"、"法"、"术"才有用武之地。

2. 三者之关系

（1）"法"、"术"、"势"乃帝王不可一无之具。"法"、"术"、"势"都是君主统治国家的重要工具，缺一不可。

（2）"以法为本"。韩非认为："法"、"术"、"势"都是君主统治国家的重要工具，缺一不可。但三者的功能并不是等同的，而"法"是关键、最根本的工具。

因此，主张君主必须"以法为本"。（运用现在法学、政治学理论，重新审视三者关系）

（二）"法令由一统"

李斯面对统一后秦国的现实，采取积极措施将秦国法律政令推向其他六国，即"海内为郡县，法令由一统"。

（三）"事皆决于法"

李斯主张一切事情均应以法律为准绳，即"事皆决于法"。于是，在他的主持下，"明法度，定律令"，使得"万事皆有法式"。

（四）"轻罪重刑"

李斯继续了商鞅"禁奸止过，莫若重刑"的极端专制理论，极力推行"轻罪重刑"。

## 二 《云梦秦简》（名词）

（一）1975年12月，在湖北云梦县城关睡虎地11号秦墓（墓的主人叫喜）中出土的1155枚（另有残片80枚）竹简。记载了从商鞅变法到秦始皇统一中国之初（至公元前217年）的大量法律内容。

（二）秦简中记录和保留了许多与秦代法律政令有关的内容，主要包括《秦律18种》、《秦律杂抄》、《法律答问》和《封诊式》。

（三）秦简的出土，丰富了秦代法律制度的内容，是目前了解和研究秦代法律制度的第一手珍贵资料。

## 三 秦代的法律形式

从史书的记载和出土的《秦简》看，其法律形式主要有：

（一）律（稳定性强）

律是秦代主要的法律形式。商鞅改法为律。除在《法经》基础上制定秦六律外，还有许多以律命名的单行法规。如《云梦秦简》中有《秦律十八种》、《秦律杂抄》等。

（二）令（制诏）（针对性强、效力高）

令也是秦代重要的法律形式。多表现为单行法规。秦始皇统一六国后，"改命为制，令为诏"。制、诏、命、令实质上含义相同。但此时令与律、法区分不甚严格，常常混用，如《田律》、《田令》。有时"法律令"连用，如"法律令已具"、"修法律令"等。

（三）式（公文制作格式规范）

指关于国家机关某些专门工作中的程序、原则以及公文程式的法律文件。秦简中有《封诊式》，是有关案件的调查、勘验、审讯的程序性原则和司法文书制作格式的规范性要求。

（四）法律答问（官方对法律条文的解释）

指官方以问答的形式对法律条文所作的解释。是封建法律中"疏义"的先导。具有立法解释和司法解释的双重性。

（五）廷行事（判例）

指司法审判的成例。《秦简·法律答问》中多次提到"廷行事"，说明秦代司法审判中已将判例作为重要的法律渊源。

（六）课（考核之法）

指有关工作人员考核标准的法规。如秦简中有《牛羊课》。

## 四　秦代法制的基本特色

（一）刑罚残酷

1. 死刑手段残忍（族诛、活埋、定杀、车裂、凿颠、具五刑）。
2. 轻罪重刑（"禁奸止过、莫若重刑"、"重刑连其罪，则民不敢试，民不敢试，故无刑也"）。

（二）法网严密

1. "万事皆有法式"、"民无所措手足"。
2. "偶语诗书者弃市"、"议国法令者诛"、"诽谤者族"。
3.《盐铁论·刑德篇》："秦法繁于秋荼，而网密于凝脂"。

（三）重视对经济关系的法律调整

1.《田律》、《仓律》（灾情上报、仓库管理、种子保管等）。
2.《厩苑律》（耕牛评比、牲畜繁殖率）。
3.《工律》、《均工律》、《工人程》（对产品品种、规格、质量、检验、评比、定额以及劳动力调配、劳动力计算方法、徒工培训等，做出具体明确的规定）。
4.《金布律》、《效律》（市场贸易与货币管理）。

（四）带有奴隶社会残余

1. 什伍连坐。
2. 事末利及怠而贫者，举以为收孥。
3. 籍门、族诛。

## 第二节　秦代法律的主要内容

### 一　秦代的行政法律

（一）主要行政法律规范简介（《云梦秦简》中记录 18 个）

(1)《置吏律》（行政官吏的设置与任免）；(2)《除吏律》（军事官吏的任免）；(3)《除弟子律》（任用弟子）；(4)《内史杂律》（内史职掌）；(5)《尉杂律》（廷尉职责）；(6)《徭律》（徭役摊派、征发）；(7)《傅律》（徭役年龄登记）；(8)《司空律》（工程建造、刑徒管理）；(9)《中劳律》（劳绩呈报）；(10)《公车司马猎律》（田猎法规）；(11)《骏马律》（骏马驯养）；(12)《戍律》（戍边守卫）；(13)《屯表律》（军队从事军队防务）；(14)《军爵律》（军功爵位）；(15)《行书律》（各种公文传送）；(16)《属邦律》（少数民族事务管理）；(17)《游士律》（限制游士）；(18)《传食律》（驿传饭食供给）。

（二）行政法律的主要内容

1. 创立皇帝制度

(1) 秦始皇自恃"德兼三皇，功盖五帝"，将"王"改称"皇帝"。从此皇帝便成为封建君主的专称。

(2) 改"命"为"制"、改"令"为"诏"；"印"称为"玺"；皇帝自称"朕"。

(3) 皇权神授、至高无上（天下事无大小皆决于上）。

2. 行政管理体制

(1) 中央——三公九卿

三公——丞相（掌管全国行政事务）

太尉（管理全国军政事务）

御史大夫（掌管奏章和监察——地位显赫，有亚相之称）

九卿——廷尉（掌司法审判）

奉常（掌宗庙礼仪）

治粟内史（掌财政、租税）

郎中令（掌皇帝侍从警卫）

卫尉（掌宫廷警卫）

太仆（掌马政）

宗正（掌皇族事务）

少府（掌皇家供奉）

典客（掌外交、少数民族事务）

（2）地方——郡县（郡设郡守、县设县令；县下设乡、亭、里）

3. 官吏管理制度

秦代统治者非常重视"吏治"，以法律的形式对官吏的职责、任免、升降、考核、奖惩等均作了严格规定。

（1）任官标准（条件）

第一，道德标准——"五善"（忠信敬上、清廉毋谤、举事审当、喜为善行、恭敬多让）（忠、廉、慎、善、让）。

第二，法律标准——"明法律令"（以此区别"良吏"和"恶吏"）。

第三，禁止条件——不得任用废官为吏（《除吏律》："任废官为吏，赀二甲"）。

（2）官吏责任

第一，行政责任（行政处分，四种：谇——斥责——有轻微过失者；赀——罚金——赀盾、赀甲；免——免职；废——开除官籍永远不再叙用）。

第二，刑事责任（贪污公款——与盗同罪；骗取爵位者——处耐刑；玩忽职守——处迁刑；不直、纵囚、失刑——司法官吏）。

（3）官吏考核

第一，上计（年终，先由地方官书面汇报官吏的政绩情况，然后由中央相关部门核实后分别情况予以奖惩）。

第二，考课（主管官吏定期和不定期对所属官吏进行的考核。地方主管官吏则由其上级主管部门和中央进行考课）。

## 二 秦代的刑事法律

（一）定罪量刑的原则

1. 以身高确定责任年龄。男子身高 6 尺 5 寸、女子身高 6 尺 2 寸（相当于 16~17 岁）视为成年，负刑事责任。

（周礼：七尺谓年二十）（秦 1 尺 ≈ 今 7 寸 ≈ 0.233 米；秦 6.5 尺 ≈ 今 4.55 尺 ≈ 1.52 米；秦 6.2 尺 ≈ 今 4.34 尺 ≈ 1.45 米）

2．区分有无犯罪意识。秦代将有无犯意作为认定某些行为是否构成犯罪的标准。

3．区分故意与过失。秦代将故意称为"端"或"端为"；将过失称为"不端"或"不端为"。故意从重，过失从轻。

4．教唆同罪，教唆未成年人犯罪加重处罚。

5．共犯加重，共犯和集团犯罪加重。关于共犯加重处罚。秦律将共犯分为一般共犯和集团犯罪两种。其处罚：一般共犯重于单个犯罪，集团犯罪又重于一般共犯。以五人以上共同犯罪作为集团犯罪，施以重刑。

6．自首减刑，消除犯罪后果免刑。秦代时称自首为"自出"。自出者，可减轻处罚。

关于消除犯罪后果免刑的规定，《法律答问》："将司人而亡，能自捕及亲知为捕，除毋罪。"监管人犯的官吏，如果监管不力，致使其逃跑的，有罪。但能亲自捕获或者明确知道已经被捕获的，可免除其罪。

7．诬告反坐。故意捏造事实，向司法机关控告他人，使无罪入于有罪，罪轻入于重罪，皆依律对诬告者进行相应刑罚。按秦律，一般情况下，诬告只能由故意构成，过失控告他人，属于告不审，比照过失犯罪处罚。但诬告他人杀人，即使出于过失，仍应按诬告罪处罚。

8．实行连坐。所谓连坐，是指一人犯罪，全家、邻里及其他有关人员连带受罚。按适用范围区分，秦代的连坐主要有四种：全家连坐、什伍连坐、军事连坐和行政连坐。连坐是法家重刑主义理论在司法实践中的表现。

(二) 刑罚制度（刑名）（种类繁多、手段残忍）

1．死刑

(1) 具五刑（《汉书·刑法志》："当夷三族者，皆先黥、劓、斩左右趾，笞杀之，枭其首，菹其骨肉于市。其诽谤詈诅者，又先断舌。故谓之具五刑。"后世凌迟的萌芽）。

(2) 族诛（常称为夷三族或灭三族，适用于谋反等大罪。三族：父族、母族、妻族）。

(3) 定杀（"生定杀水中之谓也"。主要适用于患有传染性疾病者）。

(4) 阬（俗称"活埋"。秦始皇"焚书坑儒"）。

(5) 腰斩（李斯谋反，被腰斩于咸阳市）。

（6）车裂（商鞅被车裂而死）。

（7）戮（死戮、活戮）。

2. 肉刑

（1）沿用墨、劓、刖（秦时称"斩左右趾"）、宫等。

（2）肉刑与劳役刑并用，如斩左趾黥城旦、髡钳城旦。

3. 作刑（徒刑、劳役刑）

城旦、舂；鬼薪、白粲；司寇、作如司寇；罚作、复作。秦时对作刑年限的规定还不明确。

4. 流放刑（迁和谪）

把犯罪者或贬官者迁到边远地区。秦时流刑无道里远近之分，可举家迁移，比劳役刑轻，这与后世流刑不同。流刑分迁和谪两种。迁，适用于一般人犯罪者；谪，适用于有罪被贬谪的官吏。

5. 财产刑

有赀、赎、没收三种。

（1）赀刑，强制犯人缴纳财物或以劳役抵偿的刑罚。实现方式有三种：赀钱物（如甲、盾等）、赀戍（发配边地当守卒）、赀役。

（2）赎刑（非独立刑种）。

（3）没收（可分为没和收两种。罚没财产为"没"；罚没财产和人口为"收"）。

6. 耻辱刑（髡、耐、完）

（三）罪名（自学）

不敬皇帝罪；诽谤与妖言罪；盗窃罪；贼杀伤罪；盗徙封罪；以古非今罪；妄言罪；非所宜言罪；投书罪；乏徭罪；不得兼方罪。

## 三　秦代的民事法律

（一）所有权

秦代所有权的内容包括不动产（田宅）、动产（其他财物）和奴隶。公元前216年，秦朝实行"使黔首自实田"的政策，即让占田者据实向官府登记，承认占田者的土地所有权，促进了土地私有制的进一步发展。

秦律对官私土地所有权均予以保护。

## （二）契约制度

秦代，涉及债权、债务法律关系的契约主要有四种：

（1）买卖契约；（2）借贷契约；（3）雇佣契约；（4）租借契约。

## （三）婚姻与家庭制度（妇女在家庭中的地位较其他朝代为高）

1. 结婚、离婚均须到官府登记。只有经过登记的婚姻才受法律保护。离婚不登记，构成"弃妻不书"罪，男女双方均"赀二甲"。

2. 无后世良贱身份地位的限制。（唐朝有良人和贱人之分）

3. 禁止"娶人亡妻"，即不得与他人的逃亡之妻为婚。违者，处以黥刑。

4. 寡妇可带子改嫁。但禁止"弃子而嫁"。

5. 允许妻子揭发、控告丈夫。（夫妻可相互控告）

6. 夫妻互殴，致使妻子受到伤害的，对丈夫处以耐刑。

7. 提倡夫妻相互忠诚。《史记·秦始皇本纪》："夫为寄豭，杀之无罪。"

8. 歧视赘婿。

# 四 秦代的经济法律

秦代非常重视用法律手段调整经济关系，制定了繁多的经济法规。从《云梦秦简》看，经济法规主要有：《田律》、《仓律》、《工律》、《均工律》、《金布律》、《工人程》、《关市律》、《效律》、《司空律》等。其内容涉及农业、手工业、畜牧业、商业、自然资源保护诸方面。

## （一）自然资源保护方面

规定：春二月，不准到山林中砍伐木材；不到夏季，不准烧草做肥料；不准捉取幼兽、幼鸟和鸟卵，不准毒杀鱼鳖等。

## （二）农业生产与畜牧业管理方面

1. 农业生产方面规定：要求地方官吏必须及时书面上报受雨、抽穗的顷数和已经开垦但未耕种的土地顷数；遭受旱、涝、虫害，上报受灾顷数；征发徭役不得同时征发一家中的两个劳动力；种子的保管、使用等。

2. 畜牧业方面规定：设厩啬夫、牛长等主管牛马的饲养与管理；具体规定了主管官吏及其饲养人员的责任；每年正月进行耕牛比赛；鼓励牲畜的繁殖率等。

## （三）官营手工业管理方面

《工律》、《均工律》、《工人程》对产品品种、规格、质量、检验、评比、定额以及劳动力调配、劳动力计算方法、徒工培训等，做出具体明确的规定。

（四）市场贸易与货币管理方面

1. 商业贸易管理：禁止官吏经商，否则处以迁刑；出售商品必须用签标明价格。
2. 货币管理：秦时的货币主要是金、钱、布，法律规定了相互的比价。
3. 度量衡管理：要求度量衡器必须准确，否则追究主管者责任。

## 第三节　秦代的司法制度

### 一　司法机关

1. 中央司法机关——廷尉

（颜师古注曰："廷，平也，治狱贵平，故以为号。"）（廷尉下设正、监等属官，协助之）（机构名与官职名不分）

其主要职责有两项：即审理"诏狱"（皇帝命令审理的案件）和审理"谳狱"（地方报送的重大疑难案件）。

实际上，在帝制时代，皇帝拥有最高司法权。史载秦始皇"躬操文墨，昼断狱，夜理书，自程决事。"由于行政对司法的干预和控制，丞相和御史大夫也参与司法，审理案件。

2. 地方司法机关——郡、县（行政长官兼理司法）

郡设郡守，掌管一郡行政、司法事务。下设专职官吏决曹掾行使具体司法权，案件审理完毕报郡守决断。县设县令（长），兼理司法审判，县丞协助县令审理案件。对一般案件，郡县可自行判决，但重大疑难案件须向廷尉移送。

县下的基层行政组织乡——设乡老、啬夫、游徼，可直接处理民事纠纷，并协助县、郡缉捕罪犯等。

### 二　诉讼制度

（一）诉讼形式——纠举（公诉）、自告（自诉）

一是官吏纠举犯罪，提起诉讼；二是一般平民，主要是当事人自告。

（二）公室告和非公室告（对自诉案件的划分）

1. 公室告

公室告，指控告家庭以外他人的杀伤、盗窃等犯罪，官府应当受理。即"贼杀伤、盗他人,为公室告"。

2. 非公室告

非公室告,指控告家庭内部的犯罪,官府不予受理。若告,则治告者罪。即"主擅杀、刑、髡其子、臣妾,为非公室告"。

(三)爰书、封守

当地的里典要把司法机关决定受理案件的被告人有关情况,写成书面报告。

1. "爰书"——县司法机关接受案件后,前往调查或勘验,作出的笔录,叫"爰书"。(调查勘验笔录)

2. "封守"——查封罪犯的财产,看守罪犯的家属。

## 三 审判程序

1. 听取口供(要求当事人"各展其辞",法官"必先尽听其言而书之"——此阶段必须静听,不许打断诘问)。

2. 提出诘问(针对当事人口供中的矛盾之处进行诘问,以核实真伪)。

3. 有条件刑讯(对多次改变口供,不老实认罪者,方可施加刑讯)。

4. "读鞫"(即宣读判决书)。

5. "乞鞫"(如果被判刑者喊冤,允许当事人或第三人请求再审,但必须"狱断乃听之",即一审判决后才能受理)。

## 四 监察制度

1. 开创中国监察制度的先河(西周设御史,掌文书奏章)。

2. 中央——设立御史台——御史大夫为其长官,御史中丞为其副。

3. 地方——设监御史,隶属于御史台,掌地方郡县监察,权力特重。

# 第五章 汉代的法律制度

## 一 汉代法制思想概况

1. 汉代法制指导思想的变化

（1）汉初受黄老学派"无为而治"的思想影响，主张"德刑相济"、简省刑罚与明法慎刑。

作为对秦代苛法的反动，以文帝、景帝为代表的汉初统治者对黄老学说中的"约法省禁"法律思想的积极实践，使得法律不再以狰狞的面目出现，而成为统治者"因民之性而治天下"的有效途径，缓刑、轻徭、薄赋互为一体。同时，汉初黄老学说也十分重视法律的作用，在无为而治的核心中融入德刑相济的理论，使以德化民、以刑止奸作为统一的两方面成为统治者的指导思想。革除前朝遗留的苛法，提倡明法慎罚的精神，成为这一时期统治阶级立法思想与实践最主要的内容。

（2）西汉中期法制思想的儒家化。

汉建元六年（公元前135年），以窦太后的去世为转折点，汉初七十年来占主导地位的黄老学说淡出历史舞台，取而代之的，是由董仲舒创建的，以《公羊春秋》为主干，兼采阴阳、法、道、名诸家学说而成的新儒学。汉武帝"罢黜百家、独尊儒术"，新儒学一出现便定于一尊，成为此后历代中央集权王朝一以贯之的正统思想。

新儒学国家观与法律观的核心是"天人合一"。"三纲五常"、"德主刑辅"是其法制理论的基本原则。从汉代开始，中国法律开始儒家化（"以儒入法"），秋冬行刑、春秋决狱，还有律令章句学的盛行都是典型的例子。

汉代创设了尊老恤幼、亲属相隐、贵族官僚有罪先请等三大法律原则，是为中国古代法律儒家化之开端。

2. 司法则时（秋冬行刑）

汉时，秋冬行刑、司法则时的思想得到新儒学理论的有力支持，成为执法官吏自觉遵守的制度。

3. 律学盛行

汉代的儒家士大夫不但引《春秋》经义断狱，也广泛根据其他儒家经典断狱，故史家又称之为"引经决狱"。引经决狱之风的盛行，开启了引经注律（根据儒家经义解释法律条文）的风气。律学其实是经学的一个分支。

## 二 汉代立法概况与法律形式

1. 律

律是两汉最基本的法律形式，它具有普遍性和相对稳定性。汉律的主体是汉律六十篇，其中包括：《九章律》（萧何在《法经》和《秦律》盗、贼、囚、捕、杂、具六篇的基础上增加了户、兴、厩三篇，合为九篇，故名《九章律》）；《傍章》（十八篇，叔孙通制）；《越宫律》（二十七篇，张汤制）和《朝律》（十八篇，赵禹制），另外当时还有很多单行的法律法规。

2. 令

令是皇帝的召令，皇权的至高无上使令直接成为法律的渊源。但是并非所有王者之命都可以成为法令。王者之命必须经过一定意义上的立法程序，才能被赋予法律的性质。令的产生摆脱无序的不规范状态而进入程序化，这也是统治阶级法律意识逐渐成熟的表现。

3. 科、品

科的本意为规定、法则，其作用在于具体规范、禁约某种对象行为，是对律令的具体诠释与补充。由于科是具体分解律令，因此其数量较律令更为繁多。

品在史籍中往往与科并提，它是区别于科的另一种法律载体。

4. 比

比是判例，又称"决事比"。司法官吏在审判时，可以援引"比"定罪量刑。并非所有的判例都可以成为"比"，它必须要通过立法权力的认可。比的法律效力主要来源于皇帝的裁定或最高司法官员（廷尉）的判决。

另外，上文提到的《春秋》经义可以说是汉代的"宪法"，具有凌驾于各种法律形式之上的效力。而权威的法律注释著作在得到皇帝认可后，也具有法律的效力。

## 三 汉代刑事立法

1. 罪名

（1）危害政权罪：如反逆、首匿、通行饮食、群盗罪等。（2）侵犯皇室、皇权的犯罪：如大不敬、左道、盗毁山陵及御物罪、犯跸、逾封等。（3）危害中央集权的犯罪：如阿党与外附诸侯罪、王侯私自出国界罪、泄露省中语、盗铸钱与私冶铁煮盐罪。（4）侵犯公私财产罪。（5）侵犯人身的犯罪：其中杀人罪又分为谋杀、贼杀、斗杀、戏杀、误杀、使人杀人、轻侮杀人、狂易杀人等。（6）官吏职务犯罪：如贪污、鞫狱不直、选举不实、违反军律等。（7）思想言论犯罪：如诽谤妖言、腹诽等。（8）违反伦常罪：不孝和奸淫是其中两个最大的罪名。

2. 刑罚

（1）死刑：主要有腰斩、枭首、弃市、族刑等。（2）肉刑：汉代逐渐减少适用肉刑。（3）笞刑：汉代用笞刑代替肉刑，以后笞刑逐渐发展为中国古代五刑之一。（4）徒刑（与秦代劳役刑相近）。（5）迁刑（流放，同秦）。（6）宫刑：汉文帝除肉刑时宫刑也一并废除，之后宫刑曾作为死刑减等（对死刑犯特别宽宥，允许其选择适用死刑或宫刑）而适用。

## 四 汉代民商事立法

汉代的民事与商事法律规范受到新儒家思想的影响，发生一定的变化：

1. 在婚姻制度方面受到经学法典《白虎通义》的直接影响

（1）婚姻缔结：要由父母主婚、媒妁传言，实行"六礼"，禁止同姓为婚，禁止"娶亡人为妻"。

（2）婚姻解除主要取决于男方的意志，遵循"七出三不去"的原则。

2. 在商事法方面法家经世致用思想与儒家重义轻利思想发生尖锐冲突

（1）抑商政策法律化：高度歧视商人，禁止商人为吏、占田，加重征税、没收资产。

（2）颁行盐铁官营法。

（3）实行均输平准法，控制物价、切断富商大贾的财源而充实中央财政。

（4）实行酒类专卖法。

汉武帝时商人之子桑弘羊任大夫，在他的推动下，任命了一些商人为吏，但这只是例外，而（2）、（3）、（4）条均遭到儒生（贤良文学）的攻击而未能善始善终。

## 五　汉代司法诉讼制度

1. 汉代的司法机关

（1）中央。廷尉是中央最高司法机关，其长官也叫廷尉。廷尉掌全国刑狱。

（2）地方。地方司法机关基本上是郡、县两级，由郡守、县令总掌其辖地司法之权。

2. 汉代的诉讼与审判制度

（1）告诉。

①告是"下告上"这类诉讼行为的总称，它分为口诉、书告、上变三种。口诉在汉代称为"自言"。书告又分为普通上书和谒阙上书，后者指案件受害人或其他当事人到京师向中央的司法机关提出诉讼（越级诉讼）。上变是指官吏或老百姓采取紧急行动向中央机关呈递文书告发。

②劾是"上告下"这类诉讼行为的总称，是一种政府行为。又分为劾而不案、劾而后案、案而后劾等几种形式。

③自告（自首）。

（2）逮捕和羁押。

①机构

执行逮捕的中央司法机构有：执金吾、司隶校尉。

执行逮捕的地方司法机构有：刺史、郡守、贼捕掾、县令、县都尉、游徼、亭长等。

②程序

正常情况下要实施逮捕，必须具备两个条件：一是对犯罪当事人提出告诉，二是有关司法机关决定受理该案。

执行机关实施逮捕，应当持有有关部门的逮捕凭证，凭证分三种：召书、系牒、诏狱书。

对于潜逃外地或被控而身在外地的人犯，通常有两种逮捕方法：一是移书委托当地司法机关代为逮捕，二是委派官吏亲赴潜逃地区会同当地司法官员执行逮捕。

③方式

方式有三：诏捕（即皇帝下诏逮捕）、逐捕、名捕（即通缉）。

(3) 审理和判决。（"鞫狱"和"断狱"）

上具狱：具狱是汉代地方司法机关鞫审案件所形成的所有文字材料的总汇。汉制，乡、县、郡所审案件中，如系大案（杀人案）或疑案，则须将"具狱"向上级司法机关，称为"上具狱"。对于下级机关所上报的"具狱"，上级司法机关有将案件退回重审的权力。

读鞫：即宣判。乞鞫：即上诉。

(4) 录囚。

即平反冤狱，是汉代统治者推行的一项善政、仁政。汉代录囚又分为皇帝亲自录囚、刺史录囚、郡守录囚。

3. 汉代的监察组织

(1) 御史大夫、御史中丞、监御史和州部刺史组成的专门监察。

(2) 以丞相司直为主的中央行政监察。

(3) 以督邮为主的地方行政监察。（督邮为郡府属吏）

(4) 以司隶校尉为主体的特殊监察。

(5) 以大夫、议郎为主的言论监察（"谏"）。

# 第六章 三国两晋南北朝的法律制度

## 第一节 三国两晋南北朝的立法概况

### 一 立法活动

（一）三国的立法

鼎立形势下的三国法制，在沿用汉制、承袭汉律的同时，各政权均有不同程度的立法，尤以魏国立法成就最高。其中，魏明帝时制定的《新律》，对后世影响较大。

1. 魏国的立法

（1）《甲子科》

《甲子科》为魏武帝曹操所制定，是后来魏国的法律渊源之一。其规定是将钳足的械具由铁质改为木质，并把汉律中的刑罚减轻一半。

（2）《新律》

魏明帝即位后，针对汉律繁杂且难以适用的现状，决定改法修律。太和三年（公元229年），下令改革刑制，命陈群、刘邵、韩逊等人"删约旧科，傍采汉律"，"作新律十八篇"，这就是三国时期著名的《魏律》，也称《新律》。与汉旧律相比，"于正律九篇为增，于旁章科令为省"。

魏国这次大规模的修律活动，实际上是对秦汉相沿的旧律作了一次较大的改革。其特点和变化主要有四：

第一，将篇目增至十八篇。《新律》是在汉《九章律》的基础上，增加劫掠、许伪、毁亡、告劾、系讯、断狱、请赇、惊事、偿赃，共计十八篇。

第二，改《具律》为《刑名》，冠于律首。《刑名》排在第一，以统诸篇，突出了法典总则的性质和地位，改变了《九章律》将《具律》排在中间的做法，这是我国古代法典篇章结构安排上的一大创新。

第三，调整与篇目不合的内容，使其名实相符。《新律》增删整合，取适于时，突出了国家基本法典的主导地位。

第四，强化特权，"八议"入律。"八议"特权制度正式写入法典，始于《新律》。

第五，调整刑罚。《新律》对汉朝的刑罚作了部分调整，首次形成了与奴隶制五刑不同的新"五刑"，即死刑、劳役刑（含髡刑、完刑和作刑）、赎刑、罚金、杂抵罪。新"五刑"中不再列入汉朝的宫刑和斩右趾，说明肉刑已非国家法典中的法定刑罚。

（3）魏令

除基本法典《新律》外，曹魏时还颁布了为数众多的令，如《军令》、《军策令》、《船战令》、《设官令》、《选举令》、《明罚令》、《州郡令》、《尚书官令》、《邮驿令》，等等。

2. 蜀国的立法

（1）《蜀科》；（2）蜀令。

3. 吴国的立法

据《文献通考》载："吴之律令，多依汉制"。

（二）两晋的立法

1.《晋律》（《泰始律》）

西晋的立法工作始于魏末。晋王司马昭辅魏政时，鉴于前代律令本注繁杂，法网严密，于咸熙元年（公元264年）命贾充、杜预等名儒14人参酌汉律和魏律修订律令。律未修完，晋已代魏。晋武帝泰始三年（公元267年）《晋律》完成，泰始四年颁行天下。由于《晋律》制颁于泰始年间，故又称为《泰始律》。《晋律》共计20篇620条，是三国两晋南北朝时期唯一颁行全国的法典。与《九章律》、《魏律》相比，其主要特点和变化是：

（1）删修篇目，增至20篇。《晋律》通过对《九章律》、《魏律》的删修，形成20篇的法典体例。据《晋书·刑法志》记载，《晋律》的具体篇目是：刑名、法例、盗律、贼律、诈伪、请赇、告劾、捕律、系讯、断狱、杂律、户律、擅兴、水火、卫宫、水火、厩律、关市、违制、诸侯律。其中，保留《九章律》7篇，即"盗律"、"贼律"、"捕律"、"杂律"、"户律"、"厩律"、"擅兴"；新增或修改13篇，即"具律"改为"刑名"和"法例"2篇，"囚律"分为"告劾"、"系讯"、"断狱"3篇，"盗律"分出"请赇"、"诈伪"、"水火"、"毁亡"4篇，另设"卫宫"、"关市"、"违制"、"诸侯"4篇。

（2）区分律令，事条入令。西晋为解决自汉以来律令混杂的问题，将较稳定的律和临时性条令加以区分，凡涉及军事、田农、酤酒等事条，从律中分出，入于令中。自此以后，律令界限渐明，"律以正罪名，令以存事制"。

（3）"准五服以制罪"原则入律。为严格亲疏、尊卑之界限，《晋律》确立五服定罪原则，使礼、律进一步结合，并为后世所沿袭。

（4）为律作注，补律不足。《晋律》颁行后，由著名律学家张斐和杜预先后作注，经武帝批准，"诏颁天下"，与律文具有同等的法律效力。张、杜的《晋律》注释，弥补了律文内容的缺陷或不足。后世把该注释与律文合为一体，统称《张杜律》。东晋沿用《泰始律》即连同注本均作为断狱理刑的依据。

《晋律》的特点是"文约而例直，听省而禁简"。《晋律》在体例的改进和条文的简明方面，都突破了秦汉以来的传统旧律，是我国古代法典编纂史上由繁至简的分水岭，为东晋及南朝承用。

2. 《晋令》

《晋令》是西晋关于行政制度方面的法律规定，由贾充等人于泰始三年（公元267年）完成，计44卷、40篇、2306条。《九朝律考·晋律考》对其篇目作了详细列举。

3. 《晋故事》

《晋故事》是指对从令中选出的事例、章程等进行的法律汇编，由贾充等人于泰始三年（公元267年）完成，计30卷。

（三）南北朝的立法

南朝指东晋以后相继占据江南的宋、齐、梁、陈四个封建王朝，历时160余年。与南朝对峙的北朝，指东晋与十六国以后相继统治中国北方的北魏、北齐、北周等朝代，历时140余年。就立法而言，总的来说是北朝优于南朝。

1. 《北魏律》

北魏开北朝立法之先河。北魏政权建立以后，在汉族士人帮助下，曾多次修订法律。道武帝拓跋珪时，就下令三公郎中王德等人"约定科令，大崇简易"，着手制定成文法律。此后，历经太武帝、文成帝、孝文帝，至宣武帝正始元年（公元504年）终于完成北魏一朝的重要法典《北魏律》。《北魏律》以汉律为基础，参酌魏、晋律，成为后来著名的《北齐律》的张本。

据《隋书·经籍志》记载，《北魏律》共20篇，其主要特点和变化是：

（1）体例大致沿袭《晋律》。从目前仅存的15篇篇名来看，《北魏律》在法典的结构体例方面，基本承用晋律。

(2) 内容多袭汉律，兼及魏晋。

(3) 规定以官爵折抵徒刑。

(4) 调整刑罚制度。《北魏律》规定的刑罚有死刑、流刑、徒刑、鞭刑、杖刑等五种，其名称已基本接近正规的封建五刑制度。

2. 《麟趾格》和《大统式》

(1) 《麟趾格》

北魏分裂后，又出现一种法律形式——"格"。"格"是从魏晋的"科"发展而来的，是当时法律形式的一大变化。以"格"作为封建法典的独立形式始于东魏。

(2) 《大统式》

西魏文帝大统十年（公元544年），命尚书苏绰对前后所上的"新制"进行损益，编定本朝成文法典，同年颁行天下，称为《大统式》。《大统式》的制定，提高了秦汉以来早已行用的"式"的法律地位。以"式"作为独立的法典形式，在中国封建法典编纂史上也是第一次。

3. 《北齐律》

公元550年，东魏权臣高洋改东魏为北齐，自称文宣帝。在立法方面，北齐初期沿用东魏的《麟趾格》。至武成帝河清三年（公元564年），在封述等人的主持下，编成《北齐律》12篇949条。其主要特点和变化是：

(1) 定封建法典的12篇体例。《北齐律》12篇的篇名为："名例"、"禁卫"、"婚户"、"擅兴"、"违制"、"诈伪"、"斗讼"、"贼盗"、"捕断"、"毁损"、"厩牧"、"杂律"。

(2) 创"名例"篇，冠于律首。《北齐律》将《北魏律》中的"刑名"和"法例"合为"名例"，置于首篇，突出了对其他各篇的统摄作用，增强了封建法典编纂的规范性和科学性。自此以后直到清朝，封建法典的第一篇都为《名例》。

(3) 立"重罪十条"，突出打击重点。《北齐律》将秦汉以来维护君主专制和封建礼教的十种严重犯罪统称为"重罪十条"，以彰显封建刑法的重点打击对象。

(4) 调整刑罚体系，大致接近二十等。《北齐律》对《北魏律》中刑罚体系略加调整，形成大致近二十等的五种刑罚。其内容是：死刑四等，分别为轘、枭首、斩、绞；流刑不分等，亦无道里之差；徒刑五等，自五年至一年，并附加鞭笞；鞭刑五等，依次为鞭一百、八十、六十、五十和四十；杖刑三等，分别是杖三十、二十和十。

《北齐律》以"法令明审，科条简要"著称，反映了三国两晋南北朝时期立法技术水平的最高成就。它成为隋唐立法的蓝本,在封建法典发展史上占有非常重要的地位。

4. 《北周律》

北周初沿西魏《大统式》。武帝保定三年(公元563年),命廷尉赵肃等人以《尚书·大诰》及《周礼》为指导,修撰完成基本法典《北周律》,计25篇1537条。与《魏律》、《晋律》、《北魏律》相比,《北周律》在篇目结构、条文数目、刑罚制度等方面均有变化。特别在刑罚制度上有所创新,即将五刑确定为杖、鞭、徒、流、死,共二十五等,首创徒刑刑名和流刑五等制,为封建正规五刑制度的确立奠定了基础。

## 二 法律形式与法典体例结构的变化

(一)法律形式的发展变化

1. 区分律、令

秦汉时,律、令无严格的区别,律中有令,令中含律。西晋张斐、杜预注律时,将律、令二者的概念、界限及关系作了明确区分,提出了"律以正罪名,令以存事制","违令有罪则入于律",即将刑事性质的条款入律,政事性质的条款入令。这表明律是专门用于定罪量刑的刑事性质的基本法典,令则是典章制度方面的政令法规。

2. 以格代科

汉朝改秦时的课为科。汉朝的科,泛指科条、事条,亦即法令条文,尚未形成独立的单行法规。三国两晋沿用科,但已经上升为独立单行法规的表现形式,有时甚至具有临时法典性质,如《甲子科》即是。北魏时,以格代科,格成为律的重要补充形式。东魏制定的《麟趾格》,正式将格上升为国家法典,科逐渐废弛不用。至北齐时,格的地位下降,由格、律并行发展到以格补律。

3. 提高式的地位

式源于秦代的《封诊式》和汉朝的《品式章程》。三国两晋沿用,如西晋有《户调式》等。西魏大统十年制颁的《大统式》,使式上升为独立法典的表现形式,提高了式的法律地位。至北齐、北周时,式的地位下降,对律起着补充作用。

(二)法典体例结构的发展变化

三国两晋南北朝时期,立法技术不断改进创新,法典的体例结构逐渐趋于定型。在发展和完善封建法典体例的过程中,曹魏的《新律》、西晋的《泰始律》、北齐的《北齐律》建树最大。这一时期法典体例结构的发展变化主要是以下三点：

1. 确立封建法典十二篇体例

自曹魏《新律》起，封建法典的篇目历经多次扩充和反复修订，如《新律》18篇、《泰始律》20篇、《北周律》25篇、《北齐律》12篇。其中，尤以《北齐律》的篇目最为适中，影响最大。这种由简到繁的丰富扩充以及由繁至简的高度概括，体现了法典编纂技术日渐提高。此后，隋唐宋各代基本法典的篇目均为12篇，且篇名也与《北齐律》的篇名基本吻合。

2. 创设"名例"并冠于律首

"名例"相当于近现代刑法的总则，在法典中起着提纲挈领、统率全局的重要作用。"名例"的最早渊源可追溯到《法经》的末篇"具法"。商鞅改法为律，"具法"改称"具律"，秦汉沿用。汉《九章律》仍将"具律"排在第六，不符合法典编纂体例。三国两晋南北朝时期对此进行了改革：首先，曹魏的《新律》改"具律"为"刑名"，排在首篇；西晋的《泰始律》又进一步将"刑名"分为"刑名"和"法例"两篇，仍将"刑名"放在第一篇；至北齐定《北齐律》，最终将"刑名"和"法例"两篇合为"名例"一篇，并继续置于律首。"名例"篇的确立及冠于律首，突出了法典总则的地位和性质，增强了法典体例结构的科学性，在中国封建法典编纂史上是一大创举。自此以后，隋唐宋明清各代均相沿不改。

3. 精简律条，渐趋简要

秦代法律"繁于秋荼"，汉武帝时，形成"汉律六十篇"兼及大量单行法规的庞大法律体系，"繁而不要"，至汉成帝，"律令繁多"，导致司法严重紊乱。针对秦汉律令过于繁杂的状况，三国两晋南北朝时期，许多封建政权着手精简法条的立法工作，取得了明显效果。曹魏《新律》首开其端，增加"正律"篇目内容，省并"旁章科令"；西晋《泰始律》本着"蠲其苛秽，存其清约，事从中典，归于益时"的原则，大幅度删减不合时令的律条，"文约而例直，听省而禁简"；《北齐律》吸收魏晋立法经验，"校正古今，所增损十有七八"，"法令明审，科条简要"。自此以后，后世封建法典基本沿着简要方向发展。

## 三　律学的进一步发展

两汉引经注律及律令章句之学的出现，标志着律学的正式产生。

三国两晋南北朝时期，律学极为活跃，使封建律学在汉朝的基础上进一步发展。张、杜二人为《晋律》作注，其注释经晋武帝批准，与律文具有同等的法律

效力,此外,刘颂等人在律学方面也有一定的造诣。这一时期律学的发展主要表现在:

1. 通过诠释,使封建法典中总则的性质和地位更加明确。

2. 阐释、概括、明确主要罪名的基本概念。张斐对最基本的20种罪名概念作出了简明的阐释和界定,通过阐释、概括,使这些基本的主要罪名清晰明确,易于适用。

3. 区分故意和过失。故意为明知故犯;过失为判断错误或始料不及的误犯。这种解释基本与近现代刑法理论接近,反映了其时较为高超的律学水平。

4. 严格区分相似易混罪名。对某些表面相似而又容易混淆的罪名进行辨析和区分,并确立刑罚适用的变通制度。

5. 提出依律文断罪的思想。西晋刘颂强调依法定罪量刑,法司不得在律外别求他罪。

## 第二节 三国两晋南北朝法律内容的发展变化

三国两晋南北朝时期,封建法律内容在汉朝引礼入律的基础上得到进一步发展,特别是一些重要的法律制度和原则,都在这个时期开始建立和形成,并对后世发生重大影响。

### 一 官僚贵族特权的法律化

1. "八议"入律

所谓"八议",是指对八种权贵人物犯罪后,法司不敢专断,必须上奏请议的特权制度。

2. "官当"制度的出现

所谓"官当",是指官僚贵族犯罪后可用官职爵位折抵刑罚(西晋南北朝时以官当徒,隋以后还可以官当流)的一种特权制度。

3. 九品中正制

三国两晋南北朝时期,任官制度的发展,主要是九品中正制的确立。九品中正制,亦称九品官人法,是一种由中正官评定人才等级、以备选任官吏的制度。曹魏初年创立,三国两晋南北朝时期沿用,至隋朝罢废,改行科举制。

九品中正制的主要内容是:州设大中正官,郡设小中正官。中正官由贤达清明的中央官吏兼任，其职责是依照家世、才能、德行将当地的士人和官吏评为三等九品，即上上、上中、上下、中上、中中、中下、下上、下中、下下；评定结束后，中正官将评定的结果上报朝廷，作为吏部选拔任用人才的依据。

4. 赋予品官占田荫户权

在不动摇统治阶级根本利益的前提下，曹魏、西晋等政权以法律的形式确认品官占田荫户的合法性，使官僚贵族拥有经济特权。曹魏时，曾颁布"赐公卿以下租、牛、客户各有差"的法令，西晋进一步制定了按官品占田、占客、荫亲属的法规，即《品官占田荫客令》和《占田令》，至刘宋孝武帝大明年间，又制颁了《占山格》。

## 二 罪刑适用原则的儒家化

1. "准五服以制罪"的原则入律

"准五服以制罪"原则入律始于西晋的《泰始律》，其确立的目的是"峻礼教之防"。"五服"是指中国古代划分亲等的丧服制度，共分五等，即斩衰亲、齐衰亲、大功亲、小功亲、缌麻亲。亲者服重，疏者服轻。这种服制不但被用来作为确定赡养与继承的权利义务关系，而且也是亲属相犯确定刑罚轻重的依据。在刑法的适用上，其原则是：服制越重，亲属关系越近，以尊犯卑，处罚越轻；以卑犯尊，处罚越重。服制越轻，亲属关系越远，以尊犯卑相对变重，以卑犯尊相对变轻。在民事方面的适用上，其适用原则正好相反。"准五服以制罪"原则是儒家思想法律化的重要标志，自西晋确立后，一直沿用到清末，明清时期，律后还附有丧服图，作为司法机关处理亲属之间犯罪的参考标准。

2. 确立"重罪十条"

《北齐律》最早设立"重罪十条"。

"重罪十条"的内容具体是指："一曰反逆，二曰大逆，三曰叛，四曰降，五曰恶逆，六曰不道，七曰不敬，八曰不孝，九曰不义，十曰内乱。"凡犯有上述十种大罪之一者，一律从严惩处，不能适用赦免、议减等司法特权。

"重罪十条"中的十种大罪，并非《北齐律》首创，此前法律已有规定，只不过无"重罪十条"之目而已。早在秦汉律中，就有"谋反"、"大逆"、"不道"、"不敬"等罪名，且处刑很重。《北齐律》总结前代立法经验，损益发展，综括为"重罪十条"，冠于律首。隋、唐法律在"重罪十条"的基础上，改定为"十恶"，直到明清，"十恶"均为"常赦所不原"的重罪。北齐设立"重罪十条"，其目的在于维护封建"三纲",反映了礼律进一步结合、封建法律儒家化的特点。

3. 确立"存留养亲"制度

所谓"存留养亲",是指犯人直系尊亲属年老应侍而家无成丁,死罪非"十恶",允许上请,流刑可免发遣,徒刑可缓期,将犯人留下以侍奉老人,老人去世后,再执行刑罚。这一制度最先确立在《北魏律》中,后世沿用,但在具体实施的程序上有所变化。

"存留养亲"着重强调子孙必须履行尽孝的义务,而孝则是儒家思想中最重要的内容之一,这是封建法律儒家化的又一表现。

## 三 刑罚制度渐趋文明

1. 废止宫刑

汉文帝改革刑制时未触及宫刑,此后,宫刑时废时复。汉景帝时曾一度恢复宫刑,北魏、东魏仍有施用宫刑的记载。但总体而言,三国两晋南北朝的刑罚制度进一步沿着废除肉刑的方向发展,残酷、耻辱的宫刑逐渐被废止。西魏文帝大统十三年下诏:"自今应宫刑者,直没官,勿刑。"北齐后主天统五年也下诏废止宫刑,即:"应宫刑者,普免刑为官口。"自此,宫刑不再作为法定刑入律。

2. 缩小族刑缘坐范围

所谓族刑缘坐,是指一人犯罪,亲属连带受刑的制度。

三国两晋南北朝时期,虽然族刑缘坐未彻底废除,但其株连范围不断缩小的趋势,仍然是这一时期的主流。因此,不能不说是一种进步。

3. 定流刑为减死之刑

流刑的前身是秦汉时期的迁徙。北魏之前,流刑非法定刑罚。北魏、北齐依照"降死从流"的原则,将流刑列为法定刑,作为死刑与徒刑的中间刑,从而弥补了自汉文帝刑制改革以来死刑与徒刑之间刑差太大的弊端,为隋唐五刑制度的正式确立和完善奠定了基础。北周创流刑五等制。

4. 初步形成封建"五刑"制

文景刑制改革以来,徒刑和笞刑的地位上升,并成为主要刑名。三国两晋南北朝时期,在革除野蛮肉刑的同时,很注意刑罚制度的简化和规范,初步形成了以死刑和徒刑为主体的封建五刑制度。

曹魏《新律》将刑罚规定为七种,即死刑、髡刑、完刑、作刑、赎刑、罚金、杂抵罪。《泰始律》则将刑罚简化为死刑、髡刑、罚金、赎刑、杂抵罪五等。至北朝时，《北魏律》定死、流、徒、杖、鞭五种刑罚，首次确定死刑为绞、斩二等，流刑为法定刑。《北齐律》基本沿袭《北魏律》。北周进一步改革刑制，形成五种二十五等的刑罚体系。其中，将《北齐律》五种刑罚中的"耐"改为"徒"，并首次将流刑分为五等。至此，封建五刑制度初步形成。隋朝以此为基础，在《开皇律》中正式确立了封建五刑制度，唐、宋、元、明、清各代沿用。

## 第三节 三国两晋南北朝的司法制度

### 一 司法机关

三国两晋南北朝时期，司法机构的设置大多沿袭汉制。但也有一些政权从建立统一的封建帝国的目标出发，进行司法改革，使司法机构发生了新的变化。其主要表现是：

1. 增设律博士

曹魏时期，魏明帝采纳卫觊的建议，在廷尉之下增设律博士一职，作为廷尉的重要属官，专门负责教授法律和培养司法官吏。律博士是中国历史上最早从事法律教育的职官。至北齐时，律博士增至四人。其后，隋、唐、宋亦沿设律博士。

2. 改廷尉为大理寺

三国两晋南北朝时期，中央司法机关基本上沿用汉制，由廷尉、御史、尚书三部分组成。廷尉是最高审判机关的长官，下设各种属官。南北朝时，北齐将廷尉改扩为大理寺，设卿、少卿、丞为主官。大理寺的设置，改变了北齐以前中央司法机关和司法长官不分的局面，使中央司法机关趋于完备。北周虽以大司寇卿为中央最高司法长官，但对后世影响甚微。隋、唐、宋、明、清各朝均沿北齐之制，设大理寺为中央司法机关之一，主掌审判或案件复核。

3. 设立军事审判机构

三国两晋南北朝时，不少政权设立专门的军事审判机构。曹魏时，在军中设理曹掾，"任以三军死生之事"，并在中央政府设都官郎，负责军事审判。南朝宋在中央设都官尚书，主掌全国的军事审判。南陈则由将、帅直接负责军事审判。

4. 强化京畿地区的司法职能

这一时期，地方的司法沿袭东汉后期的州、郡、县三级体制，仍由行政长官兼理司法。但南朝时，各政权特别重视京畿地区的司法职能。南朝各国相继定都建康（今南京），赋予京畿司法机关与中央相等的权力。

## 二 诉讼审判制度

三国两晋南北朝时期，诉讼审判制度多仿汉制，但也有一些新的变化。其变化主要在以下几个方面：

1. 刑讯严酷并形成制度

三国两晋南北朝曾实行严酷的刑讯制度。南朝时，刑讯更加严酷，其中尤以南梁、南陈为最。

2. 确立死刑奏报制度

死刑奏报，是指法司执行死刑必须报请皇帝批准的制度。由于死刑奏报制度有利于加强皇帝对司法审判的控制，同时也标榜了"慎刑"精神，故为后世各封建王朝所沿用。

3. 建立"登闻鼓"直诉制度

所谓"登闻鼓"直诉制度，是指击鼓鸣冤，直诉中央司法官或皇帝的制度。此制确立于西晋，沿用至明清。

这种在朝堂外设鼓，以待有冤抑者击鼓向皇帝直诉的制度，有利于补救审级限制的某些弊病，是对不许越级起诉限制的补充，同时也有利于皇帝垄断司法权。

# 第七章 隋唐的法律制度

## 第一节 隋朝的法制概况

### 一 立法概况

（一）《开皇律》

1. 制定及颁行

隋文帝开皇元年（公元581年），命高颎、郑译、杨素等大臣，制定新律。同年十月完成并颁行天下。这部法典与以往法典相比体现了因时制宜和宽简原则。

开皇三年，隋文帝审阅刑部的奏报，年断狱数犹至万条，认为律文仍过于严密，又命苏威、牛弘等更定新律。

2. 体例结构

《开皇律》计12篇500条。篇名为：名例、卫禁、职制、户婚、厩库、擅兴、盗贼、斗讼、诈伪、杂律、捕亡、断狱。

《开皇律》在篇章体例上继承了《北齐律》"法令明审、科条简要"的特色，成为"刑网简要，疏而不失"的一代大法。

其篇数虽仍沿《北齐律》12篇之旧，但部分篇目的名称有所改变。

中国古代刑法典的篇目体例经过从简到繁、从繁到简的发展历程，《开皇律》12篇标志着这一过程的完成。《开皇律》的结构体例对后世封建法典有重要影响，唐律12篇除将《盗贼》改为《贼盗》外，其余完全沿用。

3. 主要内容

与《北齐律》相比较，《开皇律》内容的主要变化是：

（1）确立封建五刑制度

《开皇律》废除了前代的鞭刑、枭首、轘裂等酷刑和孥戮相坐之法，正式确立死、流、徒、杖、笞的封建五刑制度，计5种20等。

五刑的主要内容：死刑二等：斩、绞；流刑三等：1000里、1500里、2000里，并分别服劳役2年、2年半、3年；徒刑五等：1年、1年半、2年、2年半、3年；杖刑五等：自60至100；笞刑五等：自10至50。

隋朝五刑中的刑等和刑差，构成了一个相对合理的刑罚体系，除流刑三等到唐朝时多加一千里外，其余全部为唐律所沿用。隋代的赎刑在前朝的基础上也作了明确规定。

（2）贵族、官员法律特权扩大

注意两点：一是《开皇律》扩大了官当的适用范围，即不但可以以官当徒，而且可以以官当流。规定官当时流刑折换成徒刑的计算公式为：三流同比徒三年。二是创设例减制度。所谓"例减"，是指八议之人、七品以上官员犯罪（十恶除外）应处流刑以下刑罚的，可照例直接减一等。

（3）确立"十恶"制度

《开皇律》在《北齐律》"重罪十条"的基础上，将"反逆、大逆、叛、降"改为"谋反、谋大逆、谋叛"，强调将此类犯罪扼杀于预谋阶段；又增加了"不睦"一罪，使十种罪名定型化，并正式以"十恶"命名。从此以后，历代相沿无大更改。

《开皇律》规定的"十恶"是：谋反、谋大逆、谋叛、恶逆、不道、大不敬、不孝、不睦、不义、内乱。由于这十种犯罪直接危害封建皇权、违犯礼教纲常，故规定："犯十恶及故杀人狱成者，虽会赦，犹除名。"后世常有"十恶不赦"称谓。

综上可见，《开皇律》无论在篇章体例还是基本内容上，较以前的封建法典均有显著改进，是对秦汉魏晋以来立法经验的总结，为唐律的成熟完备奠定了基础。上述主要内容，经过唐律的修订和确认，几乎全被纳入并加以完善，从而成为唐律的直接蓝本。

（二）《大业律》

隋炀帝即位时，法制混乱、刑罚滥酷的恶果已很明显。为标榜宽刑，炀帝命牛弘等更修律令。大业三年（公元607年）新律修成颁行，即《大业律》。计18篇，500条。

《大业律》早已佚失，但现存资料表明，其基本内容与《开皇律》相同。更动的要点主要有三：

一是篇名的更改、拆分和增加。将原来的《卫禁》、《职制》、《斗讼》篇分别改为《卫宫》、《违制》、《斗》；《户婚》篇分为《户》、《婚》二篇；《厩库》篇分为《仓库》、《厩牧》二篇；《盗贼》篇分为《盗》、《贼》二篇；增加《关市》、

《请求》、《告劾》三篇，其余依旧。

二是减轻刑罚。刑罚有所减轻者200余条，关于施行枷杖、决罚、讯囚的规定也轻于《开皇律》。

三是删并"十恶"条目。但据《唐律疏仪》十恶条疏议说：《大业律》对于十恶"复更刊除，十条之内，唯存其八。"即删去十恶的罪名两条，存留八条，并入其他律文，而不是将十恶罪全部删除。

## 二 法律形式

隋朝"律、令、格、式并行"。律有《开皇律》和《大业律》。令有《开皇令》和《大业令》各三十卷。从唐朝的有关法制史料看，隋朝的法律形式已经相当完备，封建社会正规的法律形式律、令、格、式确立于隋朝是可信的。

## 三 隋朝法制建设的经验教训

隋朝在很短的时间内建立了较为完善的法律制度，对其前期政治的稳定和经济的发展发挥了重要的作用。"开皇之治"正是在隋初君臣锐意革新、重视法制建设的环境下形成的。但隋朝后期，统治者又带头毁法，滥用酷刑，以致"君臣怨嗫，天下大溃"。

1. 重视法制，是"盛世"形成的必要条件。
2. "法之不行，自上犯之"。

隋文帝前期，尚能严格执法，依法办事，甚至不徇私情，带头守法。官吏上行下效，司法较为公允。但文帝晚年及炀帝时，又带头破坏法制，诏令频繁，法外用刑司空见惯，法律如同具文。君主如此，有关官吏便窥伺君主的好恶行事。

3. 一味重刑，加速覆亡。

# 第二节 唐初法制的指导思想

## 一 德礼为政教之本，刑罚为政教之用

长孙无忌奉命修撰《律疏》，在《名例》篇疏议中指出："德礼为政教之本，

刑罚为政教之用，犹昏晓阳秋相须而成者也。"这段话阐明了两层意思：

其一，治理国家必须兼有德礼和刑罚。德礼和刑罚的关系，如同一天之中有早晚，一年之中有四季，不可或缺。

其二，政治教化中，德礼和刑罚之间的关系是"本"和"用"的关系，即根本与辅助的关系。治理国家不能没有刑罚，但使用刑罚必须慎重，决不可滥刑酷罚。

## 二 立法宽简、划一、稳定

1. 宽简。"宽简"思想，历来为古代崇德尚礼的开明君主所强调。宽即宽大，简即简约，指法律条文简要明白。宽大主要指立法内容方面，其基本点是轻刑，尽可能使人不致陷于犯罪，或者犯罪后得到较轻处理。简约主要指立法形式方面，其基本点是简明，尽可能使百姓了解法律的内容，也便于司法官掌握，反对法条烦琐、杂乱、前后重叠，彼此矛盾。

唐高祖建立政权前后反复强调立法必须"宽简"，并付诸实践。

唐太宗即位后，便进一步强调："用法务在宽简"。贞观十年又提出，"国家法令，唯须简约，不可一罪作数种条"，以防"官人不能尽记，更生奸诈"。

唐高宗时期萧规曹随，继续推行立法"宽简"思想。

在这种思想指导下，《贞观律》、《永徽律》均较《开皇律》大为简约。

2. 划一。立法划一，是保证断罪量刑准确的必要前提。

唐高祖认为，法令不划一，将导致"执法之官，缘此舞弊"。

唐太宗指出：法令不一，必然导致"若欲出罪，即引轻条；若欲入罪，即引重条"的弊端，故再三强调立法者"宜令审细，毋使互文"。

立法划一的思想，后来在《永徽律疏》中进一步得到体现。《永徽律疏》的篇与篇、篇与目、条与条、条与疏之间紧密协调，前后统一，很少"互文"。

3. 稳定。"稳定"是指法律公布后不得朝令夕改，修改也要遵循法定程序，以确保法律的稳定性。

唐太宗很注意法律的稳定性。他说："法令不可数变，数变则烦，官长不能尽记，又前后差违，吏得以为奸。"这一思想在实际上得到贯彻。唐初由房玄龄等主持制定的律、令、格、式，终太宗之世，无大变更。

然而，客观形势在发展变化，法律当然不能一成不变，对某些不适时宜的内容，必须作适当的修改。但修改法律，要求严格按程序进行，"诸称律令式，不便于事者，皆须申尚书省议定奏闻；若不申议，辄奏改行者，徒二年"。尚书省审议法律的修改，须召集七品以上京官进行讨论，做出决议，奏报皇帝裁定。

## 三　用法审慎

用法审慎是唐初君臣在司法方面的基本要求和指导思想。唐太宗强调办案必须严肃、慎重，审断应有证据。刑部尚书张亮曾检举侯君集与他一起谋反，唐太宗认为"无人闻见，两人相证，事未可知"，没有确凿证据，未予轻信。后来，侯谋反事实败露才被处死。武德九年十一月，唐太宗与群臣议论"止盗"的办法，有些人主张实行"重法"，唐太宗很不以为然。贞观三年，唐太宗对大臣说："死者不可复生"，处决死囚，应由中书门下四品以上及尚书九卿共同议定。贞观五年，唐太宗错杀了大理丞张蕴古，后又错杀交州都督卢祖尚，追悔不及。为此，唐太宗立下定制："凡决死刑，虽令即杀，乃三复奏。"继而又规定处决死罪，在"京城二日五复奏，在各州县仍三复奏"。这个规定纳入唐律《断狱律》，违者分别情节，处流、徒刑。

## 四　强调执法严明

执法不明、司法不公，再完备的法律也是一张废纸。"有法不行，其害胜于无法"。为此，唐初君臣非常强调严格执法和公正司法。

1. "以古为鉴"，反对滥用刑罚（秦、隋二世而亡之鉴）。
2. 君主必须带头守法（难能可贵）。

"法之不行，自上犯之"。魏征告诫唐太宗："居人上者，其身正，不令而行；其身不正，虽令不从。"

3. 不别亲疏，一断于法。

唐太宗要求各级官吏必须严格执法，公正司法，不徇私情。《贞观政要·公平》："贞观之初，志存公道，人有所犯，一一于法。"

# 第三节　唐朝的主要立法及法律形式

## 一　主要立法活动

### （一）《武德律》

公元617年，李渊攻占长安后，效仿刘邦的"约法三章"，与民"约法十二条"，规定除杀人、劫盗、背军、叛逆者处死外，其余一切苛法全部废除。这一宽刑措施得到人民的拥护，对迅速灭隋起了重要作用。

唐朝建立后，于高祖武德二年（公元619年）命刘文静等在隋开皇律令的基础上进行增删，制定"新格"53条，此乃唐王朝立法的开端。新格的具体内容不详，现能确知的仅有两条：一是对于官吏贪赃、盗窃、诈取府库财物等犯罪，不予赦免；二是规定在断屠日以及正月、五月、九月不得执行死刑。

武德四年（公元621年），又命裴寂等撰定律令，大致以《开皇律》为准，并于武德七年（公元624年）颁行，是为《武德律》，共12篇500条。

与《开皇律》比较，其主要变化有二：一是将53条"新格"增入；二是将流刑三等各加一千里且均居作一年。此外，这一时期还编定了《武德式》。

(二)《贞观律》(唐律之定本)

唐太宗即位，于贞观元年命长孙无忌、房玄龄等修订新律，至贞观十一年（公元637年）完成，仍为12篇，500条，称《贞观律》。贞观令、格、式同时颁行。

《贞观律》仍以《开皇律》为基础，但对《武德律》作了较大修改，主要是：

1. 增设加役流作为死罪的减等。贞观初年，魏征等认为律令还是苛重，建议将绞刑五十条免去死罪改为斩右趾，后经房玄龄等与大臣反复集议，确定用加役流作为宽恕死罪的刑罚。为封建立法提供了死罪减等较现实的办法。

2. 区分两类反逆罪，缩小缘坐处死的范围。旧律规定兄弟虽分居，其中如果有人谋反，则"连坐俱死，子孙配没"。唐太宗认为反逆有两类，一是"兴师动众"；一是"恶言犯法"。两者情节轻重不同，处理应当有所区别。召集大臣商议更改，确定实行"反逆者，祖孙与兄弟缘坐；恶言犯法者，兄弟配流而已"。这样，使缘坐处死的范围相对缩小了。

3. 确定了五刑、十恶、八议、请、减、赎、当，以及类推、断罪失出入、死刑三复奏、五复奏等断罪量刑的主要原则。

(三)《永徽律》及《律疏》

1. 制定颁行

唐高宗永徽元年（公元650年）又命长孙无忌等修订律、令、格、式。永徽二年完成《永徽律》12篇502条。《永徽令》、《永徽格》及《永徽式》同时颁行。

2. 作疏的原因

永徽年间立法的重大成就是为《永徽律》作疏议。为律作疏的原因有二：

一是"法司"存在不少定罪量刑畸轻畸重，很不一致的情况。

二是科举考试中的明法科缺乏"凭准"。

为了在这些方面使全国有统一的标准，长孙无忌等奉命对《永徽律》的律条和律注逐条逐句进行解说，并对司法中可能发生疑难的问题，自设问答。永徽四年（公元653年）完成，共30卷，经高宗批准颁行，与律并行，当时称为《律疏》。元代以后，《永徽律疏》又称为《唐律疏议》，并流传至今。

3. 效力及影响

《永徽律疏》总结了汉魏晋以来立法和注律的经验，不但对主要的法律原则和制度从历史上寻根溯源，说明其沿革，而且尽可能引证儒家经典作为律文的理论根据。颁行后的《律疏》，使"疏"与"律"具有同等的法律效力，从此"天下断狱，皆引疏分析之"，成为统一解释律文的法律依据，其影响及于后世各朝。

（四）《开元律》及《开元律疏》

开元二十二年（公元734年），唐玄宗命李林甫等刊定《开元律》12卷，《开元律疏》30卷，令、格、式等也有所刊定，于开元二十五年（公元737年）完成。

《开元律》和《律疏》对于《永徽律》和《律疏》除了个别文字和个别律条稍有更动外，在实质性的内容上究竟改变了什么，现有史料还很难作确切的论证。

由上可见，唐玄宗以前四次修律活动的进程是：《武德律》开其端，《贞观律》总其成，《永徽律》疏其义，而以《开元律》及疏的"刊定"而告其终。

（五）《大中刑律统类》

唐宣宗大中七年（公元853年），左卫率府曹参军张戣，将刑律分类为门，后附以有关刑事性质的格、敕、令、式，编成《大中刑律统类》12卷奏上，宣宗诏令刑部颁行。《旧唐书·宣宗本纪》载，这部法典共1250条，分为121门，也称《刑法统类》。新旧《唐书·刑法志》的记载与此略同。

《统类》改变了以前的法典编纂体例，是一种创新，对于五代和宋朝的立法产生了重要影响。

（六）《唐六典》

1. 法典性质（行政法典）

唐玄宗时的重大立法成就当属《唐六典》。《唐六典》是系统规定唐朝官制的政书，也是我国保存至今的最早的一部行政法典。

2. 修撰过程（始于开元十年，开元二十六年完成，计30卷）

唐玄宗于开元十年（公元722年）亲自书写六条：理典、教典、礼典、政典、刑典、事典，命大臣以《周官》为指导和模式，修撰唐朝政书。但由于开元年间与《周官》编撰时间相距1000年左右，实际情况已经大不相同，故唐玄宗的要求很难实现。后该法典实际上仍按唐朝国家机构的体制进行编制，于开元二十六年（公元738年）完成，共30卷。

3. 主要内容

《唐六典》以三师、三公、六省（尚书省、门下省、中书省、秘书省、殿中省、内官侍中省）、御史台、九寺（太常寺、光禄寺、卫尉寺、宗正寺、太仆寺、大理寺、鸿胪寺、司农寺、太府寺）等为目。有关的历史沿革，分别作注附于正文之下。

其主要内容是关于国家机构的设置、人员编制、职责以及官员的选拔、任用、考核、奖惩、俸禄、退休制度等方面的规定。

4. 沿革影响

早在秦朝时，就有关于行政管理、官吏任免、奖惩等方面的行政立法，但主要表现为不系统的单行法规，如《置吏律》、《除吏律》等。此后，又有令、格、式等法律形式相继出现，与律并行。令、格、式中不少是属于行政立法的范畴。《唐六典》总结了有关的历史经验，结合唐朝实际情况，成为记载唐朝官制的政书，对于此后王朝的行政立法有重要影响。从此以后，封建行政立法从刑事法律体系中分立出来，自成体系。

## 二 法律形式

（一）"律"、"令"、"格"、"式"含义、性质

唐朝承用隋朝的法律形式，主要有"律"、"令"、"格"、"式"。《唐六典》与《新唐书·刑法志》对这四种法律形式的解释不尽相同。前者说："凡律以正刑定罪，令以设范立制，格以禁违止邪，式以轨物程事"。后者说："令者，尊卑贵贱之等数，国家之制度也；格者，百官有司之所常行之事也；式者，其所常守之法也。凡邦国之政，必从事于此三者，其有所违，及人之为恶而入于罪戾者，一断以律。"在此综合上述两说，作简要阐述：

1. 律（刑事法律）

"律"在于"正刑定罪"，是关于定罪断刑的基本法典。从唐初法制的指导思想和唐律的规定来看，"律"在四种法律形式中最为稳定，适用范围最广，地位也最高。由于"律"关系到除皇帝外所有臣民生死荣辱，历来为开明的皇帝所器重，如唐太宗特别强调守"律"。

2. 令（国家社会制度——根本法）

"令"在于"设范立制"，是关于国家各种制度的法规，几乎包括了经济基础

和上层建筑各个方面的制度，所谓"尊卑贵贱之等数"，就具体体现在令的详尽规定之中。《唐六典》所载的《永徽令》27篇中，第一至第七篇是中央及地方的官制，以下依次是祀、户、选举、考课、宫卫、军防、衣服、仪制、卤簿、公式、田、赋役、仓库、厩牧、关市、医疾、狱官、营缮、丧葬、杂令，共1546条。

令是律的重要补充，"律无正文者，则行令。"

3. 格（行政法规）

"格"在于"禁违止邪"，源于汉魏的"科"，是皇帝对国家机关分别颁行的，以及因人因事随时发布的敕，经过整理汇编的法规，又称敕格。唐太宗贞观十一年（公元637年）删武德以来的敕格，定留700条，以尚书省诸司为篇名，其中有关诸司日常公务，留在司内施行的称"留司格"。唐高宗永徽年间将颁发州县实施的格称散颁格。"格"大体上类似于近世的官规，主要涉及国家各部门及官吏的日常办事规则，即"百官所常行之事"。

4. 式（实施细则）

"式"在于"轨物程事"，是国家机关的办事细则和公文程式，又称为"永式"。如《武德式》、《贞观式》、《开元式》等。其篇目比令更为繁多。

（二）"律"、"令"、"格"、"式"之关系

1. "律"、"令"、"格"、"式"共同组成唐朝前期宏观的法律体系。
2. 以律为主，令、格、式为补充。
3. 违令、格、式者，一断于律。

国家的一切公务，都须依据令、格、式的规定进行。

"令"、"格"、"式"都是积极规范，凡违背"令"、"格"、"式"以及其他犯罪行为，一概按"律"的规定断罪量刑。

此外，值得一提的是，唐朝时皇帝的"敕"（即制敕）具有特殊作用和地位。唐律"断狱"篇规定，"制敕断罪"，只是"临时处分"，必须经汇编程序确定为"永格"后，才允许引为断罪的依据，否则要承担刑事责任。但"制敕"既得"临时处分"而断罪，必然导致"律"的权威性下移。事实上，"制敕"对一切问题都可随时专断。从这个意义上讲，"制敕"虽未被定为一种法律形式，其法律效力却高于任何法律形式。

## 三　唐律的篇目简释

此处所讲的唐律，特指传世的《唐律疏议》，共30卷，12篇，502条。

除《名例》篇外，全部律条连同注、疏议和问答，几乎都围绕着"罪"和"刑"分别加以规定、解释、阐发和答疑。现今社会生活各个领域中称为违章、违纪、特别是违反道德规范的行为，在唐律中都属犯罪，有的甚至是严重犯罪。这是中国封建立法的一个基本特点，从《法经》直至《清律》都是如此。

唐律的结构，可以分为总则和分则两大部分。其中的《名例》大致相当于近代刑法典的总则篇，第二至第十二篇相当于近代刑法典的分则篇。

第一篇："名例"，共57条。《唐律疏议》解释了"名例"的含义："名者，五刑之罪名，例者，五刑之体例"，"命名即刑应，比例即事表，故以名例为首篇"。"名"指唐律适用刑罚的各种罪名；"例"则是定罪量刑的通例。一定的犯罪总有与其相应的刑罚，而有了归纳同类情节，按照有关规定处理的通例，定罪量刑的原则就明确了，所以将"名例"列为第一篇。本篇主要规定了五刑、十恶、八议、官当、自首、类推等定罪量刑的各项原则，是唐律的本质和基本精神的集中体现，在唐律中占有十分重要的地位。

第二篇："卫禁"，共33条。卫即"警卫"，禁即"关禁"。本篇是关于警卫皇帝、宫殿、太庙、陵墓，保卫州、镇、城、戍、关、津要塞和边防的法律。保护皇帝安全和国家主权是本篇的主要内容。

第三篇："职制"，共59条。是关于官吏的设置、选任、失职、渎职、贪赃枉法以及交通驿传等方面的法律。规定官吏职守，惩治官吏贪赃是本篇的重点。

第四篇："户婚"，共46条。是关于户籍、赋役、田宅、家庭、婚姻等方面的法律。保证国家赋役来源，维护封建婚姻家庭关系是本篇的重点。

第五篇："厩库"，共28条。是关于养护公私牲畜、库藏管理、官物出纳等方面的法律。旨在维护官有资财不受侵损。

第六篇："擅兴"，共24条。擅指擅权，兴是兴造。本篇是关于军队征调、指挥、行军出征、军需供给和兴造工程等方面的法律。严惩擅自调动军队，不按期供给军需物资，主将守城弃去，以及擅自征发民工兴建工程等罪。确保皇帝对军队的绝对控制是本篇的首要内容。

第七篇："贼盗"，共54条。"贼"主要指谋反、谋大逆、谋叛、恶逆、不道等属于"十恶"范围的犯罪和恶性杀人、伤害罪。"盗"，包括强盗、窃盗、监守自盗等非法盗取公私财物的犯罪。严刑镇压谋反、大逆、谋叛罪，打击各类盗罪，是唐律的重要内容。

第八篇："斗讼"，共60条。包括斗殴和诉讼两个方面，是关于惩治斗殴、杀伤、越诉、诬告、教唆词讼、投匿名书告人等犯罪方面的法律。无论斗殴和诉讼，唐律首先关注有关当事人的身份问题，发生在不同品阶的官员之间、官民之间、良贱之间、亲属之间的同一行为，因其身份有别而处理截然不同，这是本篇内容的基本特点，鲜明地体现了封建等级制度。

第九篇："诈伪"，共27条。是关于惩治诈欺和伪造行为的法律。诈欺和伪造的行为多种多样，其中属于政治性的诈伪，如伪造皇帝印章、官文书、兵符等，处刑更重。

第十篇："杂律"，共62条。凡是不便列入其他"分则"篇的犯罪，统统归于本篇，在唐律中起拾遗补缺的作用，故范围甚广。诸如私铸钱、负债违契不偿、赌博、失火、放火、决堤、违反市场管理规定等等，各种和奸、强奸罪也集中规定于本篇。

第十一篇："捕亡"，共18条。本篇是关于追捕逃犯、兵士、丁役、逃亡官奴婢的法律。规定了各种逃亡人犯以及追捕官吏的失职、泄密等方面的罪责。对于重罪人犯，力所能及的人皆有协助追捕之责，违者处刑。

第十二篇："断狱"，共34条。本篇是关于审讯、判决、执行和监狱管理方面的法律。对于刑讯、审理、复审、死囚复奏报决、疑罪处理以及监狱管理的具体办法等作了明确规定。

## 第四节 唐律的主要内容

### 一 "名例"篇内容的要点

（一）五刑

唐律承用隋律的刑罚制度，将刑罚定为笞、杖、徒、流、死五种，称为五刑。五刑各分若干等，以示轻重有别。

1. 笞刑。五刑中最轻的一种。唐律规定施行笞刑的刑具用荆条，其长短粗细有法定的规格，笞打的部位是腿和臀。适用于对轻罪的"惩戒"，以使罪犯蒙受耻辱，从中得到警诫，带有羞辱和教化之义。笞刑分为五等，从笞十到五十，刑差为十。

2. 杖刑。杖刑是次轻之刑种。唐律规定以"常行杖"施行杖刑，这种杖也有法定规格，责打部位为受刑人的腿、背、臀。杖刑分五等，从杖60至100，刑差为十。

3. 徒刑。徒刑是在一定期间内剥夺犯人的人身自由并强制其服劳役，以示"奴辱"的刑罚。唐律规定徒刑分五等，自徒一年至三年，刑差为半年。

4. 流刑。仅次于死刑的重刑。流刑是将犯人押送到指定的荒远地区，并强制其服劳役的刑罚。按流配地点的距离不同分为三等：流二千里，二千五百里，三千里，并服劳役一年。唐太宗时增设加役流，即流三千里，服劳役三年，作为对某些死刑的一种宽宥处理。被处流刑者，强制劳役期满后，便在流配地落户，与当地百姓负担同样赋役，非经特赦、大赦，一般不得返回原籍。

5. 死刑。剥夺罪犯生命的极刑。死刑分绞、斩二等，斩重于绞。斩"身首分异"，绞"以全其尸"。

五刑在符合法定条件时，均可交铜收赎。笞、杖刑各五等，笞10赎铜1斤，每加一等加铜1斤，至杖100赎铜10斤；徒刑五等，徒一年赎铜20斤，每加一等加铜10斤，至徒三年赎铜60斤；流刑三等，流2000里赎铜80斤，每等加铜10斤，至流3000里赎铜100斤。死刑二等，各赎铜120斤。

五刑只是"律"上规定的刑罚，实际上在唐朝的某些时期并未严格执行。就在唐高宗永徽五年，即《唐律疏议》颁行的第二年，颁制："州胥吏犯赃一匹以上，先决一百，然后准法"。玄宗开元二年，监察御史蒋挺有犯，玄宗"敕朝堂杖之"。到了唐朝后期，这种做法得以继续，如对安史之乱中的叛降者，最重的处以腰斩，后来被宦官诬指谋反的大臣王涯、王璠等多人也被腰斩、族诛、枭首。而这些酷刑早在隋律中就已废除了。又如，"决杀"、"杖杀"、"集众决杀"、"决重杖一顿处死"等制敕的频繁发布，往往使受刑者的痛苦远甚于绞、斩。

（二）十恶

唐律沿用《开皇律》中"十恶"规定，以突出刑律打击的重点。"名例"疏议中说："五刑之中，十恶尤切。亏损名教，毁裂冠冕，特标篇首，以为明诫。""十恶"的具体罪名及含义是：

1. 谋反，"谓谋危社稷"，即图谋反对皇帝，推翻封建君主政权。

2. 谋大逆，"谓谋毁宗庙、山陵及宫阙"，即图谋毁坏皇帝祭祖的宗庙、皇帝陵墓及宫殿。

3. 谋叛，"谓谋背国从伪"，即图谋背叛朝廷，投奔"蕃国"、或国内与朝廷敌对的政权。

4. 恶逆，即殴打或谋杀祖父母、父母；杀伯、叔、姑及夫之祖父母、父母等尊亲属。

5. 不道，即杀一家非死罪者三人或支解人；或制造、饲养蛊毒（剧毒之虫）害人；或以邪术企图使人受苦或死亡。

6. 大不敬，即盗皇帝祭祀天地、宗庙、神祇的用物或御用车马等器物；盗或伪造皇帝印章；调配御用药品误不如方；烹调御膳误犯食禁；指斥皇帝或对皇帝的使臣无礼等。

7. 不孝，即控告或咒骂祖父母、父母；祖父母、父母在世而别籍异财或供养有缺；诈称祖父母、父母死；闻祖父母、父母丧，匿不举哀；在祖父母、父母丧期内嫁娶、作乐等。

8. 不睦，即谋杀或卖五服以内亲属，殴打或控告丈夫及大功以上尊长、小功尊属。

9. 不义，即杀本属府主、刺史、县令；属吏或士卒杀本部五品以上官长；杀现授业师及闻夫丧不举哀、作乐改嫁等。

10. 内乱，即奸小功以上亲属或父、祖妾，与之和奸的妇女，也属内乱。

"十恶"直接触犯封建地主阶级的统治秩序和纲常名教，故对犯罪者不仅予以严惩（谋反、大逆还株连亲属），而且不得适用一般通例，主要是：贵族、官员犯十恶，不准享受议、请、减等优遇；虽遇大赦，官爵仍须革除。犯十恶者"为常赦所不原"，恶逆遇赦，仍不免死；谋反、谋大逆及杀小功尊亲属、伯叔父母、姑，造畜蛊毒者，死罪遇赦，只是免死，改为流刑。

（三）议、请、减、赎、当

为了确保官僚贵族的特殊身份和地位，唐律全面规定了对于犯罪的权贵者给予减免刑罚的特权制度，如议、请、减、赎、当等。

1. 八议

"八议"是指对八种权贵人物犯罪后给予优待的制度。

（1）"八议"对象及含义：①议亲：皇帝的亲戚；②议故：皇帝的故旧；③议贤："有大德行"者；④议能："有大才艺"者；⑤议功："有大功勋"者；⑥议贵：三品以上职事官及有一品爵者；⑦议勤："有大勤劳"者；⑧议宾：前朝国君及后代被尊为国宾者。

（2）"八议"特权的主要内容及例外。唐律规定上述八类具有特殊身份的人犯死罪时，司法机关不得直接审理，必须奏报皇帝，说明他们本应处死的犯罪事实及应议的理由，请求交付大臣集"议"，议决之后，再申报皇帝，由皇帝考虑处理。"八议"者如犯流罪以下，照通例减一等处理，不必"上奏请议"。犯十恶者，死罪不得请议，流罪以下也不得减罪。

## 2. 请

"请"是低于"议"一等的法定优遇办法，即享有"请"权的人犯罪，上请皇帝裁夺的制度。

(1) "请"的对象。唐律规定三种人犯罪时可以享有"请"的特权：一是皇太子妃大功以上亲属；二是应议者期以上亲属及孙；三是五品以上官爵者。

(2) 上请特权的主要内容及例外。"请"权之人犯死罪，司法机关应就其罪状及身份，报请皇帝裁决。与"议"不同的是，司法机关对于这类死罪案件，可以陈述依法应该判处绞刑或斩刑的意见，由皇帝决定，而对"议"的案件则"不敢正言绞斩"。"请"权之人犯流罪以下，照例减一等。他们的身份既然低于应议者，因而对其犯罪可以优遇的限制，便较"议"严格，除"十恶"罪外，得"请"者犯反逆缘坐、杀人、监守内奸、盗、略人、受财枉法等罪，应处死的不得"上请"；犯流罪以下也不得减刑。

## 3. 减

即权贵者犯罪后，可以根据法律规定予以减轻刑罚的制度。

(1) 适用"减"的对象。依唐律，享有"减"权的人主要有二类：一是七品以上官员；二是应"请"者的直系亲属以及兄弟、姐妹和妻。

(2) "减"权的主内容及限制。享有"减"权的人犯流罪以下，按例减一等来处理。关于享受"减"的优遇的限制与上述"请"的限制基本相同。

## 4. 赎

即享有法定条件的人，可以在犯罪后纳钱赎罪的制度。

(1) 适用"赎"的对象。唐律中适用"赎"的对象主要有三类：一是上述具有"议"、"请"、"减"特殊身份的人；二是九品以上官员；三是七品以上官员的直系亲属和妻子。此外，还有五品以上官员的妾。

(2) 赎刑特权的主要内容及限制。享有赎刑特权的人犯流罪以下，一般可以纳铜收赎。但加役流、反逆缘坐流、子孙犯过失流、不孝流以及会赦犹流等"五流"，则不得减、赎。此外，某些特定的徒罪，也不得减、赎。

## 5. 当

当，即官当，指官员和有爵位者犯罪，可以依法用官品或爵位折抵刑罚的特权制度。唐律规定，既可以官当徒，也可以官当流。

官当的原则有三：

(1) 区分公私罪和官品。有议、请、减身份者，若是官员，可以其官品抵当徒罪或流罪。如犯私罪，五品以上，一官可以"当"徒二年，九品以上，一官

"当"徒一年。如犯公罪,可以分别多加一年徒刑抵当。以官品抵当流罪时,流刑三等均比作徒刑四年。

(2) 先高后低,先现任后历任。一个官员担任两种以上的官职,且官品有高低之分时,官当时先以高者当,抵当不完时,再以低者当;现任的官品如不够抵当其应处的徒刑的年数,或者抵罪已尽又犯新罪,只要未经科断,可以用历任的官品当罪。

(3) 罪小官大,留官收赎;罪大官小,余罪收赎。"诸以官当徒者,罪轻不尽其官,留官收赎"。也就是说,假如有五品官犯了应处徒刑二年的"私罪",依律例减一等,合徒一年半。但五品以上之官,一官可以当徒二年,即是"罪轻不尽其官",因而不必罢官,交铜30斤收赎了事。"官少不尽其罪,余罪收赎"。指所有现任官及历任的官品都算上,还不足以抵当应判处的刑罚时,"余罪"刑罚不必执行,"收赎"而已。

综上可见,唐律中议、请、减、赎、当等制度,构成了一套前所未有的系统而严密的特权保障体系,清代著名法学家薛允升在其《唐明律合编》中对此颇多感慨,他说:"其(指唐律)优礼臣下,可谓无微不至矣。"充分体现了唐律乃是一部地地道道的封建特权法。

(四) 其他刑法原则

1. 老小废疾减免刑罚

(1) 老小废疾的划分

依唐律,老、幼、残疾各分三种情形:

"老"——有70岁以上、80岁以上和90岁以上之分;

"幼"——有15岁以下、10岁以下、7岁以下之分;

"残疾"——分为一般残疾(脚无大拇指、秃疮无发等)、废疾(痴、哑、侏儒、折一肢、盲一目等)、笃疾(双目盲、两肢废及癫狂等)。

(2) 主要内容

这些人犯罪,老者年龄越大,幼者年龄越小,疾病或残废程度越重,他们的刑事责任就越轻。具体是:

第一,70岁以上、15岁以下及废疾者,犯流罪以下,一般可以收赎。

第二,80岁以上、10岁以下及笃疾者,犯反逆、杀人等应处死的,可以"上请"。

第三,90岁以上,7岁以下,即使犯有死罪,也不处刑(缘坐应配流及没为官奴婢者,不适用本条)。

(3) 追诉时效——从轻

犯罪时未老疾，案发时老疾，以老疾论；年幼时犯罪，年长时案发，以年幼论。

(4) 简要评述

上述规定，有利于标榜"仁政"，体现了唐律的"宽刑"精神，但老幼病残者的犯罪率较低，对封建统治的威胁较小，也是事实。

2. 区分公罪与私罪

(1) 含义

《名例》篇明确规定了公罪与私罪的概念及处刑原则。"官当"条注："公罪谓缘（因）公事致罪而无私曲者。"即由于承办公事不力、失误或者差错，而不是出于自己的私利的犯罪，称公罪。反之，"私罪，谓私自犯及对制诈不以实，受请枉法之类"，即与公事无关，而是为了私利的犯罪，如盗窃等等；或者虽是承办公事，但假公济私，以致犯罪，如对待皇帝诈欺不实，受人请托曲法徇情等等，均属私罪。

(2) 处理原则：私罪从重、公罪从轻

唐律规定的公罪，主要是日常公务上的各种犯罪，其主体一般是官吏。在处理时，私罪从重，以防止官吏利用职权，营私舞弊；公罪从轻，以保护和调动官吏工作的积极性，提高办事效率。此外，唐律规定，官当时先要区分公罪、私罪，因为公、私罪抵当徒刑的刑期不同。

3. 共同犯罪区分首从

(1) 共同犯罪的含义：唐律中的共同犯罪，指二人以上的故意犯罪。

(2) 共同犯罪区别首从的一般规定：对共同犯罪的处理，原则上分别首从，即"诸共同犯罪者，以造意为首，随从者减一等"。造意即主谋，是首犯；随从者是从犯，其罪减首犯一等。

(3) 例外性的规定

唐律对这一原则也有例外性的规定，主要是：

第一，家人共犯，只坐家长。一家人共同犯罪，不论由谁造意，只处罚同居的尊长。尊长若是依律不负刑事责任者（如年80岁以上，10岁以下及笃疾），则由共犯的次尊长负刑责。尊长，这里指男夫，倘有妇人尊长与男夫卑幼共同犯罪，虽由妇人造意，仍只处罚男夫。这个规定，旨在加强尊长对家人进行教令的义务，同时也提高了尊长在全家的权威，但对侵犯人身及财产的共同犯罪，仍依一般共犯的首从原则处理。

第二,外人与监临主守共犯,以监临主守为首犯。外人与监临主守官吏共同犯罪,虽由外人造意,仍以监临主守官吏为首犯,外人按一般从犯处理。这个规定,旨在加强监临主守官吏的职责。

第三,依犯罪者身份以及下手的轻重定首从。参与共同犯罪的身份可能有所不同,此时虽仍有首从之分,但须分别依有关律文的首从论处。如甲勾引外人乙共同殴打其兄,甲是首犯,乙未下手。依《斗讼》篇规定,甲应徒两年半;乙是外人,按一般斗殴罪笞四十,是从犯,减一等,未下手又减一等,故笞二十。聚众斗殴,以下手重者为首犯,下手轻者为从犯,只有在轻重难分时,才以造意为首犯,其余为从犯。

第四,谋反、谋大逆、谋叛(已行)、强盗、强奸等重罪,则不分首从,一律按正犯处刑。

4. 同居有罪相为隐

(1) 含义及渊源

唐律在继承汉朝"亲亲得相首匿"原则的同时,将相隐的范围扩展到四代以内的亲属、部曲及奴婢。

(2) 主要内容

《名例》篇规定:凡同财共居者(不论是否同一户籍,也不论有无服制关系),以及大功以上亲属、外祖父母、外孙、孙媳妇、夫之兄弟及兄弟妻,皆可相互容隐其犯罪,部曲、奴婢可为其主人隐罪(但主人不为他们隐)。即使为罪犯通报消息,使之得以隐避、逃亡,也不负刑责。小功以下亲属相隐,其罪刑减凡人三等处理。

(3) 例外规定

为了防止该项原则的适用影响统治阶级的根本利益,唐律明确规定:谋反、谋大逆、谋叛者,任何人不得相隐,必须各依有关律文处断。

5. 自首减免刑罚

(1) 自首的含义及前提条件

《名例》篇规定:"诸犯罪未发而自首者,原其罪。""未发"指犯罪未被官府发觉或未被他人告发,这是自首的前提。符合上述条件者,一般可以免刑。

(2) 唐律对自首的具体规定:

第一,犯罪未被告发而自首者,免除刑罚。

第二,原则上应该由犯人本人自首,但如请人代为自首,或者法定"得相容隐"的人为其自首或出来告发,可以各按犯人本人自首的规定处理。

第三，犯人知道已有人代其自首，或者告发，他的犯罪已被追诉当中，而仍不归案者，不得减免。

第四，犯人知道有人将要告发，或者因叛国及其他犯罪逃亡而自首者，减罪二等。叛逃者虽未到官府自首，但能返回当初叛逃之处，也减罪二等。

第五，因轻罪被发觉，而能自首重罪者，免其重罪。

第六，在审讯中，犯人能主动交代其他未被发觉的犯罪，不加追究。

第七，自首"不实"（不完全符合犯罪事实，如本是强盗所得赃，自首为窃盗赃）或者"不尽"（不彻底，如枉法得赃十五匹，自首为十四匹）者，追究其不实、不尽之罪，依法应处死者，减罪一等。

第八，自首者的刑罚可以减免，但犯罪所得的"赃"则应归还官府或原主。自首不实、不尽者，追究其不实不尽部分的赃物，赃数累计应处死刑者，减一等处理。

第九，犯罪以后共同逃亡，其中犯轻罪者能捕获犯重罪者到官府自首，或者这些人的犯罪轻重相等，其中有人能捕获半数以上罪犯自首，则他们的本罪及逃亡罪一概不究，但"常赦所不原"的犯罪除外。

第十，因藏匿罪人，或者为其提供物资，或者充当其不符事实的保人、证人而被牵连犯罪者，后来该罪人自首，或者遇赦得以减免，则被牵连者比照该罪人的减免办法处理。

（3）自首减免刑罚的例外

有些犯罪不得适用自首减免的原则：已杀伤人者；盗窃不许私人收藏且不能原样赔偿的物品（如皇帝印章、兵符、官府文件、禁品、禁书之类）；私渡及越渡关卡；奸良人；私习天文，等等。

（4）设立目的

上述唐律中关于自首得以减免刑罚的一系列规定，旨在缩小打击面，分化犯罪团伙，保证刑法适用的社会效果，维护统治秩序。

6. 更犯加重与二罪以上俱发从一重

（1）更犯加重

唐律中的"更犯"，指在犯罪已被告发、审判和刑罚执行期间重新犯罪的情况，有别于后世的累犯。

《名例》篇规定犯罪已被告发或已配决而更犯罪者，"各重其事"，即将前罪与后罪通计一并处刑。《唐律疏议·贼盗律》进一步明确规定：凡盗窃犯罪经判决后，又犯盗窃之罪的，其前后三次犯罪均应处徒刑者，流二千里；三次犯罪均应处流刑者,则处以绞刑。

(2) 二罪以上俱发从一重

唐律规定:"二罪以上俱发,以重者论;等者,从一"。即在被告发之前犯有数罪且被官府查知审判的,以其中的重罪处罚;数罪的刑罚相等者,从一罪处罚。体现了重罪吸收轻罪的思想。

如果在论决之后,又发现以前尚有其他犯罪,而且重于已判决之罪的,则以新发现之重罪论处,前罪所处之刑,可以折抵,但仍按一个重罪处理,不必累计;如果后发之罪轻于先发之罪,则维持原判。

此外,这一原则并不适用于赃罪。

7. "与例不同者,依本条"

(1) 确立目的

保持唐律各篇的协调与统一而确立的一项原则。

(2) 具体规定及释义

《唐律疏议·名例律》规定:"本条别有制,与'例'不同者,依本条"。

这里的"本条别有制",是指"卫禁"篇以下各篇的律条就某种犯罪另有具体规定;"与'例'不同者,依本条",是指"卫禁"篇以下各篇的律条与"名例"篇的原则规定不同,此时应依各该"本条"的具体规定处断。这是因为"名例"篇作为总则篇,不可能概括所有具体问题。

(3) 实例

如上述某甲勾引外人乙对自己亲属实行犯罪,与"名例"篇规定的一般共同犯罪就有区别,应依"斗讼"篇有关律条的规定处理,即是一例。

又如"贼盗"篇规定,在盗窃财物的共同犯罪中,造意者如未实行盗窃,又未分赃,则应以实行盗窃活动的指挥者为首,造意者为从。

8. 类推

(1) 含义

类推,也称比照类推,是指对律条无明文规定的某些行为,比照律条中最相类似的条款定罪量刑的制度。

(2) 具体规定、释义、实例

"名例"篇规定:"诸断罪而无正条,其应出罪者,则举重以明轻;其应入罪者,则举轻以明重。"

"举重以明轻",是指对于法无明文规定的行为,审理时应查看律文中比该行为更重的情节如何处理,若是应予减免刑罚,则该行为便可减免。如"盗贼"篇规定：夜间无故入人家者，主人当时将其杀死，不负刑事责任；若主人仅是将其折伤，比杀死为轻，当然无罪。

"举轻以明重"，是指对于法无明文规定的行为应当定罪处刑的，则比照律条中最相类似的轻罪处刑的条款处理。如"贼盗"篇规定：谋杀期亲尊长者，皆斩。若有人已经杀、伤其期亲尊长，自然应当处死。

9. 化外人原则

（1）含义及其设立目的

这是唐朝时处理涉外案件的原则。唐朝国际交往频繁，外国商人、学生、僧侣来华者不绝于道，涉外案件屡屡发生，故在"名例"篇中专门规定了这一原则。

（2）具体规定及其内容

《唐律疏议·名例律》规定："诸化外人有犯，同类自相犯者，各依本俗法；异类相犯者，以法律论。"《疏议》解释"化外人"，指所谓"蕃夷之国、别立君长者"，即外国人，他们"各有风俗，制法不同"。

因此，涉及外国人罪刑问题的处理原则是：属于同一国家的外国人相犯，适用该国的法律；不同国家的外国人相犯，或者唐朝人与外国人相犯，则适用唐律。

## 二 唐律的基本内容

（一）极力强化君权，维护君主专制制度

1. 严惩"三谋"大罪

"三谋"即谋反、谋大逆、谋叛。由于这三种犯罪直接危及封建皇权和政权，故列于"十恶"之首，以示唐律打击重点之所在。

（1）谋反者，"其事未行，即同真反"。谋反罪的成立，有预谋即可，行为本身不影响本罪构成。

（2）谋反虽无实际后果，本犯也处极刑。

（3）明知某人实无谋反的意图，又查不出有谋反的行动事实，只不过"妄为狂悖之语"，仍属谋反，即"诸口陈欲反之言，心无真实之计，而无状可寻者，流二千里"。

2. 确保皇帝的安全和尊严

（1）严惩各种危及皇帝安全的行为。

"卫禁"篇共33条，其中涉及皇帝安全的内容达24条之多。

（2）严惩对皇帝的任何"不敬"行为。

"十恶"的第六项为"大不敬",涉及的六个具体罪名分别在"贼盗"、"诈伪"、"职制"等篇中列为专条。

3. 确保皇帝独揽国家一切大权

(1) 唐律确保皇帝拥有最高立法权。

(2) 唐律确保皇帝拥有最高司法权。

(3) 唐律确保皇帝拥有最高行政权。

(4) 唐律确保皇帝拥有最高军事权。

(二) 严格区分官民和良贱,维护封建等级制度

1. 官员、贵族依法享有种种特权

(1) 唐律对官员贵族及其一定范围的亲属犯罪,给予减免刑罚的特权。

唐律"名例"篇关于议、请、减、赎、当等特殊优遇的规定,便是保护这种特权的鲜明体现,并大多为后世封建法典所承用。这些特权包括:

第一,九品以上的流内官,犯流罪以下,一般均可收赎,并不因此而绝其政治前途。

第二,身有官爵,不但本人犯罪可得优遇,而且可以荫庇其一定亲属的一般犯罪。

第三,官品爵位越高、资历越深,则犯罪的处分越轻,所荫庇的亲属范围越广。

第四,官爵越高,本人及其亲属的身份亦越高,则犯罪后享有的特殊庇护的条件更加优越。

第五、依律应议、请、减者犯罪,在被审讯时享有"不合拷讯"(刑讯)的特权,法官必须"据众证定罪"。

(2) 唐律确保官员贵族的人身和尊严不受侵损。

(3) 官员之间相犯,因官品不同而处刑有异。

(4) 官员、贵族的住宅、车子、坟墓、服装、使用的器物等不得逾制

2. 严格划分良贱

(1) 良人享有一定的权利。

良人指士、农、工、商等,其主体是农民,在律文上通称"凡人",一般也称"百姓"、"白丁"等。

(2) 贱民几乎无权利可言。

唐律将贱民分为"官贱"和"私贱"两类。"奴婢贱人,律比畜产",官、私奴婢的地位最低,他们是官府和主人的一种财产,在某些场合下,甚至不如牲畜。

(3) 良贱相犯，同罪异罚。

(4) 良贱不得通婚。

(5) 良贱在诉讼方面不平等。

《斗讼》篇规定：部曲、奴婢必须为主人"隐"罪（谋反、谋大逆、谋叛除外）。若告发主人，则处以绞刑；告发主人的期亲及外祖父母者，处流刑；告发主人的大功以下亲属者，徒一年。而主人告发部曲、奴婢犯罪，即使诬告，也无罪。这一规定是对"同居相为隐"原则的变通。

(三) 强调父权和夫权，维护封建家庭的纲纪伦常

1. 维护父权家长制。

"同居之中，必有尊长，尊长既在，卑幼不敢自专"。实质上主要是维护男性家长的统治权。

(1) 严惩子孙"不孝"，确保父祖的教令权。

唐律严责子孙必须"无违"和"善事"父母、祖父母。

家长对子女有教令权。

(2) 确保尊长全面行使经济权。

以尊长为主，"同居共财"，是维护尊长权威的物质基础。

(3) 确保尊长对卑幼的主婚权。

婚姻大事必须由父母做主，自西周以来已成为法定原则，唐律的规定更为详备。

(4) 卑犯尊，处刑重；尊犯卑，处刑轻。

2. 确保丈夫在婚姻家庭关系中的优越地位。

(1) 唐律强调婚书、私约特别是聘财的效力。

(2) 唐律创设"义绝"。

所谓"义绝"，指夫妻任何一方如对另一方的亲属有殴、杀、奸等犯罪，以及妻"欲杀夫者"，必须强制离婚。

(3) 唐律维护夫权的其他规定。

在丧服制度上，妻为夫应服斩衰（cuī）三年，与子为父的服制相同。而夫为妻只服一年。妻闻夫丧，匿不举哀，流二千里；若妻在为夫服丧期间内改嫁，徒三年，入于十恶的"不义"罪。妻不经夫家同意，擅自离去者，徒二年；因而改嫁者，加二等。妻殴打或者告发夫以及夫的亲属，依情节分别处徒、流刑，入于十恶的"不睦"罪。妻对夫及夫之祖父母、父母心怀怨恨，制造厌魅等，欲以杀人者，以谋杀论，入于十恶的"恶逆"罪。仅就这些而言，都是妻单方面的罪名。至于夫妻之间相犯，一般是妻犯夫从重，反之从轻。

3. 严惩违背纲纪伦理的奸罪。

唐律《户婚》篇对各种奸罪的处刑均有明确的规定。奸罪分和奸、强奸两种。

(四) 制定土地和赋役制度,维护封建剥削的经济基础

1. 均田法和租庸调法。

唐初,继续推行北魏以来近200年行之有效的均田制和赋役制度,但略有调整和发展。

唐高祖武德七年(公元624年),颁布均田法和租庸调法,比隋更为完备。均田法的主要内容。租庸调法的主要内容。

2. 严惩脱户、漏口、相冒合户、私入道。

(1) 严惩脱户、漏口。

《户婚》篇要求农民必须如实申报全户的人数、年龄及健康状况,违者,追究刑事责任。

(2) 严惩相冒合户及私入道。

从《赋役令》的相关规定看,唐时文武职事官三品以上和郡王的期亲,以及与他们同居的大功亲属等,均享有免课役的特权。为防止有人冒充上述有关的同居亲属规避课役,唐律对"相冒合户"的行为予以严惩。

在唐朝,道士、女冠、僧、尼等也享有免课役之权,但他们由俗出家入道,须经官府批准,发给凭证,称"官度",才算合法。为了防止农民私自出家,以图逃避课役。唐律"户婚"篇明确规定:"诸私入道及擅自度之者,杖一百。"

3. 《两税法》

《两税法》的主要内容有:

第一,量出以制入。即国家按土地占有的现实状况,依田地肥瘠和人户贫富分等,预算当年开支的总额,然后分摊各地征收。

第二,按户等征收。即各州县根据每户土地和财产的多少评出户等,然后按户等的高低征收不同的赋税。不论主户、客户,不论定居、行商均需纳税。

第三,分夏、秋两季征收。夏税的征收截止到六月底,秋税的征收截止到十一月底。《两税法》的实行,为解救极度困难的唐朝中央财政问题起了很大作用。这一税制也被唐以后的各封建王朝所承袭。

(五) 加强吏治,保证封建国家机器的正常运转

1. 惩治官吏的各种失职行为。

(1) 置官过限及不应置而置,主管官吏有罪。

(2) 官吏值勤不力、官员接任过限及擅自出界者,依情节处以笞刑、杖刑或徒刑。

(3) 官吏必须保守国家机密，泄露者处重刑。

(4) 官吏对某些犯罪失于察觉，疏于防范，情重者处以死刑。

2. 严惩官吏的各种贪赃枉法行为。

(1) 监临官犯赃罪，加重处罚。

唐律对监临主司或监临主守等握有实权的官吏，要求更严，对他们犯赃后的处罚也更重。

(2) "坐赃致罪"条拓展赃罪的范围。

3. 严惩官吏悖礼、诈欺及弄虚作假的行为。

(1) 严惩官吏的悖礼行为。

(2) 严惩官吏诈欺及弄虚作假的行为。

4. 对军政要务的擅权、渎职行为，予以严厉制裁。

(1) 严惩"擅发兵"和"乏军兴"，情重者处死。

(2) 严惩军政要务方面的渎职行为，情重者亦处死。

(六) 严惩危害国家安全和社会治安的犯罪，维护封建统治秩序。

1. 维护封建国家的安全和经济利益。

(1) 严惩越城、私度关、越度关及无凭证过关的行为。

(2) 严惩间谍及举烽燧失职的行为。

(3) 严惩私铸钱的行为。

(4) 严惩各种走私行为。

(5) 严惩侵损官私财产的行为。

(6) 严惩仓库管理者的各种失职行为。

2. 维护社会稳定和秩序。

(1) 严惩强盗、窃盗。

(2) 惩治斗殴、杀人。

唐律中的伤害罪，多因斗殴所致。故《斗讼》篇对斗殴伤人作了明确规定。"相争为斗，相击为殴。"凡人之间斗殴、伤害，结合三种情况定罪量刑。

首先，确定犯罪时所使用的工具或手段。

其次，将伤害程度分为未伤、已伤（见血为伤）、已死三种。

最后，依主观意图，将斗殴分为故意斗殴、共谋斗殴、以威势使人斗殴和聚众斗殴四种。

唐律中的"保辜"制度，具有一定的合理性：一方面有利于较为准确地认定加害人的法律责任，使之罪刑相应；另一方面通过加害人的积极救助，有利于减轻犯罪后果。

关于杀人罪，唐律依行为人的主观动机分为斗杀、谋杀、故杀、过失杀、误杀、戏杀等六种，统称为"六杀"，这是对封建刑法理论的重要发展。

"斗杀"，指"原无杀心，因相斗殴而过失杀人者"；

"谋杀"，指预谋杀人；

"故杀"，是指事先无预谋，而临时起意杀人；

"过失杀"，指因"耳目所不及，思虑所不到"而杀人；

"误杀"，指错置对象的杀人，即由于种种原因而错杀了旁人；

"戏杀"，指本无"害心"，在相互嬉戏的过程中造成一方死亡的行为。

基于上述区别，唐律规定了不同的处罚："斗杀"，处以绞刑；"谋杀"，根据后果的严重程度分别处以徒刑三年、绞刑和斩刑；"故杀"，或绞或斩，杀而未死者，以故意伤人论；"过失杀"，依具体情况，可以用铜赎罪；"误杀"，减斗杀一等即流三千里处罚；"戏杀"，减斗杀罪二等处罚。

（3）严惩决堤、放火。

（4）维护城市和市场管理秩序。

3. 拾遗补缺，囊括一切可能的犯罪。

## 第五节 唐律的主要特点和历史地位

### 一 唐律的主要特点

（一）"一准乎礼"

主要表现有三：

1. 礼为指导，渗透"三纲"。

唐律总的立法指导思想在于贯彻礼的根本原则"亲亲"和"尊尊"，其核心是封建"三纲"。

2. 以礼入律，礼被法律化。

唐律中不少本来就是礼的内容，直接上升为律。

3. 借助《疏议》，阐发封建"义理"。

《疏议》对律条的注疏与阐发，往往直接引证于礼。

（二）用刑持平

唐律被认为是"得古今之平"的典型。主要表现是：

1. 刑名规范严谨，刑等有序。

唐律沿用隋律所确立的五刑，将五刑次序改为由轻到重。

2. 死刑条目减少，用刑审慎。

死刑的数目较其前后各朝均有所减省。

3. 刑罚适用原则，从轻为度。

唐律强调适用刑罚的原则以从轻为度。

（三）立法技术完善

主要表现是：

1. 科条简要，注疏精当。
2. 规范详备，滴水不漏。

## 二 唐律的历史地位

唐律的影响不仅及于后世各朝，而且跨国越界，远播东亚邻国。

（一）唐律对后世封建法典的影响

唐律不仅对唐朝政治的稳定和经济的发展起了巨大的推动作用，而且也对后世中国各封建王朝的立法产生了深远的影响。

五代时期，受唐律影响比较显著的法律如《大梁新定格式律令》。

宋朝基本法典《宋刑统》，律文几乎是唐律的翻版，只是将每篇律条分为若干门，在律条后附有相关的敕、令、格、式、"起请条"。

元朝"参照唐宋之制"，修订完成《至元新格》。

明朝洪武元年，朱元璋"命儒臣四人，同刑官讲唐律，日进二十条"，次年制定《明律》，"篇目一准于唐"。

《清律》采取明律的体例，但内容及原则基本因袭唐律。

（二）唐律对东亚邻国的影响

唐朝作为强大的封建帝国，曾是亚洲政治、经济、文化中心，在与各国经济贸易、文化交往的同时，其法律文化也远播域外，特别对当时东亚邻国的封建立法具有深远影响，成为这些国家立法的重要渊源。唐律标志着中华法系的形成。

日本文武天皇大宝元年（公元701年）制定的《大宝律令》，其篇目与顺序一如《唐律》，律文内容也多相似。

在高丽王朝统治的四百余年中，朝鲜法制基本上沿袭唐制。

此外，越南、琉球和西域的古代法典，也不难逐一寻出与唐律的源流关系。

## 第六节 唐朝的司法制度

### 一 司法机关

1. 中央司法机关：三法司

唐沿隋制，中央以大理寺、刑部、御史台为司法机关，统称为"三法司"。其中，大理寺掌审判，刑部掌复核，御史台掌监察并参与司法。

大理寺始设于北齐，唐朝沿设。唐朝的大理寺是中央最高审判机关，负责审理中央百官犯罪及京师徒刑以上案件。对徒、流罪的判决，须送刑部复核。此外，对刑部移送的地方死刑疑案有重审之权。死罪的判决经刑部复议后，还须奏请皇帝批准。

刑部始设于隋朝，唐朝沿设。唐朝的刑部是中央最高司法行政机关，以尚书、侍郎为正副长官，下设郎中、员外郎、主事、令史等属员，负责复核大理寺及州、县必须上报的徒刑以上案件。在审核中，如有可疑，徒流以下案件驳令原机关重审，死刑案件则移交大理寺重审。

御史台始设于东汉，唐朝沿设。唐朝的御史台是中央最高监察机关，设御史大夫、御史中丞为正副长官，其下也有一套机构和官员。在司法方面，主要是监督大理寺和刑部的司法审判活动，遇有重大疑案，也参与审判。

唐朝对大案、疑案常由大理寺、刑部和御史台的长官会同审理，称"三司推事"，开三司会审之先河。必要时，皇帝还命令刑部会同中书、门下二省集议，以示慎重。某些案件，或各地发生的大案不便解送京师的，则派"三司"中的副职及其下属前去审理，称"小三司"。

2. 地方司法机关：州和县

唐朝地方司法仍由州（郡）、县行政机关兼理，但属吏较前增多。州设法曹参军（或司法参军）受理刑事案件，司户参军受理民事案件。县设司法佐、史等，协助县令处理民、刑案件。唐朝地方司法机关的权限较小，只能断决笞杖小案，徒罪以上须报刑部复核，死罪案件必须移送大理寺重审，然后奏请皇帝核准。县以下设有最基层的乡官，如里正、坊正、村正等，他们对诸如婚姻、土地等民事案件和轻微的刑事案件有一定的处理权，不服者可上诉至县重审，但一般的刑事案件则直接由县审判。

## 二 诉讼制度

唐朝的诉讼制度，主要规定于唐律《斗讼》篇。

（一）告诉程序及责任

告诉有严格程序，必须由下而上，从县、州到中央依法定程序上诉，不许越诉。

（二）告诉的几种限制

唐律规定对谋反、谋大逆、谋叛罪，所有人都负有告发义务。对其他犯罪的告诉则作了若干限制。

1. 禁止诬告。为了防止滥诉，严惩诬告，"诸诬告人者，各反坐"，并规定"诸告人罪者，皆须注明年月，指陈实事，不得称疑"，违者，笞五十。

2. 禁止卑幼告发尊长。基于"同居相为隐"的原则，唐律不许卑幼控告尊长，否则，承担刑事责任，如规定：告祖父母、父母者，绞；告期亲尊长等至亲者，虽得实，徒二年；告大功、小功、缌麻尊长，依次减等论处；部曲、奴婢告主者，绞。

3. 禁止在押犯告发他事。被囚禁的犯人，除知有谋反、谋大逆、谋叛罪，以及被狱官虐待可以告发外，不得告发他事。

4. 禁止老幼废疾告诉。年80以上，10岁以下及笃疾者，可以告谋反、谋大逆、谋叛、子孙不孝及同居之内有被人侵害等，其余并不得告。

5. 禁止用匿名书告人。"诸投匿名书告人罪者，流二千里。"

6. 禁止告发赦前之事。"诸以赦前事相告言者，以其罪罪之。"

## 三 审判制度

唐朝的审判制度，主要规定于唐律《断狱》篇。

（一）明确规定司法官的责任

1. 以"五听"审断案情。

唐律要求司法官按"五听"之法审理案件。如果事实仍然不够明确，不能判断而必须拷讯者，应立案与有关人员会同拷讯。

如果罪状、赃证已经明确，"理不可疑"，犯人即使不招供，也可根据犯罪事实进行判决。

2. 审理不得超越诉状范围。

唐律规定,司法官必须以原告诉状的内容作为审讯范围。如果发现被告在诉状之外另有他罪,须另外立案推问,否则以故入人罪论处。

3. 严禁出入人罪。

唐律严责司法官公正判案,禁止"出入人罪",违者有罪。既不许"入人罪"即把无罪断成有罪,轻罪断成重罪;也不许"出人罪",即把有罪判为无罪,重罪判为轻罪。否则,分别情节追究刑事责任。

4. 判决必须依据法律正文。

唐律规定,司法官必须严格依据律、令、格、式的正文断罪。

5. 禁止滥用刑讯。

6. 回避制度。

(二) 严格规定上诉复审及死刑复奏程序

唐律规定,案件审理完毕,凡是判处徒刑以上的人犯,应对囚犯本人及其家属宣告判决的具体罪名,允许其"服辩",即申述其是否服罪及对判决的意见。如果不服,应认真进行复审,违者,司法官笞五十。

对死刑的执行规定了非常慎重的程序,死刑判决必须奏报皇帝,经皇帝核准后,等待执行死刑的犯人称死罪囚。对死罪囚执行死刑,还要三次奏报,得皇帝许可,才可执行。违反上述程序的有关主管官处流三千里。执行死刑应当遵循"秋冬行刑"原则,否则有关官吏处徒刑一年,但"谋反"等重罪除外。

妇女犯死罪而怀孕者,其死刑需产后一百日执行。

## 四 监察制度

(一) 御史台制度

御史台是唐朝中央最高的监察机关,下设台院、殿院、察院,分工履行监察职责。三院及其主要职责:

1. 台院

台院设侍御史若干人,负责弹劾中央百官、参与重大案件审判以及处理皇帝交办的案件。侍御史在御史中职权较重,职位较高。

2. 殿院

殿院设殿中侍御史若干人,主要负责朝廷礼仪、朝会郊祀、皇帝出巡礼仪等事项。殿院通过礼仪纠察,以维护皇帝的威仪和尊严。

### 3. 察院

察院设监察御史若干人，主要负责监察地方州县官吏。唐太宗时将全国划分为十道（唐玄宗时增至十五道）监察区，每道设立监察御史一人，称巡按史。监察御史依据"六察法"行使监察权。"六察法"的主要内容是：考察官吏善恶、户口赋役、农桑仓储、盗贼流民、隐没人才、豪强奸吏等。监察御史品秩虽低，但权力颇重，对州县官吏的非法行为具有独立纠弹权。

### （二）谏官制度

唐朝在中书、门下两省之下，设有左右谏议大夫、左右拾遗、左右补阙、起居郎、起居舍人、给事中等谏官。

谏官的主要职责是：对于国家政策法令的执行情况、皇帝为政情况以及皇帝的言行得失等进行规谏、监督和批评。

## 五 监狱制度

### （一）监狱的设置

中央设有大理寺狱，关押皇帝敕令逮捕之人以及犯罪的官吏。

在京师，有京兆府狱和河南狱，关押京都地区的罪犯。

在地方，各州县都设有监狱，囚禁当地犯人。各监狱均设专职的掌狱官，负责监狱管理。

### （二）监狱的管理

唐律"断狱"篇就监狱管理作了详尽规定。在押人犯如何监禁，应上何种刑具，均有一定制度。据《狱官令》："禁囚，死罪枷、杻，妇人及流以下去杻，其杖罪，散禁。"凡是应监禁而不监禁，应上刑具而不上，擅自脱去或更换刑具者，分别处笞。

囚犯离家甚远者，由官府给予衣粮；有病者，主管官吏应申请给医药；病重者，允许家人探视。狱官有违上述规定者，杖六十；因而致使囚犯死亡者，徒一年；削减或窃取囚犯食粮者，笞五十；因而致使囚犯死亡者，绞。

狱官管理不善，致使囚犯自杀或杀人者，徒二年。

此外，监狱收押人犯时，实行区别对待的原则，即实行贵贱有别、男女异狱，并按罪行轻重，分别拘系。

# 第八章 宋辽金元时期的法律制度

## 第一节 宋代法律制度

### 一 历史背景

1. 内忧外患

(1) 内忧:"盗贼蜂起",即农民起义此起彼伏,王小波、李顺起义;

(2) 外患:北方少数民族政权的威胁,如辽国。→"奉之如骄子"→"敬之如兄长"→"事之如君父"。

2. 经济方面

(1) 立租佃制:租佃制使农民对地主的人身依附关系相对松弛,农民比前朝有较多的自由。

(2) "编户齐民":使农民具有自己独立的户籍,不再是地主的私属附徒,在法律上具有相对独立的主体资格。

(3) 不抑土地兼并:使得土地高度集中,"富者田连阡陌,贫者无立锥之地",激化了阶级矛盾。

(4) 工商皆本:鼓励工商,通商惠工→欲利可言,农工商皆本。

士大夫阶层的代表陈亮、叶适、李觏、苏洵等公然言利。

3. 政治方面

重在强化中央集权。如"杯酒释兵权",又如严禁宦官、后宫、外戚、宗室干政。

4. 思想意识形态领域

理学思想占据统治地位。理学之特点:以儒学为主,兼采佛、道。以理学论证现存的社会秩序,强三纲五常说成不变之理,影响及于明清。

## 二 宋代立法思想的变化

宋代的立法思想深受理学思想的影响。大致可分为三个阶段：

（一）北宋初至仁宗朝末年——集权中央

主要表现：

1. 官职差遣分离。（差遣为实职。）

2. 三省形同虚设。（门下省、尚书省之权渐归中书。）

3. 设"两府"、"三司"，分割宰相之权。（军权划归枢密院；财权划归三司使。剩余之权由参知政事与宰相共同行使。"两府"即中书和枢密院；"三司"指盐铁司、度支司、户部司。）

4. 发兵、领兵权分离。（枢密院掌发兵权，三衙即殿前司、马军司、步军司掌领兵权。）

5. 重文轻武，以文官出任地方官员。（三年轮换、设通判牵制知州。）

（二）神宗熙丰变法以后至北宋末年——通商惠工、义利并重

1. 宋神宗下诏："政事之先，理财为急。"

2. 士大夫公然言利。

3. 影响、推动民商事立法（不抑土地兼并政策；典卖制度）。

（三）南宋时期——强化礼义，以利辅义

1. 程朱理学和"永嘉"功利学派的影响。

朝廷对上述两种思想"择善而从，为我所用"。理学渐趋务实，以理学论证现存社会秩序。朱熹说："礼字、法字、实理字"，"正风俗而防祸乱"，必须以"礼律之文"为本。

2. 重视民商事、财产继承、婚姻等方面的立法。（如常以敕例、指挥变通旧律，形成新的民商事法律。）

## 三 宋朝的主要立法活动

（一）《宋刑统》（《宋建隆重详定刑统》）

1. 制定颁行

（1）宋太祖建隆四年，由窦仪等人编成并颁行。

（2）我国历史上第一部刊版印行的封建法典。

2. 体例渊源及刑统含义

（1）体例渊源：仿自唐末的《大中刑律统类》、后周的《显德刑统》。《宋刑统》中律的条文，是《唐律疏议》的翻版，但增加209条敕、令、格、式的刑事规范，附于律文后并行。

（2）刑统含义：所谓"刑统"，是以刑律为主，将其他刑事性质的敕、令、格、式分载在律文各条之后，依律目分门别类加以汇编的法规。"刑统"的出现是法典编纂的一个变化。

3. 《宋刑统》与《唐律疏议》比较之变化

（1）称谓不同。即法典不称"律"而称"刑统"。

（2）分门别类。即将性质相同或相近似的条文归为一个门类，便于官吏检索。共计213门，如"请门"、"五刑门"等。

（3）新增"臣等起请条"计32条。"起请条"是指立法者对前朝行用的敕令格式经过详细审核，向朝廷提出的立法变动建议。该建议经皇帝批准，与律条具有同等的法律效力。

（4）设"余条准此门"于"名例律"之后。"余条准此"，是指将具有类推适用性质的条文汇总在一起，便于官吏检索。

（5）创设"折杖法"。宋太祖笼络民心的权宜之计。所谓"折杖法"，是指用特定杖来替换原五刑中的笞杖徒流的刑罚方法。适用结果是："流罪得免远徙，徒罪得免役年，笞杖得减决数。"

（6）民商立法较唐律完善。如在"户婚律"中增设"户绝资产"、"死商钱物"、"婚田入务"、"典当物业"等内容。

（二）编敕

1. 编敕的含义

把单行敕令加以分类整理，删去重复矛盾之处，汇编成册颁布，使之具有普遍的法律效力。

2. 敕的含义及其效力

（1）敕的含义。其本义是尊长对卑幼的训诫。在宋代，敕是指皇帝针对特定的人或事发布的单行敕令（侧重于刑事单行法令）。

（2）效力。效力高，可以随时补充、修改甚至取代法律。

3. "编敕"的特点

总体而言，编敕活动频繁，大凡新帝即位或改元，均要编敕。具体而言，其主要特点是：

（1）"敕以补律，敕律并行"。（仁宗以前，虽依律的体例分类，但独立于《宋刑统》之外。）

（2）"以敕破律、以敕代律"。（神宗以后，"凡律所不载者，一断于敕"。）

（3）"丽于刑名轻重者，皆为敕"。（主要是关于犯罪与刑罚方面的规定。）

（三）条法事类

以"事类"为标准，把相同性质的敕、令、格、式分门别类编纂成册，便于判案时检索引用。有《淳熙条法事类》、《庆元条法事类》等。

（四）编例

1. 含义：宋代对成例进行系统编纂整理的立法活动。兴盛于南宋。
2. 种类：宋代的例主要有两种：断例与指挥。
3. 后果：导致"吏一切以例行事，法当然而无例，则事皆泥而不行"。是皇权和行政权干预司法的必然结果。

## 四 法律形式

除刑统、条法事类外，另有：敕（罪与罚的规定）；令（约束禁止的规定）；格（吏民等级、行赏的规定）；式（体制楷模的规定）；断例（判案成例）；指挥（中央官署的批示或决定）；申明（中央官署对法令的解释）；看详（中央官署根据过去敕文或其他案卷所作出的决定）。

## 五 宋代法律内容的主要变化

（一）加重对"盗贼"的处刑

1. 立《重法地法》和《盗贼重法》

（1）《重法地法》

宋仁宗嘉祐中期开始实行，即凡在所谓"重法地"犯罪，加重处刑。最初以京城开封府诸县为重法地。神宗时制定《盗贼重法》后，重法地扩大至河北、京东、淮南、福建等路，占全国地域的42%。

（2）《盗贼重法》

该法体现了重惩盗贼的精神。凡涉及谋反、杀人、强盗、窃盗等罪，无论是否在重法地犯罪，一律从重处罚。如：凡属劫盗罪当死者，籍没其家以赏告密者，妻子徙至千里外，逢赦亦不移不释。

2.《宋刑统》中的敕文对于"三谋"大罪的镇压较律文更加严厉残酷，一般都处以腰斩、弃市，甚至凌迟。

（二）确认封建的租佃关系和田宅典卖制度

1. 租佃关系方面

（1）保护地主对佃农的剥削。颁布《皇佑法》，禁止佃户逃离，如有逃移，令所属州县追回。

（2）维护地主佃农之间不平等的法律地位。规定"佃客犯主，加凡人一等；主犯之，杖以下勿论，徒以下减凡人一等"。

（3）法律对超经济剥削进行某种限制。

2. 典卖制度

宋代的买卖契约分为绝卖、活卖和赊卖三种。绝卖是所有权的让度。赊卖是一种类似于商业信用或预付的交易方式。活卖即典卖，是指让度不动产使用权并保留回赎权的一种交易方式。

宋代典卖制度的主要内容：

（1）**典卖原则**：先房亲，后四邻，再他人。

（2）必须订立书面契约。

（3）必须缴纳印契钱。

（4）必须由家长做主。（目的在于保护家长对财产的处分权，如典卖产业，必须家长和买主"当面署押契帖"。）

宋代典卖制度的实质：

是地主阶级掠夺农民土地和宅屋的重要手段。地主通过典卖形式，不仅以廉价取得土地收益，而且当农民到期无力收赎时，便依法取得其所有权。

宋代典卖制度的实行后果：

加速土地高度集中，导致"富者田连阡陌，贫者无立锥之地"。激化了农民与地主阶级之间的矛盾。

（三）刑罚制度的变化

1. 折杖法

（1）含义：宋太祖改革"五刑之苛"，制定"折杖法"。即用臀杖或脊杖代替笞杖徒流四种刑罚。

（2）折换办法：笞杖一律折换成臀杖，依原刑等分别杖 7～20 下，杖后释放；

徒刑折换成脊杖，依原刑等分别杖 13～20 下，杖后释放；

流刑折换成脊杖，依原刑等分别杖 17～20 下，杖后就地配役 1 年。

加役流脊杖 20 下，就地配役 3 年。

(3) 替代结果：折杖法使"流罪得免远徙，徒罪得免役年，笞杖得减决数"。

2. 刺配之法

(1) 含义：宋代推行"刺配之法"，即对减死罪犯处以"决杖、流配、刺面"的刑罚。其特点是三刑并加。

(2) 目的：解决和弥补推行折杖法后死刑与配役刑之间刑差太大的弊病。

(3) 评价：刺配最早源于后晋天福年间的刺面之法。宋初，刺配并非常法。仁宗以后，刺配的诏敕日多，渐成常制。至南宋，刺配被滥用，受此刑者曾多达 10 多万人。刺配对后世刑罚制度影响极坏，是刑罚制度上的一种倒退。

3. 凌迟入律

(1) 含义

"凌迟"刑，是一种碎而割之，使受刑者在极端痛苦中慢慢死亡的酷刑。即寸而磔之，必至体无完肤，然后为之割其势，女则幽其闭，出其脏腑以毕其命，支分节解，菹其骨而后已。

(2) 渊源

凌迟始于五代时的西辽。北宋仁宗时开始使用，神宗熙宁以后成为常刑。至于南宋，《庆元条法事类》中将其正式纳入法定死刑。

(3) 陆游对受此刑之人的形象描述："身具白骨，而口眼之具犹动；四肢分落，而呻痛之声未息。"

# 六 宋代司法制度的主要变化

(一) 司法机构的发展变化

1. 中央司法机关

(1) 大理寺

大理寺是中央审判机关，内设左断刑、右治狱。左断刑负责谳狱（地方上报复审的案件）和地方官吏犯罪案件；右治狱负责京师百官犯罪案件。

实行"审"与"判"分立制度，由断司负责审讯；议司负责判决、用法。

(2) 刑部

刑部是中央司法行政机关，负责复核全国死刑已决案件以及官员叙复、昭雪等事。神宗改制后，审刑院并入刑部，职权有所扩大。

(3) 审刑院

为加强皇帝对司法审判的控制，宋太宗时设立审刑院。院知事一人为其长，下设详议官六人。凡地方上报的案件，先交审刑院备案，后交大理寺复审，再返回审刑院详议并奏请圣裁；凡大理寺审判的案件，经刑部复核后，须送审刑院详议，再奏皇帝批准。

2. 地方司法机关

(1) 路

设提点刑狱司（提刑司），为中央在各路的司法派出机构，拥有对各州死刑案件的复核权，同时对各州进行司法监督。

(2) 州

设专职司法官司理参军和司法参军，分别负责案件的调查审讯和法律适用。体现审与判的分立。地方死刑案件一般由州审判。

(3) 县

实行县知事亲自坐堂问案制度。有权处断杖笞案件，徒流案件审理后提交州复审决断，死刑案件须上报州审判。

(二) 诉讼审判制度的特点

1. 皇帝大多亲自断案

有宋一代，皇帝越来越广泛、直接地行使审判权。侵犯皇帝最高审判权，比照"十恶"中的"大不恭"处刑。

2. 重视证据和现场勘验

(1) 翻异别勘

犯人翻供喊冤，必须更换法官或司法机关重审。其中，更换法官重审叫"别推"；更换司法机关重审叫"别移"。

翻异别勘一方面体现"慎刑"思想，另一方面说明口供的重要性。

(2)《折狱龟鉴》（南宋郑克）（重视物证检验）

(3)《检验格目》（南宋）（重视现场勘验和人体检查）

(4)《洗冤集录》（宋慈）（著名的法医学著作，影响海内外）

3. 务限法

宋代为不误农事，在民事诉讼中实行"务限法"。即每年的十月初一至次年三月三十日，是官府受理审断婚姻田土等民事案件的法定时间。其他时间，禁止处断民事案件。

4. 理雪制度

即定案后,允许犯人及家属申诉要求再审的制度,目的在于平反冤错案件。

## 第二节 辽金立法概况及法制特点

### 一 辽代的立法概况及特点

(一)立法概况

1. 《决狱法》(辽太祖)(最早一部法典)。
2. 《重熙新定条制》(辽兴宗)(参唐律制定完成,为基本法)。
3. 《咸雍重修条制》(辽道宗)(在《重熙新定条制》基础上修订而成)。

(二)法制特点

民族特点——民族歧视和民族压迫。主要表现:

1. "以国法治契丹,以汉制待汉人"。
2. 允许主人对奴婢用私刑。
3. 重惩反叛(投高崖、活埋、木剑、大棒)。

### 二 金代立法概况及特点

(一)立法概况

1. 《皇统新制》(金熙宗)(参唐律、辽宋立法,吸收女真旧制)。
2. 《大定重修制条》(金世宗)(在《皇统新制》基础上完成)。
3. 《明昌律义》(金章宗)。
4. 《泰和律义》(泰和律)(金章宗)(以唐律为蓝本,"实唐律也")(是其时最有代表性的法典,对元代法制产生巨大影响)。

(二)法制特点(金汉异制、重视民族习惯)

## 第三节 元朝的法律制度

### 一 立法概况

(一)建元前

1. "因俗而治"、蒙汉异制。

2.《大札撒》(成吉思汗)(收嫂制、宰畜之法——三饶法)。

3. 多沿用金《泰和律》。

(二) 建元后

1.《至元新格》(元世祖)(最早的一部法典)(行政法为主)。

2.《风宪宏纲》(元仁宗)(关于纲纪、吏治的法典)。

3.《大元通制》(元英宗)(对参唐宋律,并元世祖以来的条格、诏制、断例加以厘正编纂而成)(元代最完备的一部法典)(诏制94条,条格1151条,断例717条)。

4.《大元圣政国朝典章》(《元典章》)(元英宗)(地方政府所纂集的自元初至英宗至治二年50余年间有关政治、经济、军事、法律等方面的圣旨、条格的汇编)。

5.《至正条格》(元顺帝)(主要是对《大元通制》的修订,包括诏制、条格、断例等共2909条)。

## 二 主要法律形式

1. 诏制(皇帝所发布的诏令)。

2. 条格(皇帝或中书省等中央机关对下属官府发布的民事、行政、财政等方面的政令)。

3. 断例(皇帝或上级司法机关的判案成例)(有例可援、无法可守)。

## 三 立法特点

1. 法律形式方面:条格和断例占绝大多数。元朝的法律形式是在两宋编敕的影响下发展起来的,条格和断例占绝大多数;非常重视判例的作用,如案例前常加以"诸"字,即成独立条文,在法典中占重要位置。

2. 内容方面:保留许多本民族的风俗习惯。

## 四 元代法律的主要特点

(一) 实行民族歧视政策,各民族在法律上不平等

1. 四等人制

元代把各民族人民划分为四等,即蒙古人、色目人、汉人、南人。四等人在

政治、经济、法律上的地位不同。

2. 任官不平等

中央、地方的重要官职基本由蒙古人担任，如中央的中书省、枢密院、御史台长官以及地方的掌印总辖官"达鲁花赤"，照例均由蒙古人担任。

科举考试时，蒙古人、色目人考两场；汉人、南人考三场。

3. 定罪量刑不平等

（1）对斗殴伤害案件的处罚。

元律规定：蒙古人殴打汉人，汉人不能还手；打死汉人，最多罚其当兵和赔"烧埋银"。而汉人打死蒙古人，必须偿命，并罚没家产、赔付烧埋银。

（2）对窃盗、强盗案件的处罚。

汉人、南人犯窃盗、强盗罪，必须刺字，而蒙古人、色目人"不在刺字之条"。违反规定刺字的，司法官杖77下，并除名。

（3）蒙古人除犯死罪外，可以监禁，其余犯罪不得拘系。

（4）禁止汉人、南人持有和收藏兵器。如汉人、南人私藏全副盔甲者，处死；刀或弓箭10件以上者，处死。

（5）设立大宗正府等机关，专门负责蒙古人犯罪案件。

（二）维护僧侣特权，确认蓄养奴婢的合法性

1. 维护僧侣特权

元代崇奉佛教，并以此为国教。世族时尊八思巴为帝师，其法牒与皇帝的诏敕并行西土。中央设宣政院，地方设行宣政院，负责宗教事务。一般轻罪由寺院主持直接审理，地方上报的重大僧侣案件，由宣政院审理裁断。

2. 蓄奴合法（历史倒退）

法律允许主人收养奴婢，地位十分低下。奴婢对于主人"与钱物同"，可以随意处置，如主人可对奴婢处以刺面、割鼻的私刑，即便杀死，对主人处罚很轻。

（三）保留蒙古族的某些习惯，刑罚严酷

1. 婚姻制度方面

（1）良贱可婚（许可良、贱之间依其自愿互相通婚）。

（2）收继婚（对"收继"其嫂或弟媳、婶母或庶母的习惯不加禁止）。

2. 刑罚制度方面

（1）笞杖以七为尾数（三饶法）。

（2）徒流加杖，流刑不定里数。

（3）死刑分凌迟和斩两等。

（4）恢复部分肉刑（如盗牛马者劓，盗驴骡者黥）。

3. 立法技术方面

简陋、粗疏，处罚的规定含糊其辞，如"罚之"、"禁之"、"罪之"等。还有"红粉泥墙"、"巡街"等传统习俗术语。

## 五　司法制度

（一）司法机关

1. 中央。中央设立大宗正府、刑部、御史台和宣政院。各部门长官均由蒙古人充任。其中：大宗正府审理蒙古、色目人和宗室案件；宣政院负责僧侣犯罪案件。

此外，一些国家机关也掌握一定的审判权，如枢密院"常处决军府之狱讼"。

2. 地方。地方路、府、州、县的司法审判权由"达鲁花赤"掌握。

（二）诉讼制度

大体采用唐、宋之制，对人民的诉权采取种种限制，如告诉只能自下而上，不能越诉。

值得注意的是：

1. 元代时诉讼独立成篇（大元通制中）。
2. 实行"代诉"制度。
3. 禁止司法官员私自抄没人家。
4. 司法实践中的半军事化特征。

# 第九章 明代的法律制度

## 一 明代立法概况

（一）立法思想

1. "明刑弼教"、"重典治国"的立法指导原则。从"德主刑辅"到"明刑弼教"，这看来小小的变通之义，却意味着中国封建法制指导原则沿着德主刑辅—礼法合———明刑弼教的发展轨道，进入一个新的阶段，并对明清两代法律实施的方法、发展方向和发挥的社会作用产生了深刻影响；明代立法之初，便以"刑乱国用重典"作为指导思想。

2. "明礼导民"、"定律以绳顽"的礼法结合原则。

（二）主要立法

1.《大明律》。《大明律》共30卷，460条。它一改唐、宋旧律的传统体例，形成了以名例、吏、户、礼、兵、刑、工等七篇为构架的格局。这一变化，是与明代取消宰相制度，强化六部职能的体制变革相适应的，表明了法律与政治制度戚戚相关的联系。

2. 明《大诰》。明《大诰》的主要内容为惩治臣民各种犯罪的典型案例及朱元璋发布的训词诫令，是明代具有特别法性质的重刑法令和案例，充分体现了"重典治世"的思想。

3. 编例与《问刑条例》。至万历年间，始将律、例合编为一书，律为正文，例为附注，称《大明律集解附例》，从而开律例合编的法典编纂先例，并影响了清代。

4.《明会典》。《明会典》是一部在《唐六典》基础上制定的更加完善的封建行政法典。对封建社会最后一部行政法典《清会典》的制定具有重大影响。

## 二 明代法律内容的发展及其特点

（一）明代刑事立法

1. "轻其轻罪，重其重罪"的刑法原则。清人薛允升在《唐明律合编》中说："贼盗及有关币帛钱粮等事，明律则又较唐为重。""大抵事关典礼及风俗教化等事，唐律均较明律为重。"

2. 严法整饬吏治与重典惩治贪官，表现在：首先，严惩官吏失职、渎职的行为；其次，创设"奸党"罪，严禁臣下朋党；最后，重典惩治贪官污吏。

3. 刑罚制度的变化及残酷：明代除继续适用封建制五刑外，增设了充军刑、枷号刑，并将廷杖制度化。

4. 加强文化思想专制的"文字狱"。

（二）明代强化对传统商业的法律调控

1. 颁行茶法、盐法等单行特别法，确保政府的财政收入。

2. 严格控制市场，加重商税，明代的商税主要包括市税、关税和舶税三种。

（三）明代民事立法的发展

1. 明代土地所有权的形式有三种：国家土地所有制、私人土地所有制和宗族土地所有制。

2. 租佃法律关系的调整。

3. 婚姻继承方面的立法。明代时期，家长的权力进一步明确与扩大，这些权力主要包括教令权和主婚权两种。在继承方面，注重维护封建的嫡长子继承制。

## 三 明代司法制度

（一）司法机关设置的发展变化

1. 中央司法机构设置的发展变化：中央司法机构为刑部、大理寺、都察院。一改隋唐以降的大理寺、刑部、御史台体系。中央上述三大司法机关统称"三法司"。对重大疑难案件三法司共同会审，称"三司会审"。

2. 地方及特务司法机构的特点：地方三级司法机构分为省、府、州三级。"厂"、"卫"特务司法机关，既是明代司法的一大特点，又是明代的一大弊政。厂卫之制是皇权高度集中的产物，它几乎凌驾于司法机关之上，被赋予种种司法特权。厂卫特务机构享有以下权力：第一，侦查缉捕之权；第二，监督审判之权；

第三，法外施刑之权。

（二）诉讼制度的特点

1. 实行军民不同的诉讼制度。

2. 禁止越诉。

3. 诉讼中禁止诬告。

4. 禁止匿名信告人罪。

5. 司法机关受理诉讼的规定。

6. 司法官吏受理诉讼回避的规定。

（三）审判制度的发展和各种会审

1. 三司会审。在唐代的"三司推事"基础上发展形成。

2. 九卿会审（又称"圆审"）。是由六部尚书及通政使司的通政使、都察院左都御使，大理寺卿九人会审皇帝交付的案件或已判决但囚犯仍翻供不服之案。

3. 会官审录。即由皇帝直接任命中央各行政机构官吏审理大案重囚的制度。

4. 朝审。始于天顺三年（公元 1459 年），英宗命每年霜降之后，三法司会同公侯、伯爵，在吏部尚书（或户部尚书）主持下会审重案囚犯，从此形成制度。清代秋审、朝审皆渊源于此。

5. 大审。始于成化十七年（公元 1481 年），宪宗命司礼监（宦官二十四行之首）一员，会同三法司在大理寺共审囚徒。上述制度是一种慎刑思想的反映，但却导致多方干预司法，以致皇帝家奴也插手司法，最终结果是司法更加冤滥。

6. 热审。

# 第十章　清代的法律制度

## 第一节　清代的立法概况

### 一　清代的立法思想

（一）"参汉酌金"

入关前的后金统治集团，以此为指导思想。即借鉴参考汉族（明代）的法律制度和文化，适当记录、整理和提炼后金原有的习惯法，从而构建适合本民族实际的法律体制（所谓的"渐就中国之制"）。

（二）"详译明律、参以国制"

此为清入关后提出的立法指导思想（多尔衮）。

1. "详译明律"，指详细推究明律，借鉴其合理之处。
2. "参以国制"，指立法时应适当保留满族旧有的典章制度。

### 二　清代的立法概况

（一）清入关前的法制概况

1. "俗纯政简，所著为令鞭扑斩决而已"（灌耳、射杀）。
2. 大汗的谕令是具有最高效力的法律形式。
3. 《禁单身行路谕》，为满族法制由不成文法向成文法过渡的一个标志。
4. 《离主条例》，为满族法制发展史上具有划时代的重要法规。
5. 《崇德会典》，为关于行政体制和行政管理的行政法律规范。

（二）清入关以后的主要立法

1. 《大清律集解附例》

为清代第一部综合性法典。该法典于顺治三年（1646）完成；顺治四年

(1647)"颁行中外"。其篇目体例一准于《大明律》，计 30 门 459 条。由于基本抄袭明律，许多内容已不适合清朝实际，故没有得到很好地执行。（"律例久颁，未见遵行"。）但客观上为大乱方休的社会提供了统一的法律标准，对稳定社会秩序发挥了一定作用。同时，为康、雍、乾时期的全面立法奠定了基础。

2. 《大清律例》

《大清律例》是清代传世的基本法典，从起草、制定到最后完成历经百余年。立法的大致过程是：

（1）《刑部现行则例》。康熙朝的主要立法成就是修订完成《刑部现行则例》，并将其附入大清律之内。目的主要在于解决律与例、条例之间的矛盾。该项工作完成后，康熙并未正式颁布，以示慎重。《则例》修订工作为后来《大清律例》的全面制定打下了扎实的基础。

（2）《大清律集解》。雍正即位后，有鉴于刑部现行条例轻重失宜或处罚过严，修订而成《大清律集解》，此次修律，一是将律文删并、增改为 436 条；二是删修条例，按原例、增修例和钦定例三类分类编纂，定留 824 条。

（3）《大清律例》。乾隆时，重修大清律，对原有律例逐条考证，折中损益，乾隆五年（公元 1740 年）完成，定名《大清律例》，"刊布中外，永远遵行"。至此，清代的基本法典最终定型。

《大清律例》是中国历史上最后一部封建法典，集秦汉以来封建立法之大成。结构与《大明律》相同，分名例律、吏律、户律、礼律、兵律、刑律、工律 7 篇，47 卷，30 门，律文 436 条，律后附例 1049 条。

后人评价《大清律例》是一部"或隐含古义，或矫正前失"的优秀法典。（《清史稿·刑法志一》卷 142，4186 页）

3. 《大清会典》

康熙时依照《明会典》制定《康熙会典》，其后四朝（雍正、乾隆、嘉庆、光绪）续加修订，故也叫"五朝会典"。基本上按宗人府、内阁、六部、理藩院、都察院、通政使司、内务府以及其他寺、院、府、监等机构分目，详细记载了清代历朝各级行政机关的职掌、事例和活动原则，是中国封建时代最完备的行政法规和行政立法的总汇。也是研究清代国家机构源流演变的最重要资料。

4. 适用于少数民族聚居区的民族法规

清朝是一个由满族贵族为主并联合其他民族上层建立的多民族统一封建政权。对清政府来说，民族关系、民族问题是一个极为重要的政治问题。为加强对其他少数民族的法律统治和司法管辖，清统治者十分重视民族立法，制定了许多适用于少数民族聚居区的民族法规。

(1)《理藩院则例》(由《蒙古律例》演变而来。主要适用于蒙、藏);

(2)《钦定西藏章程》;

(3)《回疆则例》(适用于维吾尔族);

(4)《苗例》(苗疆地区);

(5)《西宁青海番夷成例》(西宁番子治罪体例,适用于青海、宁夏)。

5. 各部、院则例

为加强国家机关管理,充分发挥统治职能,清统治者制定各部、院则例。主要有《刑部现行例》、《钦定吏部则例》、《钦定户部则例》、《钦定礼部则例》、《钦定工部则例》、《理藩院则例》等。

## 三 清代例的含义、特点及与律的关系

(1) 例的含义;(2) 例的特点;(3) 例与律的关系。

# 第二节 清律的主要发展变化

## 一 行政立法:强化对国家机构的管理

(一) 强化以绝对皇权为中心的专制体制

(1) 内阁;(2) 军机处。

(二) 加强职官管理

(1)《大清会典》与各部院则例;(2) 官吏选任;(3) 职官考绩;(4) 职官监督。

## 二 刑事立法:继续强化以皇权为中心的中央集权专制制度

(一) 反逆重罪扩大化

(二) 沿袭并发展明代"奸党"条文

(三) 加重对强盗、窃盗等重罪的处罚

(四) 大兴文字狱,惩罚"异端思想"

(五) 刑罚制度的发展。

（1）迁徙；（2）充军；（3）发遣；（4）枭首；（5）凌迟；（6）刺字；（7）枷号；（8）戮尸；（9）斩监候与绞监候。

## 三　民事经济立法发展

（一）"开豁贱籍"及其雇佣工人法律地位的变化
（1）"开豁贱籍"；（2）雇佣工人法律地位的变化。
（二）"地丁合一"的财税立法
（1）"滋生人口永不加赋"；（2）"摊丁入亩"。
（三）推行"禁海"政策，限制矿冶业和私人资本发展
（1）颁布"禁海令"，阻挠海上贸易的发展；（2）限制民间矿冶业的发展；（3）压制私人商业的发展。

## 四　旗人特权的法律化

（一）政治特权："官缺"制度
（二）经济特权：保护旗地旗房
（三）法律特权
（1）议、减、罚俸、革职；（2）犯罪免发遣，折枷换刑；（3）盗窃免刺字；（4）设立专门机关，负责满人犯罪案件。

## 五　维护统一，对少数民族地区实行有效法律控制

（一）因族制宜、因俗立法
（1）《理藩院则例》；（2）《钦定西藏章程》、《西藏通制》；（3）《番例条款》；（4）《回疆则例》；（5）《苗例》。
（二）有效的司法管辖与审判

# 第三节　清代的司法制度

## 一　司法机关

中央"三法司"：（1）刑部（部权特重）；（2）大理寺；（3）都察院。

## 二  地方司法体制与旗人司法管辖

(一) 地方四级司法体制
(1) 督抚；(2) 臬司（按察司）；(3) 府（直隶厅、州）；(4) 县（厅、州）。

(二) 旗人司法管辖
(1) 理事厅；(2) 内务府慎刑司；(3) 都统将军；(4) 宗人府。

(三) 刑名幕吏对司法的操纵

## 三  会审制度的发展

(1) 九卿会审；(2) 秋审；(3) 朝审；(4) 热审。

# 第十一章 清末法律制度的变化

## 一 清末变法的指导思想

1. 不平等条约对清末变法的影响(间接影响、直接影响);
2. "参考古今,博稽中外"的修律方针;
3. 清末修律的目的及其实质("务期中外通行,有裨治理")。

## 二 清末变法的主要内容

(一)"预备立宪"和宪法性文件
1. 宣布"预备立宪"的背景及其实质;
2. 制定《钦定宪法大纲》和《宪法重大信条十九条》;
3. 设立"咨议局"和"资政院"。
(二)"改革官制谕"和单行行政法规
1. 官制改革;
2. 警察法律的颁布;
3. 户籍管理法规及《各学堂管理通则》。
(三)《大清现行刑律》与《大清新刑律》
1. 《大清现行刑律》的性质、结构、内容上的变化;
2. 《大清新刑律》的颁布、结构变化特点、内容变化特点及其影响;
3. 修律中的"礼法之争"——法理派与礼教派、争论焦点、争论妥协结果。
(四)《大清民律草案》的修订
1. 修订背景:三点宗旨;
2. 《大清民律草案》的结构与内容特点:前三编以"模范列强"为主、后两编以"固守国粹"为宗;

3. 影响及其评价。

（五）商事法

1. 修订背景；

2. 修订过程：两个阶段；

3. 主要商事立法的结构与内容；

4. 商事立法的基本特点；

5. 影响及其评价。

（六）刑事、民事诉讼法体例内容上的变化及其作用和影响。

## 三 清末司法制度的变化

（一）领事裁判权制度及其后果与影响

1. 外国在华领事裁判权的攫得：领事裁判权的确立与会审制度的形成；

2. 行使领事裁判权的司法机构；

3. 领事裁判权制度确立的后果。

（二）司法机构的改革

1. "司法独立"原则下的中央司法机构改革：刑部改法部、大理寺改大理院、设立总检察厅；

2. "四级三审制"与地方司法机构的设立；

3.《大理院审判编制法》与《法院编制法》。

（三）诉讼审判制度的改革

1. 确立司法独立原则；

2. 区别刑事、民事诉讼；

3. 审判权、检察权分立；

4. 承认辩护制度。

（四）狱政制度的改革与"模范监狱"的设立

1. 狱政制度的改革——制定《大清监狱律草案》、改革监狱管理机构；

2. "模范监狱"的设立——建立罪犯习艺所、设立模范监狱。

# 第十二章　中华民国南京临时政府的法律制度

## 一　民国初期的法律思想

（一）孙中山的国家宪政思想
1. 中华民国的国家制度（资产阶级议会制共和国）。
2. 五权分立（立法、司法、行政、考选、纠察）。
（二）孙中山的"建国三时期"与"权能分治"学说
1. "建国三时期"学说（军政-军法之治；训政-约法之治；宪政-宪法之治——宪法者，国家之构成法，亦即人民权利之保障书也）
2. "权能分治"学说（政权-直接民权：选举、罢免、创制、复决；治权-立法、司法、行政、考选、纠察。人民有权，政府有能，以权治能，权能分治。）

## 二　南京临时政府时期的主要宪政立法

（一）《中华民国临时政府组织大纲》
1. 产生的背景与经过。（武昌起义后，各省纷纷组织军政府，宣布脱离清廷而独立，为创建中华民国奠定了重要基础；各省军政府成立后，仍各处一隅，各自为政，影响了革命事业的有序、深入发展。因此，创建统一临时中央政府，制定临时政府大纲成为迫切需要。——雷奋、马君武、王正廷为《大纲草案》之起草人，于1911年12月3日议决公布，共4章21条。）
2. 主要内容、特点、意义。
（二）《中华民国临时约法》
1.《中华民国临时约法》的制定与公布（1912年1月5~27日，组织起草和审查《中华民国临时约法草案》；1912年3月8日，参议院全案通过；1912年3月11日，孙中山以临时大总统的名义正式公布。）

2. 《中华民国临时约法》的主要内容（分 7 章 56 条）

第一，确立了中华民国是资产阶级民主共和国。（总纲：中华民国由中华人民组织之；中华民国之主权属于国民全体。）（与主权在君、君主立宪相区别）

第二，规定了中华民国是一个主权独立统一的国家。（总纲：中华民国的领土范围为二十二行省、内外蒙古、青海、西藏。）（体现了孙中山"五族共和"、民族团结的精神）

第三，规定了中华民国的国家机构采取"三权分立"原则。（总纲：中华民国以参议院、临时大总统、国务员、法院行使其统治权。——参议院行使立法权；临时大总统、副总统和国务员行使行政权；法院行使司法权。）

第四，确立了人民的民主权利和义务。

第五，确认了保护私有财产的原则。（人民有保有财产及营业之自由）

第六，确定了《中华民国临时约法》的最高效力和修改程序。（附则：效力——中华民国宪法由国会制定，宪法未施行之前，本约法之效力与宪法等。修改程序——本约法由参议院参议员 2/3 以上，和临时大总统提议，经参议员 4/5 以上出席，出席员 3/4 之可决，得增修之。）

3. 《中华民国临时约法》的主要特点（与《中华民国临时政府组织大纲》相比而言）

第一，设立专章规定"人民权利"。（其在总纲之后，参议院之前——重视民权）

第二，确立责任内阁制。（目的——限袁）

4. 《中华民国临时约法》的性质——具有资产阶级共和国宪法性质的文件。

5. 《中华民国临时约法》的历史意义与局限。

（1）历史意义

第一，政治上——以根本法形式确立了资产阶级民主共和国的政治体制，宣告两千年封建帝制终止。

第二，思想上——树立帝制自为非法、民主共和合法观念，使民主共和观念深入人心。

第三，经济上——促进了民族资本主义经济的发展和社会生产力的提高。

第四，文化上——组进了文教事业发展，为新文化运动创造了条件。

第五，对外关系上——激发了人民爱国主义的民族情感，在一定程度上防止和抵制了帝国主义列强的侵略。

(2) 局限（中国民族资产阶级先天具有的软弱性和妥协性所决定）

第一，正面反帝的规定不明确。（由于对帝国主义侵略本质认识不清，存在幻想与畏惧）

第二，未体现广大农民对土地的迫切要求，彻底反封建的规定不明确。（由于与中国封建主义有千丝万缕的联系）

第三，未解决近代中国社会的两大矛盾，即中华民族与帝国主义的矛盾；人民大众与封建主义的矛盾。（因此，资产阶级民主共和国是不可能真正建立起来的）

## 三　南京临时政府的其他立法

（一）行政性法规。（政府组织法规、整顿吏治法规、整饬军纪法规）

（二）保障人权财权性法规。（保障人权法规、保护华侨法规、保障财权法规）

（三）民族宗教法规。（体现了"五族共和"精神）

（四）社会性立法。（革除陋习法规、禁烟禁赌法规、提倡男女平等法规、改革发展教育法规）

（五）经济性法规。（兴办和保护实业法规、财政金融法规）

## 四　南京临时政府的司法制度

（一）司法机关的设立与法官考试制度（有许多设想，但未来得及落实）

1. 中央司法机关。（司法部——最高司法行政机关，并肩负审判。因为此时的法院和临时中央审判所一直未能设立）

2. 地方司法机关。（有设立高等审判厅、地方审判厅与检察厅的设想，但未建立起来）

3. 审级制度。（有"四级三审制"之设想，实际各地不统一）

4. 法官考试制度。（虽重视，但未很好实施）

（二）诉讼审判制度的改革

1. 禁止非法逮捕拘禁。

2. 罪行法定、不溯既往。

3. 禁止刑讯，重证据不轻信口供。

4. 废止体罚制度，实行新的刑罚制度。

5. 禁止株连。
6. 审判公开。
7. 陪审制。
8. 司法独立。
9. 律师制度。
10. 改良监狱，提倡人道主义。

# 第十三章　中华民国北京政府的法律制度

## 一　立法思想

（一）沿袭清末立法

由政权性质所决定，即民国北京政府是清末封建买办政权的继续，故沿袭、删改清末法律就成为必然。

（二）采用西方资本主义国家的某些立法原则

如注重社会本位、宪法至上、特别法优于普通法等。

（三）隆礼与重刑（刑法指导思想）

## 二　宪法与宪法性文件

为披合法外衣，消灭异己，频繁制宪。

（一）《国会组织法》与《中华民国宪法草案》（"天坛宪草"）

1.《中华民国国会组织法》

（1）制定依据：《中华民国临时约法》。

（2）议决通过：参议院于1912年8月议决通过。

（3）公布实施：袁世凯于1912年10月公布实施。

（4）条文数目：21条。

（5）主要内容：

第一，确定国会由参议院（274人）和众议院（596人）组成。

第二，规定国会职权分单独行使（如向政府建议、质询等）和共同行使（如议决法律案、预算和决算案、弹劾大总统等）两类。

第三，规定宪法实施之前，两院合议行使临时参议院职权。

（6）评价：根据国会组织法，国会兼有立法机关、民意机关和制宪机关的性质,并享有弹劾权和同意权,在法律上又是不被解散的。因此,国会对总统和行政机关颇具约束力,在一定程度上保证了实现责任内阁制的必要措施,充分反映了《中华民国临时约法》限袁的精神实质,保留了辛亥革命的成果。

2.《中华民国宪法草案》("天坛宪草")的流产。

(1) 通过时间:1913年10月31日三读通过。

(2) 体例结构:11章113条。

(3) 内容特点:(国会中的革命派占优势)这部草案采用了资产阶级宪法的形式和原则,肯定了中华民国为资产阶级共和国;体现了《中华民国临时约法》中限制独裁的精神实质,坚持责任内阁制,对总统权力作了较多限制。正因为如此,袁世凯对这部宪法草案深为不满。他施展种种手段,改变先制定宪法,后选举总统的程序,胁迫国会将其选为正式大总统。其后转手制造事端,于1914年1月10日下令解散国会,"天坛宪草"未及公布而流产。

(二)《中华民国约法》("袁记约法")

1. 约法的产生

产生的历史背景。

2. 约法体例结构

共10章68条。(国家、人民、大总统、立法、行政、司法、参议院、会计、制定宪法程序、附则)

3. 主要内容和特点

(1) 取消责任内阁制,改行总统制。(约法第14条:大总统为国家之元首,总揽统治权。行政以大总统为首长,置国务卿一人赞襄之。)

(2) 无限扩张总统权力。

(3) 取消国会制,设立立法院和参政院。

4. 本质评价:这部约法从根本上动摇了三权分立、相互制衡的资产阶级民主共和政体,废除国会制,确立了大总统集权制。同时,《约法》对人民的权利和自由附加种种限制,为其肆意剥夺人民权利制造了法律依据。

(三)《中华民国宪法》("贿选宪法")(近代史上中国首部正式颁行的宪法)

1. "猪仔国会"与"贿选总统"。(袁世凯—黎元洪—段祺瑞—曹锟)

2. "贿选宪法"的主要内容与特点。

该部宪法是以《天坛宪草》为基础增删而成的。是中国近代宪政史上正式公布的第一部较为完备的宪法。曹锟制宪的目的在于确立自己的"法统"地位,进而抵制南方的护法斗争,抑制东南、西南各省地方军阀掀起的"联省自治"和

"省宪运动"。其主要内容特点是：

（1）以资产阶级共和国粉饰军阀独裁专制。（关于国家体制，该法规定："中华民国永远为统一民主国"。"中华民国主权，属于国民全体"。并规定："国体不得为修改之议题"。）

（2）以资产阶级民主自由掩盖军阀独裁统治。（该法规定：中华民国人民一律平等，无种族、阶级、宗教区别，人民依法享有经济、政治、自由等各项权利。）

（3）改大总统制为责任内阁制。（关于政府体制："中华民国之行政权，由大总统以国务员赞襄行之"，即大总统不再独揽政务，而由国务总理及各部总长协助大总统行使最高行政权。大总统所发命令及其他事关国务的文书，非经国务员副署，不发生效力。国务员协助大总统，对众议院负责。）

（4）赋予地方较大自治权。（关于国家结构形式：采用赋予地方较大自治权的单一国家制。宪法增设国权和地方制度两章，对中央和地方权限作了明确划分。从表面看，地方的自治权较大。为防止地方权力抗衡中央，宪法又规定：省自治法不得与本宪法与国家法律抵触，否则无效。）

3. 评价

1923年《中华民国宪法》，是北京政府时期唯一一部正式颁布的宪法。虽然带有贿赂阴影而受到各种非议，但就文本形式而言，仍不失为一部资产阶级民主性质的宪法。但事实是：曹锟的所作所为则与宪法背道而驰，军阀独裁专制之本性丝毫没有改变。

## 三 其他法律的修订

（一）刑事法律

在隆礼、重法思想指导下，北京政府的刑事立法，主要是对《大清新刑律》进行删修，更名为《暂行新刑律》，作为中华民国的刑律颁布施行。以后又拟定了两个刑法草案。除此之外，还根据形势的变化制颁了大量的单行刑事法规。

1. 《暂行新刑律》

（1）颁行时间：1912年4月30日（1928年废止）。

（2）对《大清新刑律》的删修（本质无大变化）。

第一，删除"侵犯皇室罪"、"伪造或毁弃制书罪"、"伪造玉玺国宝罪"等与民国国体相抵触的罪名。

第二，将律文中带有明显封建帝制性质的名词概念加以修改，如将"帝国"

改为"中华民国";"臣民"改为"人民";"复奏"改为"复准";"恩赦"改为"赦免"。

第三,取消《大清新刑律》中附加的《暂行章程》5条。

(3) 评价:基本沿袭《大清新刑律》,但其改动之处仍有所进步,使得中国近代刑法与欧美资本主义国家刑法的差距有所缩小。

2.《暂行新刑律补充条例》(共15条)

(1) 颁布时间:1914年2月24日。

(2) 对暂行新刑律的补充:恢复并扩充原已撤销的《暂行章程》5条,某些罪行的刑法有所加重。

(3) 评价:与《暂行新刑律》相比,是一种倒退。

3. 刑事单行法规(择其要者)

(1) 戒严法。(2) 惩治盗匪法、惩治盗匪施行法。(3) 治安警察法。(4) 陆军惩罚令、陆军刑事条例、海军刑事条例。(5) 私盐治罪法。(6) 徒刑改遣条例。(7) 易笞条例。

(二) 行政法律

1. 官制官规。

(1) 中央官制官规(原则上实行责任内阁制):《国务院组织法》及国务院各部门官制官规。

(2) 地方官制官规:《京兆尹官制》、《省官制》、《道官制》、《县官制》。

(3) 行政官官制:《文官高等考试法》、《文官初等考试法》、《外交官领事官考试法》、《官吏犯罪特别管辖令》、《官吏违法惩戒令》。

2. 财政税收法规。

(1)《盐税条例》。(2)《印花税法》。(3)《税契条例》。(4)《特种营业税条例》。(5)《所得税条例》。(6)《国币条例》及其实施细则。(7)《会计法》。(8)《审计法》。

3. 治安法规

(1)《治安警察条例》。(2)《戒严法》(3)《报纸条例》。(4)《违警罚法》。(5)《缉私条例》。

4. 其他有关礼制、宗教、文教、卫生、交管、外交方面的法规。

(三) 民商事法律

1. 民事法律

(1)《大清现行刑律》中民事部分继续有效。(大理院上字第938号判例:"前清现行律关于民事各条,除与国体及嗣后颁行成文法相抵触之部分外,仍应认为继续有效。"此乃"现行刑律民事有效部分",主要包括:《大清现行刑律》中的《服制图》、《服制》、《户役》、《田宅》、《婚姻》、《钱债》;《户部则例》中的《户口》、《田赋》、《租税》等。——直到1929年10月南京国民政府公布民法时,"现行刑律民事有效部分"才告废止。)

(2)《民律草案》。1915年,袁世凯授意"法律编查会"(后改称修订法律馆),在《大清民律草案》的基础上,结合各省民商事习惯,参照各国最新法例,开始修订民律。于1926年完成《总则》、《债》、《物权》、《亲属》、《继承》五编,计1745条。但时值段祺瑞政府垮台,未能正式通过。

(3)单行民事法规。主要有:《矿业条例》、《不动产登记条例》、《著作权法》、《国有荒地承垦条例》、《森林法》、《清理不动产典当办法》等。

2. 单行商事法规

主要有:《商人通例》、《公司条例》、《公司保息条例》、《商会法》、《证券交易法》、《物品交易所条例》、《破产法草案》、《海船法草案》等。

(四)诉讼法规

1. 单行诉讼法规:主要有《民刑事诉讼律草案管辖各节》、《县知事审理诉讼暂行章程》、《民事诉讼条例》、《刑事诉讼条例》、《各级审判厅试办章程》(沿用清末)、《法院编制法》。

2. 判例、解释例(1912~1927年陆续汇编,也是其时重要的法律渊源)

## 四 司法制度

(一)司法机构(体系庞杂,有普通、兼理司法、特别法院之分)

1. 普通法院与检察机构。(依《暂行法院编制法》设立)

(1)普通法院(四级三审,1915年6月,废初等审判厅)

A 大理院:最高审判机关(中央);B 高等审判厅(省);C 地方审判厅(较大商埠或中心县);D 初等审判厅(州、县)。

(2)检察机关。(分设在各级审判厅官署内,但不隶属)

A 总检察厅;B 高等检察厅;C 地方检察厅;D 初等检察厅。

2. 兼理司法法院(由县知事兼理司法审判)

指未设立普通法院的各县所设立的兼理司法机关。

3. 特别法院(分军事和地方特别审判机关两类)

(1) 军事审判机关。(三种：高等军法会审、军法会审、临时军法会审)

(2) 地方特别审判机关。(在边疆地区或其他特殊区域设立：如在热河、察哈尔、绥远三个特别行政区的都统府设立审判处)

4. 平政院。(中央设立平政院，主管行政诉讼)(纠弹官吏违法)

(二) 诉讼审判制度的特点

1. 广泛运用判例和解释例(灵活性大，针对性强)

北洋政府确认判例和解释例的法律效力，是其时非常重要的法律渊源。从1912年到1923年的15年中，单从《大清律例》中抄袭了1892条。截至1927年，大理院汇编的判例达3900条，解释例2000多条。

2. 普通法院实行四级三审制。

3. 县知事兼理司法。(行政干预司法)

4. 军事审判的专横武断。(军阀混战，军事审判几乎取代普通审判)

5. "特别法先于普通法"。(如《惩治盗匪法》)

6. 行政诉讼独立。(如《行政诉讼法》的颁行与平政院的设立)

(三) 狱政制度

1. 中央设立司法部监狱司，主管全国监狱。

2. 制定监狱法典：《监狱规则》。

3. 开中国设立女监、幼年监之先例。

4. 进行监狱改良，如设立模范监狱。(无实质性变化)

# 第十四章 中华民国国民政府的法律制度

## 一 广州、武汉国民政府时期的法律制度

(一) 立法思想与立法特点

1. 立法思想（1924年1月中国国民党第一次全国代表大会上确立）

(1) "联俄、联共、扶助农工"（在国际共产和中国共产党的帮助下形成）

(2) 重新解释的"三民主义"（新三民主义：民族主义——"一则中国民族同求解放，二则中国境内各民族一律平等"；民权主义——"一般平民所共有，非少数者所得而私"，"于间接民权之外，复行直接民权"；民生主义——"一曰平均地权，二曰节制资本"。）

2. 立法特点

其突出的特点是：作为大革命统一战线组织形式的国民党，代行国家最高权力机关的职权。国民党通过国民党中央政治委员会行使立法权。因此，国民党中央政治委员会不但是最高政治指导机关，而且是最高立法机关，有权议决法律草案。

(二) 主要立法

1. 组织法——《中华民国国民政府组织法》（1925.7.1公布）。（确立几项原则：执政党指导和监督政府；集体领导；议行合一）。

2. 刑事法律——《陆军刑律》（1925.10.9）、《国民政府反革命罪条例》(1927.3.30)、《党员背誓罪条例》(1926.9.22)、《处分逆产条例》(1927.5.10)。

3. 军事法规——《中华民国国民政府军事委员会组织法》（1925.7.5）、《国民革命军总司令部组织大纲》（1926.7.7）、《中央执行委员会军事委员会组织大纲》（1927.3.30）——在中国近代法制史上开创了"党指挥枪"的原则。

4. 财政法规——《审计法》及其实施细则、《缉私卫商暂行条例》、《内地税

征收条例》、《财政部国库券条例》等。

5. 土地劳动法规——（略）

## 二 南京国民政府的立法思想与法律体系

（一）立法思想：名义上是"三民主义"学说，实际上贯彻"以党治国"思想。（即立法权由国民党独占，具体由国民党中央执行委员会隶属的中央政治会议行使——搞"一党专政"）

（二）立法体制：（不设国会，立法权由国民党一手控制）

1. 国民党全国代表大会及其中央执行委员会代表国民党行使最高立法权。
2. 国民党中央政治会议也行使最高立法权。（1932年6月通过的《立法程序纲领》法律案的提出，均由政治会议决定原则，立法院不得变更；立法院通过的法律案，政治会议认为必要时，得发交复议一次，立法院应即修正。）

（三）立法阶段：（在统治大陆的22年中，其立法大致经历三个阶段）

第一阶段：即1927年4月至1937年7月为"法统"的创立形成时期。

第二阶段：即1937年7月至1945年9月抗日战争阶段，为"法统"的发展时期。

第三阶段：即1945年9月至此1949年为"法统"的维持时期。

（四）法律体系（成文法、判例与解释例）

阐明其立法特点：继受法与固有法混合；体系庞杂数量繁多；特别法优于普通法。

## 三 南京国民政府的《六法全书》

重点讲述南京国民政府的《六法全书》。主要分为以下几个部分：

（一）宪法及其关系法规的内容；

（二）民法及其关系法规的内容；

（三）刑法及其关系法规的内容；

（四）民事诉讼法及其关系法规的内容；

（五）刑事诉讼法及其关系法规的内容；

（六）行政法规的内容。

## 四　南京国民政府的司法制度

重点讲述国民政府的司法制度。主要包括以下几部分内容：
（一）司法机构。普通法院系统与特别法院系统；
（二）普通法院的诉讼审判制度及其特点；
（三）国民党特务机构及其活动。

# 第十五章　革命根据地新民主主义的法律制度

## 一　法制建设概况和立法思想

革命根据地新民主主义法律制度是共产党领导的，以工农联盟为基础的，对人民实行民主，对帝国主义、封建主义和官僚资本主义实行专政的政治法律制度。

（一）革命根据地的法制建设

1. 萌芽阶段（1921~1927年）。
2. 初创和奠基阶段（1927~1937年）。
3. 日益完善和全面发展阶段（1937~1945年）。
4. 向全国胜利推进阶段（1945~1949年）。

（二）法制建设

确立了以马列主义、毛泽东思想为指导的方针，总体而言，基本建立了以宪法性法规、土地劳动法规、刑事法规、民事经济法规和司法制度为主要内容的法律体系。

## 二　宪法性文件

（一）工农民主政权时期的《中华苏维埃共和国宪法大纲》

革命根据地第一部宪法性文件，从法律上明确了人民民主政权的性质和任务，确定了苏维埃共和国公民的基本权利和自由，在中国近代宪法史上具有重要意义，体现了"依法治国"原则的摸索和尝试。

（二）抗日战争时期的《陕甘宁边区施政纲领》

《陕甘宁边区施政纲领》，以及各根据地《保障人权条例》反映了抗日民主统一战线的要求和抗战时期的宪政主张，主要规定了陕甘宁边区政府的性质、基本任务和政策方针，增加了"三三制"政权组织形式和保障人权等新内容。

（三）解放战争时期的《陕甘宁边区宪法原则》

《陕甘宁边区宪法原则》是在国共合作、边区自治条件下重要的宪法性文件，成为动员人民、保护人民、加强政权建设和促进社会发展的基本纲领。

## 三 刑事立法

为打击、镇压反革命分子和其他刑事犯罪分子，维持社会秩序，巩固工农民主政权，各地苏维埃政府先后颁布了惩治反革命的条例和一般刑事法规，规定了犯罪的种类、刑罚的种类和适用等内容，确立了刑事立法的基本原则，但在执行中也发生过肃反扩大化的错误

（一）1939年《抗战时期惩治汉奸条例》、《抗战时期惩治盗匪条例》、《惩治贪污条例》、《禁烟禁毒条例》、1941年《破坏金融法令惩罚条例》等刑事法规，并以此为基础，

（二）1942年起草了《陕甘宁边区刑法总分则草案》，使刑事立法成就显著。

（三）解放战争时期，为取缔一切反动组织，惩办反革命罪犯，维护社会治安，制定了《苏皖边区惩治叛国罪（汉奸罪）暂行条例》、《东北解放区惩治贪污暂行条例》、《惩治战争罪犯的命令》等刑事法规，重点打击反革命罪、战争罪和贪污盗窃等犯罪，在刑罚制度方面也有所变化，进一步丰富了刑事立法的原则。

## 四 土地、劳动立法

（一）1931年《中华苏维埃共和国土地法》彻底废止了封建的土地剥削制度，使贫苦农民获得了自己的土地，在很大程度上实现了"耕者有其田"，但某些过激的规定也给根据地的革命和生产造成了不良后果。

（二）1937年的《抗日救国十大纲领》改变之前的"没收地主土地"的政策，确立了"减租减息"原则。

（三）1939年《陕甘宁边区土地条例》。

（四）1942年《陕甘宁边区土地租佃条例草案》。

（五）1944年《陕甘宁边区地权条例》等，对土地权属、减租交租和保障佃权都有规定，对激发农民抗日积极性，调整农村阶级关系，加强各革命阶级团结，发挥了重要的作用。

（六）1946年5月4日，中共中央发表《关于土地问题的指示》（即《五四指

示》），决定改减租减息为没收地主土地的政策，开始解放区土地立法的序幕。

（七）1947年10月公布《中国土地法大纲》，规定废除封建性、半封建性土地剥削制度，实行耕者有其田的制度，该大纲总结了中共二十多年土地革命的经验教训，是一个正确的土地纲领，体现了土地改革总路线，为新中国的土地制度改革，提供了宝贵的经验。

（八）评价：

1. 1931年制定的《中华苏维埃共和国劳动法》及随后重新修订颁布的第二个劳动法，确定了维护工人权益的若干原则和措施，但也有些过左的政策规定。

2. 1942年《陕甘宁边区劳动保护条例草案》、1941年《晋冀鲁豫边区劳动保护暂行条例》等劳动立法，充分体现了"调解劳资双方利益，团结资本家抗日"的原则。

3. 解放区的劳动立法主要体现"发展生产，繁荣经济，公私兼顾，劳资两利"的方针。

4. 上述各项劳动法规，确立了新型的劳动制度，废除了对工人的各种封建性剥削，规定了对劳动者的有效保护，包括工资、工作时间、劳动保护，保护女工、青工、童工，劳动合同与集体合同，实施劳动保险，建立工人自己的工会组织等内容。

## 五　民事婚姻立法

（一）1931年《中华苏维埃共和国婚姻条例》、1934年《中华苏维埃共和国婚姻法》规定了结婚、离婚的要件及程序的内容，确立了男女婚姻自由，严禁强迫、包办、买卖婚姻，废除童养媳和强迫守寡，实行一夫一妻、严禁蓄婢纳妾等婚姻立法的基本原则。

（二）1939年《陕甘宁边区婚姻条例》、1944年《修正陕甘宁边区婚姻条例》、1943年《陕甘宁边区抗属离婚处理方法》进一步继承和发展婚姻法的内容，提出男女平等的原则，保护抗日军人的婚约与婚姻原则。

（三）1946年《陕甘宁边区婚姻条例》、1948年《华北人民政府司法部关于婚姻问题的解答》、1949年《修正山东省婚姻暂行条例》等，在离婚、军人婚姻以及干部婚姻等方面有许多新的规定。此外，还颁布了有关租债、继承的法规。

## 六　司法制度

司法体制经历了萌芽、发展和变化几个时期。

（一）在早期的工农民主运动中，省港大罢工曾设有会审处、军法处和特别法庭，农民运动中设有审判土豪劣绅委员会等司法机构的萌芽。

（二）中华苏维埃共和国设有临时最高法庭、裁判部、军事裁判所、肃反委员会、政治保卫局等机构。边区政府设立高等法院，作为边区最高司法机关；设立高等法院分庭，作为高等法院派出机关，审理所辖区县司法一审上诉案件；设立县司法处，审理第一审民刑事案件。

（三）解放区内，普遍设立了大行政区、省、县三级司法机关（一律改称人民法院），以及保证土改的人民法庭。实行"审检合一"，检察机关附设于审判机关内，审判权在和司法行政权在中央是分立的，在地方则采用"合一制"。高等法院内设立检察处，独立行使检察权。

革命根据地的司法审判制度，在实践中不断地吸取有益的经验，吸收先进的司法原则，形成了一系列较为完备的审判原则和制度：

（一）审判原则：

1. 法律面前人人平等原则。
2. 司法机关统一行使审判权原则。
3. 废止肉刑和刑讯、重证据不轻信口供原则。
4. 依靠群众、便利群众原则。

（二）马锡五审判方式。

（三）近代西方先进的诉讼制度，如陪审、辩护和公开审理制度等。

# 第二部分　中国法制史习题精解

# 导 论

## 一 多项选择题

1. 中国奴隶制时代的法律制度，是指中国古代哪几个时期的法律制度？（　　）
   A. 夏　　　B. 商　　　C. 西周　　　D. 春秋　　　E. 战国

2. 中国法制史的研究对象在内容上包括？（　　）
   A. 中国各个历史时期的立法实践
   B. 中国各个历史时期的立法状况
   C. 中国各个历史时期各种政权的宏观法制状况
   D. 影响法律制度的各种学说
   E. 中国各个时期的各阶级价值观、风俗、习惯等

3. 学习中国法制史的意义包括（　　）。
   A. 有利于继承和发扬中国优秀的法律文化
   B. 启迪智慧，丰富人们在治国理政上的方略与方法
   C. 古代立法思想可以直接指导现代立法
   D. 古代法制可以指导具体司法办案
   E. 有利于学生了解中国法律的历史，完善知识结构

4. 关于中国传统法律文化的伦理特性，表述正确的是（　　）。
   A. 与中国文化中重家族、重血缘、重伦理的固有特征相适应
   B. 在传统法律中表现出"依伦理而轻重其刑"的特征
   C. 古代司法办案中罪的有无、刑的轻重主要依据伦理关系
   D. 在法律上同样一种行为，由不同主体实施或是施与不同的对象，其法律后果截然不同
   E. "伦理法"的法律制度在中国古代法中比比皆是

5. 与其他世界文明古国不同，中华民族走向法制文明的特殊途径包括（　　）。

A. 引礼入法，礼法结合　　B. 家庭本位，伦理法制
C. 法为治世之具，缘法断罪　D. 无讼是求，调处息争
E. 法典体例上"诸法合体，民刑不分"与法律体系上"诸法并存，民刑有分"

## 二　简答题

1. 简述中国法制史的概念与研究对象。
2. 简述中国法制近代化的发展进程。

## 三　论述题

试论中国古代法律制度的基本发展线索、内容及突出特点。

## 参考答案

### 一　多项选择题

1. ABCD　2. ABCDE　3. AE　4. ABCDE　5. ABCDE

### 二　简答题

1.（1）中国法制史一般有两层含义：一是作为历史的概念使用，一是作为学科的概念使用。作为历史的概念，中国法制史指的是中国法律制度发展的历史本身，是一种历史存在。作为学科的概念，中国法制史是指研究中国历史上的法律制度、法律文化，传播法制史知识的现代专门学科；中国法制史既是历史学的一个分支、一门专史，同时还是法学领域中的一个重要基础学科。

从总体上看，中国法制史是一个以辩证唯物论和历史唯物论等马克思主义基本理论为指导，以法律制度的发展演变为主线，综合研究中国历史上各主要政权的法律制度及法律文化的学科。

（2）中国法制史研究的是中国历史上的法律制度、法律文化，在这一点上使其与集中研究中国历史上各学术流派、各重要思想家法律思想的中国法律思想史学科相区别。具体说来，中国法制史学科的研究范围是非常广泛的。从时间和地

域的角度看，中国法制史的研究范围包括自中国国家和法形成至研究者所处年代期间，在中国地域内出现的各种类型的法律制度。除中国历史上各个时期全国性政权的法律制度之外，一些在局部地区实施较长时间统治的政治集团所建立的有一定影响和价值的法律制度，也应纳入中国法制史研究的视野之内。从内容上看，中国法制史的研究对象应该包括以下几个方面：第一，中国各个历史时期的立法活动、立法成果，包括立法体制、立法活动及其社会背景、立法根据、立法技术以及由立法而产生的各种形式的法律规范。第二，中国各个历史时期的司法状况，包括各种类型政权的司法机关、司法体制、诉讼制度、诉讼原则、狱政管理、具体的司法活动，以及与司法密切相关的司法设施。第三，中国各个时期内各种类型政权的宏观法制状况，包括宏观立法情况、立法与司法的联系、法律的执行情况、法制的整体社会效益等。第四，各个时期法律制度产生过重要影响的哲学思想、政治法律思想和学说，特别是与具体法律制度的形成、发展、演变密切相关的思想因素，都应是中国法制史着重研究探讨的问题。第五，中国各个历史时期内社会各个阶层的价值观念、风俗习惯以及宗教等文化传统。

2. 1840年鸦片战争以后，中国社会开始遭受西方列强一连串的侵略和欺凌，在内忧外患之中，中国社会也开始了艰难的转变。从法律上看，这种转变的突出特征是，存在了数千年的中国传统法律体制、法制观念开始瓦解，而近现代意义上的法律制度开始在中国土地上艰难地生长。中国近现代法制的变迁大致可分为以下几个阶段：

（1）清末变法修律。在这段历史时期内，虽然清政府表面上继续维持着对中国大部分地域的统治，但在一些沿海地区和通商口岸，实际上丧失了国家领土主权或是行政司法管辖权。西方列强在华领事裁判权的确立，就是中国社会半殖民地化的一个法律表现。1840年以后，特别是在清政府存在的最后十年中，清政府被迫进行了范围广泛的法律改革，大量引进了西方近现代法律学说与法律制度，对清代原有法律进行了一定程度上的改造。从此，中国的法制踏上了近代化之路。

（2）南京临时政府时期。辛亥革命后，中华民国南京临时政府宣告成立，在以孙中山为核心的革命党人的领导下，南京临时政府在很短的时间内进行了一系列的立法活动，初步奠定了民国时期的法制的基础。

（3）北洋政府时期。北洋政府是军阀政权，为应付各种需要，北洋政府也曾进行了立法活动。这些立法，在客观上为以后南京国民政府的法制建设提供了一定的有利条件。

（4）南京国民政府时期。南京国民政府建立以后，也曾广泛地进行了立法,颁布了大量的法律、法令以及判例、解释例,形成了"六法体系"。但国民党政权的法律制度带有明显的双重性特点,即便在立法上比较完善,在普通领域比较规范,但在司法上极为黑暗,特别是在政治领域,采用的是赤裸裸的暴政。

(5) 新时期中国共产党领导下的革命根据地法制。1921年以后,中国共产党在各个革命根据地创建的法律制度,以及新中国成立后的法律发展,也是重要的组成部分。中国共产党在新民主主义革命时期在各个革命根据地创造性地进行了一系列立法建制的活动,取得了丰硕的成果,同时也留下了很多深刻的教训。

## 三 论述题

(1) 中国古代法律制度的发展线索:以公元前21世纪夏王朝的建立为起点,中华法律传承四千余年,四千多年间,中国古代法制伴随着国家文明的昌盛而开始了不断积累、不断发展的辉煌历程。在夏、商、西周三代,在中国早期的法律中不成文的习惯法居于主导地位。春秋末期,公开、成文的制定法沛然兴起,具有成文法的基本特征的中国封建法制开始迅猛发展。经过此后几千年的积累与沉淀,中国古代法律体制,也即所谓的"中国传统法律制度",从相对粗略和幼稚的简单法条,发展成了体系完整、内容全面、风格特异、义理精深的庞大的法制体系。

(2) 内容:首先,就立法而言,自秦汉至明清数千年间,各主要政权在其建立之初几乎都要力图制定一部大而全的基本法典,作为国家法制的基础,并作为"祖宗成宪"垂范后世。除基本法典以外,历史上还先后出现过令、科、比、格、式、典、敕、例、指挥、故事等名目繁多的法制形式,作为成文法典的补充,全面调节和规范各方面的社会关系。应该说,就立法规模之宏大、立法内容之丰富、法律形式之多样而言,在世界古代法制上是首屈一指的。其次,中国古代的司法体制也有极富特色的一面。在夏商以后,伴随着国家机器的不断发达,中国古代的司法制度也逐渐趋于完备。从秦代开始,一套从中央到地方的完整司法体制,以及包括会审制度、调解制度、原情断罪等一系列极具中国古代特色的诉讼方式在内的各种审判制度逐渐建立并不断丰富、发展。从整体上讲,在数千年的法律发展进程中,中国的立法技术、司法体制、国家统治阶层运用法律的手段和艺术,以及国家的整体法制水平,都达到了相当高的程度。

（3）中国古代法制的特点：在长期发展演变过程中，由于各种学说的影响、官方强有力的引导等多方面因素的交互作用，一系列具有中国古代特色的独特价值观念和伦理道德规范被直接吸收至法律制度之中，由此形成了中国古代法律制度、法律规范的鲜明特色，形成了中国古代法律的"伦理法"特征。而在1840年以后，社会环境的变化，使得中国古代法律制度所依附的社会基础逐渐崩溃，中国的古代封建法制开始瓦解，中国的法律制度开始由古代封建法向近现代法律文明艰难地转变，从而形成了中国近现代法律文明。

# 第一章 夏商的法律制度

（约公元前 21 世纪至前 11 世纪）

## 一 单项选择题

1. 原始社会里，调整社会关系的共同规范是（　　）。
   A. 制定法　　　　B. 公告　　　　C. 习惯法　　　　D. 氏族习惯
2. 《左传·昭公六年》记载，"夏有乱政，而作禹刑"，"商有乱政，而作（　　）"。
   A. 吕刑　　　　B. 汤刑　　　　C. 商刑　　　　D. 官刑
3. 创立"故犯惯犯从重、过失犯罪从轻"处罚的刑法原则始于（　　）。
   A. 夏朝　　　　B. 商朝　　　　C. 西周　　　　D. 汉朝
4. 夏代称其中央最高司法官吏为（　　）。
   A. 大理　　　　B. 司寇　　　　C. 廷尉　　　　D. 御史
5. 赎刑制度始于（　　）。
   A. 夏朝　　　　B. 商朝　　　　C. 春秋时期　　　　D. 战国时期
6. 夏商两代的"五刑"是指（　　）。
   A. 黥、劓、刖、辟、醢　　　　B. 黥、墨、贼、宫、戮
   C. 墨、劓、刖、宫、大辟　　　　D. 戮、贼、昏、乱政、疑众
7. 夏商通行的"五刑"，前四种以残害人的肢体为特征，后世统称为（　　）。
   A. 五刑　　　　B. 徒刑　　　　C. 竹刑　　　　D. 肉刑
8. 夏朝法的主要形式是假借天意发布的（　　）。
   A. 王命　　　　B. 训　　　　C. 命令　　　　D. 誓
9. 在商朝，伪托神意，实行所谓神判的是（　　）。
   A. 司寇　　　　B. 商王　　　　C. 卜者　　　　D. 贵族
10. 商代已经存在区别身份的礼仪法令是（　　）。

A.《汤刑》　　　B.《官刑》　　　C."民居"之法　　　D. 车服之令
11. 商代的中央最高审判官吏为（　　）。
A. 史　　　B. 司寇　　　C. 大理　　　D. 正
12. 商代在夏代的基础上又有了专门的关押要犯的狱，称为（　　）。
A. 监狱　　　B. 囹圄　　　C. 圜土　　　D. 囿

## 二　多项选择题

1. 原始社会父权制习惯的变化，主要体现在（　　）。
A. 确认氏族内的继承习惯　　　B. 确认部落联盟酋长的权威地位
C. 确认保护私有制财产的习惯　　　D. 确认有关处罚的习惯
E. 继续确认母性在氏族中的权威地位
2. 中国法律起源的特点是（　　）。
A. 具有早熟性
B. 实行礼法结合
C. 与早期国家的产生密切相关
D. 法律在形成时带有氏族社会的浓厚色彩和宗法统治的特征
E. 刑事法规发达但是民事法规相对落后
3. 夏代的法律形式主要包括（　　）。
A. 习惯法　　　B. 制定法　　　C. 誓
D. 王与权臣的命令　　　E. 王的文告
4. 与西方法制文明相比，中国法制文明起源的特点有（　　）。
A. 主要以刑始于兵、礼源于祭祀的形式完成
B. 与家族和宗族国家制度的成熟完备相一致
C. 与宗法等级制度紧密结合在一起
D. 具有明显的宗法伦理性质
E. 具有晚熟性
5. 夏商的法律思想具有（　　）的性质。
A. 神判　　　B. 以德配天　　　C. 天罚　　　D. 仁政　　　E. 天讨
6. 商代的立法思想有（　　）。
A. "天罚"　　　B. "天讨"　　　C. "神授"
D. "以德配天"　　　E. "明德慎罚"

127

## 三 名词解释

1. "与其杀不辜，宁失不经"  2. 九州  3. 五刑  4. 禹刑  5.《甘誓》
6. 誓  7. 圜土  8. "王权神授"  9. "天讨"与"天罚"  10. 车服之令
11. 司寇  12. "附从轻"，"赦从重"  13. "昏、墨、贼、杀"  14.《官刑》  15.《汤刑》  16. 夏礼  17. "民居"之法

## 四 简答题

1. 夏代的法律形式有哪些？
2. 商代的主要法律有哪些？
3. 禹刑的具体内容可归纳为几个方面？
4. 简述商朝刑事立法的指导思想。
5. 商代刑事法规的内容有哪些？
6. 简述商代初期与末期继承制度的变化。

## 五 论述题

1. 试论中国法律起源的特点。
2. 试述夏商司法制度的基本特征。

## 六 分析题

防风氏案。据《国语·鲁语下》载："昔禹致群神于会稽之山，防风氏后至，禹杀而戮之。"即传说禹在会稽之山大会部落首领，防风氏迟到，因此禹杀了防风氏。

## 参考答案

### 一 单项选择题

1. D  2. B  3. A  4. A  5. A  6. C  7. D  8. D  9. C  10. D  11. B  12. C

## 二 多项选择题

1. BCD  2. ABCDE  3. ABC  4. ABCD  5. ACE  6. ABC

## 三 名词解释

1. "与其杀不辜,宁失不经",是夏代奴隶制社会实行的刑罚原则之一,意思是指宁可违反常规或不用常法,漏杀有罪者,绝不错杀无辜或罪不至死者,它体现了慎刑原则,对后世产生了积极影响。

2. 九州是我国早期奴隶制国家的地域划分的方式。据《左传》与《尚书》记载:大禹将苍茫的中原大地划分为九州,按地域分治居民。这种将居民分而治之的思想在当时来说很具有积极意义。

3. 夏代统治者为有效地镇压反抗奴隶主国家统治与扰乱社会秩序的犯罪行为,承袭并发展了舜禹时代习惯处罚方式,从而逐步确立了奴隶制五刑制度。它是奴隶制社会时期五种刑罚的总称,即:墨、劓、刖、宫、大辟。

4. 《禹刑》是夏奴隶制国家里习惯法的泛称。

5. 《甘誓》是夏代统治者颁布的单行的命令,是早期奴隶制国家的习惯法。

6. 誓是夏代法律形式的一种。它是夏代君主在战争期间发布的紧急军事命令,是调整战时军队内部关系的法律,对全体从征人员都有约束力。如商汤在讨伐夏桀时曾经发布《汤誓》,用以约束全体从征人员。

7. 圜土是指夏、商、西周奴隶制国家时期监狱的总称。"圜者,圆也",即用土构筑圆形监狱以关押犯人。可以看出,尽管当时的监狱还相当粗俗简陋,但毕竟为当时的奴隶制国家的健全发展奠定了重要基础。

8. "王权神授"是商代的立法思想之一。商代统治者把奴隶主贵族对人世间的法律统治神话为"秉承天意",以使奴隶制国家的统治合法化、神权化,并赋予商王这一奴隶主阶级总代表以神圣不可侵犯的权威地位。这种宣传不仅使王权专制披上了宗教神学色彩,而且可以借此大肆欺骗愚弄被压迫的劳动群众。

9. "天讨"与"天罚"是商代的立法思想之一。商代统治者为证明其刑杀和讨伐活动的合理性,将他们在人世间的用刑诡称为奉天刑罚与替天讨罪。这种神话宣传具有相当的欺骗性,它为商代统治者掩饰其刑事镇压的残酷性,以及为加强法律制度的威慑力提供了法律理论依据。

10. 车服之令是指商代用来区别身份的礼仪法令。商汤为区别尊卑贵贱而颁布的命令，在任命官吏和罢黜官吏的车马服饰上作了区别性的规定。

11. 司寇是商代中央最高审判机构，它的长官也叫司寇，它与其他五个中央最高机构并称为六卿。对于重大案件的审理，司寇必须奏请商王，商王掌握生杀予夺和决定诉讼胜负的决定权。

12. "附从轻"、"赦从重"体现了商代对疑难案件的审理持慎重的态度。主张审判依据事实，有犯意无实据，不认为是犯罪。在量刑时，可重可轻者，主张从轻，可宽可严时，主张从宽。

13. "昏、墨、贼、杀"是父权制社会时期的习惯处罚方式。据《左传·昭公十四年》引《夏书》说："昏（恶而掠美）、墨（贪以败官）、贼（杀人不忌），杀。皋陶之刑也。"皋陶为黄池地域的部落首领，做了联盟机关的"士"后，制定了这一处罚习惯。

14. 《官刑》是商代惩治管理犯罪、违法与失职行为的专门法律，带有行政法律规范的性质，但却采取刑事制裁的方式加以处理，反映了奴隶制的商代很早就懂得了运用法律手段管理官吏。

15. 《汤刑》是商代的成文刑书，也是商代法律的泛称。

16. 夏礼是夏代体现国家意志的行为规范。它源于氏族社会的"礼"，在夏代奴隶制国家"礼"被改造，赋予了阶级属性和法律效力，从而成为奴隶制国家法律统治的有效武器。

17. "民居"之法是商代商汤时期丈量土地、划分居住区域及安置百姓的法规。

## 四 简答题

1. 夏代的法律形式有：

（1）习惯法。习惯法是夏代建立之初法律的主要形式，即把原始社会的祭祀鬼神的"礼"，改造成为奴隶主阶级实施法律统治的工具。夏代习惯法统治方式，是中国阶级社会诞生以来最早出现的最为简陋的统治方式，这种统治方式的落后性，是由生产力水平低下以及立法技术的落后所决定的。

（2）制定法。夏代统治期间，在沿袭习惯法的同时，也出现了制定法。《左传》所载："夏有乱政，而作禹刑"，就是统治阶级适应形势需要，加速制定法出台的反映。

(3) 誓。誓是夏代君主在战争期间发布的紧急军事命令。

2. (1)《汤刑》。《汤刑》为商代成文刑书,也是商代法律的泛称,如从成文刑书的意义上讲,《汤刑》显然是商代的主要法律。

(2)《官刑》。《官刑》是商代惩治国家官吏犯罪、违纪或失职行为的专门法律,带有行政法律规范的性质,但却采取刑事制裁的方式加以处理。

(3)"民居"之法。据《尚书·序》载:"咎单作民居"。咎单是商汤时的司空官,曾奉命制定"明居民之法",即丈量土地、划分居住区域及安置百姓的法规。

(4) 车服之令。商汤为区别尊卑贵贱的等级,曾下车服之令。在任命官吏与罢黜官吏的车马服饰上作了区别规定。这表明商代已经存在区别身份的礼仪法令。

3. "禹刑"是夏代的法律的总称。具体内容有:

(1) 将原始社会的"礼"改造成为法律,夏启建立奴隶制国家以后,在神权政治法律思想的支配下,将改造后的"夏礼"与国家的重要活动结合起来,并赋予新的阶级属性和法律效力,从而变为奴隶制国家法律统治的有效武器。

(2) 法律维护专制王权,镇压各种违背"王命"和反抗国家统治的行为。夏代统治者出于维护王权的需要,改原始社会的习惯为巩固君权的习惯法,如《甘誓》所载:"弗用命,戮于社"。夏代为有效镇压反抗奴隶主国家统治与扰乱社会秩序的犯罪,承袭并发展了舜禹时代习惯处罚方式,从而初步确立了奴隶制五刑制度,即墨、劓、荆、宫、大辟。

(3) 规定带有行政法规性质的《政典》,用以维护奴隶主国家机器的正常运转。夏代《政典》的制定,一方面,说明中国自有国家产生以来,就非常重视行政法律规范的建设;另一方面,我国古代行政法规一问世,就采取刑事处罚的方式,惩治渎职与失职的官吏,从而反映了我国自古即有的"依法治吏"的悠久传统。

(4) 确认土地"国有"的民法内容。夏代更改氏族公社土地公有制度,确立土地奴隶主国家所有制。夏代法律规定,王掌管全国的田土,享有充分的所有权和分封赏赐权。这种土地归于国家所有的民法内容又直接影响了商、周两代,成为我国奴隶制时代通行的土地所有权的原则。

(5) 确认征收赋税的各项制度。据史料记载夏代法律法规中规定了一些调整经济关系的带有经济法规性质的内容,如《孟子·滕文公》载:"夏后氏五十而贡"。这表明我国奴隶制国家建立后,曾经及时采取法律形式确立国家赋税制度。

4. 商统治者立法的指导思想，仍沿袭了夏朝的神权思想。这种神权思想，把统治阶级的一切活动，包括他们运用法律的活动，都说成上帝和鬼神的力量。这是同当时的历史条件有着密切关系的。夏商时期，刚刚从生产力极端低下的原始氏族社会进入阶级社会，奴隶主贵族便利用人们对自然界的愚昧无知而形成的对原始图腾和祖先神崇拜的习俗，把自己的统治说成是"受天命"，是代表上天对人间进行统治，把他们对反抗统治的奴隶和平民的镇压，以及对其他不服从统治的惩罚，说成是"恭行天罚"。从而给他们的统治和对人民的镇压，披上一层宗教迷信的保护色。

5. 商代刑事法规的内容有：

（1）运用刑法手段，严厉镇压反抗国家统治的各种犯罪。商代以刑法严酷著称，商代也规定了墨、劓、剕、宫、大辟等五刑制度，其中死刑制度最为残酷，充分暴露出商代刑法制度的野蛮与残忍。

（2）刑法严惩蛊惑民心扰乱社会秩序的犯罪。商代刑事立法的特点，就是控制思想钳制舆论，严惩扰乱社会秩序，动摇、蛊惑、瓦解民心的各种犯罪，以确保贵族奴隶主阶级的"正统"地位。

6. 继承制度也是私有制的产物，王位继承与财产关系的继承是一致的。商初，王位继承是兄终弟及与父死子继并行，但以弟及为主，也就是说，在商初，主要是兄死后，其王位由弟继承，而子继辅之，无弟然后传子。商末则完全实行父死子继，以后又逐渐实行了嫡长继承制。

## 五 论述题

1. 法不是从来就有的，是人类社会发展到一定时期的结果。而世界不同民族由于其生存环境的不同而形成不同的历史传统和生活方式，国家与法的具体发展途径是不同的。中国法的起源的特点主要是：（1）氏族血缘纽带随着国家的形成而更加加强。以血缘关系联结起来进行生产与生活，是人类早期的组织形式。中国在进入国家文明后，由于生产力和农业文明的因素，血缘纽带非但没有松弛，反而愈加紧密。氏族、部落、部落联盟联结纽带的血缘关系、婚姻关系，使得中国早期国家在组织结构方面具有家国相通、家国一体的特征。（2）部落联盟首领的权威在向国家过渡的过程中日益加强。从传说中的三皇五帝到尧、舜、禹，首领的统治权在不断加强，到夏启即位时，终于发展到了可以有权打击本联盟中的反对派的地步。（3）原始的礼由习惯演化为法。礼最初是祭祀鬼神的器具，供原始的人类崇拜自然神之用。到后来凡是进行祭祀的一切活动都叫做礼。在人的思想意识方面，对自然神的信仰和对祖先的崇拜，特别是对祖先崇拜逐渐定型化、仪式化，成为一种具有宗教色彩的普遍信奉。随着私有制的进一步发展，在这种祭祀仪式中逐渐产生出萌芽状态中的政治权利，其中区别血缘关系、亲疏尊卑的部分，开始成为确定人们在国家组织中等级地位的法。（4）刑起于兵。刑与战争是分不开的。部落、部落联盟之间的征战是中华文明发生发展的主要契机。征讨反叛的部族、征服未归顺的部族，是最严厉的一种惩罚，所谓"大刑用甲兵"。频繁的军事征伐既确立了一套实施军法大刑的规范，又带动对本部族内部成员惩罚方式的发展，以斧钺、刀锯、鞭杖行罚的"中刑"、"薄刑"逐渐成为早期国家的常刑。以惩罚为核心的刑法观念和制度在法律发展中居于首要地位。

由此可以看到，中国法的起源是由中国所处的具体历史条件决定的。私有制的发展，在社会等级中，血缘起到纽带的作用；对祖先崇拜的礼逐渐具有权威性、阶级性；频繁的战争促进了刑的形成与发展；氏族首领的权威则伴随着这些过程而日益强化。这些因素在中国法的形成中相互作用，决定了中国古代法以君主意志为核心，强调礼的作用，强调维护宗法伦常，法律体系中偏重刑法、行政司法合一等主要特点。

2. 夏商两代司法制度具有两个重要特征：第一，行政、军事、司法职能不分。首先，夏王、商王作为最高军政首脑，同时拥有司法方面的最高审判权和最终裁决权。其次，夏王、商王以下的各级主要官吏，也同时兼掌军政司法等各项大权。夏商两代均为宗族国家，其社会结构以家族宗族和宗法制度为基础，各级司法权实际掌握在各级宗主手中。因此，当时虽然设有一些司法官员，如士、士师、大理、司寇等，但司法权始终受到军政权力的干预控制。第二，夏商两代属于神权法时代，天罚神判是其司法制度的又一特征。当时，不仅以"大刑用甲兵"去实施"天讨"、"天罚"，而且通过祭祀占卜活动请示神意，以"神判"来决定司法审判和定罪量刑。殷墟甲骨卜辞就有卜问用刑之类的神明裁判案例。在刑罚执行方面，虞夏之际已发明监狱。《急就篇》即称："皋陶造狱法律存。"《竹书纪年》也有"夏帝芒三十六年作圜土"的记载。"圜土"即夏商时期监狱的通称，主要关押违法犯罪的劳役刑徒。至于夏桀关押商汤的夏台或均台，只是一座宫室；殷纣王囚禁周文王的羑里，则是一座城垣；它们仅仅是作为临时软禁囚所，而并非普遍意义的监狱。自从殷墟甲骨文被发现以来，商代监狱已得到可靠印证。在甲骨卜辞中，关于监狱或囚禁的各类文字达十余种之多。

## 六 分析题

防风氏案发生于夏朝，当时，氏族习惯作为协调社会纠纷、约束人民共同劳动以及平均分配的共同准则，随着母系社会向父系社会的转变，母系氏族的习惯也逐渐向父系始祖的习惯转变。父权制习惯的变化体现之一，就是确认部落联盟酋长的权威地位。《国语·鲁语》中记载的这个传说，反映了氏族习惯的某些变化，即不但确认部落联盟酋长的权威地位，而且赋予他们临时处置的大权。

# 第二章 西周的法律制度

（公元前11世纪至前771年）

## 一 单项选择题

1. 婚姻六礼作为中国古代婚姻成立的形式要件始于（　　）。
   A. 西周　　　　B. 汉代　　　　C. 晋代　　　　D. 唐代
2. 西周时期买卖兵器、珍异等小件物品使用的较短契券称为（　　）。
   A. 傅别　　　　B. 别　　　　　C. 质　　　　　D. 剂
3. 西周时期的借贷契约称为（　　）。
   A. 傅别　　　　B. 质　　　　　C. 剂　　　　　D. 活卖
4. 在西周时期法官审案中判断当事人陈述真伪的方式是（　　）。
   A. "五刑"　　　B. "五过"　　　C. "五过之疵"　D. "五听"
5. 西周将故意犯罪与过失犯罪区分为（　　）。
   A. 端与不端　　B. 误与故　　　C. 非终与惟终　D. 非眚与眚
6. 西周规定的婚姻制度是（　　）。
   A. 一夫多妻制　　　　　　　　　B. 一夫一妻制
   C. 一夫一妻多妾制　　　　　　　D. 一妻多夫制
7. 男方携礼至女家商定婚期被称为（　　）。
   A. "纳征"　　　B. "纳采"　　　C. "亲迎"　　　D. "请期"
8. 西周时期的主要刑罚是（　　）。
   A. 圜土之制　　B. 嘉石之制　　C. 流刑　　　　D. 五刑
9. 据史料记载西周关于司法官法律责任的制度是（　　）。
   A. 官刑　　　　B. 三风十愆　　C. 五过之疵　　D. 汤刑
10. "观其眸子，不直则眊然"，是"五听"制度中的（　　）。
    A. "色听"　　　B. "目听"　　　C. "辞听"　　　D. "气听"

11. 西周时中央的最高司法官称为（　　）。

A. 小司寇　　　　B. 大司寇　　　　C. 大理　　　　D. 史

12. 西周时期的刑事诉讼称为（　　）。

A. 质　　　　B. 狱　　　　C. 剂　　　　D. 讼

13. 西周时期的官府在受理诉讼之后，双方当事人都应该缴纳诉讼费用，这种诉讼费用被称为（　　）。

A. 束矢　　　　B. 钧金　　　　C. 剂　　　　D. 傅

14. 西周时期审理刑事、民事案件都要将判决内容做成判决书，这种判决书被称为（　　）。

A. 爰书　　　　B. 读鞫　　　　C. 乞鞫　　　　D. 成劾

15. 在西周时期的刑罚体系中，能够体现保障少数贵族特权的制度是（　　）。

A. 圜土之制　　　　B. 嘉石之制　　　　C. 流刑　　　　D. 官刑

## 二　多项选择题

1. 西周时期在夏商两朝原有神权法思想基础上发展的理论是（　　）。

A. "以德配天"　　　　B. "刑兹无赦"　　　　C. "敬德保民"

D. "明德慎罚"　　　　E. "德主刑辅"

2. 西周时期，丈夫把妻子赶出家门的七种理由，即"七出"，包括（　　）。

A. 恶疾　　　　B. 口舌　　　　C. 无子　　　　D. 纳吉　　　　E. 盗窃

3. 西周时期的"尊尊"原则（　　）。

A. 要求在社会范围内，人人都要尊敬一切应该受到尊敬的人

B. 人人都该恪守自己的名分

C. 君臣、上下、贵贱都有明确的等级制度

D. 君臣、上下、贵贱都有明确的分野

E. 它所维护的是以君权为中心的社会秩序

4. 西周时期在政治实践中逐渐形成的原则与制度包括（　　）。

A. 嫡长子继承制

B. 小宗服从大宗

C. 土地按行政等级分封给各级官吏

D. 国家官吏与各级行政官员的选拔，采用"任人唯贤"的原则

E. 各级诸侯王、卿大夫、士共同向周天子负责

5. 关于西周时期的"礼"表述正确的是（　　）。

A. "礼"是中国古代旨在维护宗法血缘关系和宗法等级制度的一系列精神原则和言行规范的总称

B. 西周时期礼制的发展是中国古代社会礼治文化发展过程中的一个最为重要的阶段

C. 周礼在当时社会生活中发挥着特殊的作用，但是不属于中国早期法制的内容范围

D. "礼"最早源于氏族时代的祭祀风俗

E. 周礼对全社会起着一种法律的调节作用，完全具备法的性质

6. 关于西周时期"礼"与"刑"的关系，论述正确的是（　　）。

A. 西周时期的"礼"与"刑"都是当时维护社会秩序、调整社会关系的重要社会规则

B. 二者相辅相成，互为表里，共同构成了西周社会完整的法律体系

C. "礼"是积极主动的规范；"刑"是消极的处罚

D. "礼"是禁恶于未然的预防；"刑"是惩恶已然的制裁

E. 凡是"礼"所禁止的行为，也必然为"刑"所不容，即"礼之所去，刑之所取"，"出礼则入刑"

7. 以下属于西周时期婚姻制度中婚姻缔结原则的是（　　）。

A. 一夫一妻多妾制　　B. 同姓不婚　　C. "父母之命，媒妁之言"

D. "七出三不去"　　　E. 同居共财

8. 西周时期的法律形式包括（　　）。

A. "礼"　　　　　　B. "吕刑"　　　C. "九刑"

D. "遗训"　　　　　E. "殷彝"

9. 西周时期的刑法原则包括（　　）。

A. 疑罪从轻惟赦　　　B. 区分故意与过失、惯犯与偶犯

C. 老幼免处刑罚　　　D. 同罪异罚

E. 宽严适中

10. 西周时期比较普遍的契约形式有（　　）。

A. 质剂　　B. 市券　　C. 红券　　D. 白券　　E. 傅别

11. 西周的中央司法官员"大司寇"负责的司法工作有（　　）。

A. "掌建邦之三典以佐王刑邦国，诰四方"　　B. "以五刑纠万民"

C. "以两造禁民讼，以两剂禁民狱"　　　　　D. "以圜土聚教罢民"

E. "以嘉石平罢民"

## 三 名词解释

1. "以德配天" 2. "明德慎罚" 3. "亲亲"与"尊尊" 4. 宗法制度 5. 周公制礼 6. 嫡长子继承制 7. 宗祧继承制度 8. 五听 9. 婚姻六礼 10. "七出三不去" 11. "出礼则入刑" 12. "礼不下庶人，刑不上大夫" 13. "三宥之法" 14. "嘉石之制" 15. 群饮 16. "一夫一妻多妾" 17. "眚"、"非眚"、"惟终"、"非终" 18. "父母之命，媒妁之言" 19. "不孝不友" 20. 吕刑 21. "刑罚世轻世重" 22. "束矢"、"钧金" 23. "三赦之法" 24. 遗训 25. 殷彝 26. 九刑

## 四 简答题

1. 简述西周时期的刑事立法指导思想。
2. 简述西周宗法制度的主要内容。
3. 简述西周时期"礼"与"刑"的关系。
4. 简述西周时期"礼不下庶人，刑不上大夫"的原则。
5. 简述西周时期的婚姻继承制度的基本内容。
6. 简述西周时期的刑法原则和刑事政策。

## 五 论述题

1. 试述西周时期法律思想的发展变化。
2. 试述西周时期有哪些定罪量刑的原则。

## 六 分析题

据《礼记》记载："道德仁义，非礼不成；教训正俗，非礼不备；分争辩讼，非礼不决；君臣上下，父子兄弟，非礼不定；宦学事师，非礼不亲；班朝治军，莅官行法，非礼威严不行；祭祀鬼神，非礼不诚不庄。""夫礼始于冠，本于婚，重于丧祭，尊于朝聘，和于乡射，此礼之大体也"。

请据此材料分析西周时期"礼"之地位。

## 参考答案

### 一 单项选择题

1. A  2. D  3. A  4. D  5. D  6. C  7. D  8. D  9. C  10. B  11. B  12. B  13. A  14. D  15. D

### 二 多项选择题

1. AD  2. ABCE  3. ABCDE  4. ABE  5. ABDE  6. ABCDE  7. ABC  8. ABCDE  9. ABCE  10. AE  11. ABCDE

### 三 名词解释

1. "以德配天"是西周统治者在吸收夏、商两代"天讨""天罚"的神权法思想的基础上发展起来的法律思想。西周统治者指出天命不是固定不变的，作为世间万物的最高主宰，上天对所选择的人间君主并无特别的亲疏或偏爱，只会选择那些有德者，将天命赋予他们，并保佑他们完成自己的使命。人间君主一旦失去应有的德性，也就会失去上天的保佑和庇护，天命随之消失或转移，新的有德者会取而代之，夏商王朝的覆灭就说明了这个问题。在中国历史上，这个理论的提出是政治理论上的一大进步。

2. 西周统治者在以德配天的基本政治理论下进一步提出了"明德慎罚"的法律主张，并以此作为国家处理立法、司法活动的指导思想。所谓"明德"就是主张崇尚德治，提倡德教，也就是说统治者治理国家首先要使用"德教"，通过道德教化，用道德的力量去感化民众，使天下臣服。所谓"慎罚"就是主张在适用法律、在适用刑法的时候应该审慎、宽缓，而不应该乱罚无辜、杀无辜，以为用严刑峻法来使臣民臣服。实际上是主张强调将教化与刑罚结合。

3. "亲亲"和"尊尊"是西周时期礼制的核心内容。所谓"亲亲"是要求在亲族范围内，人人都应该爱自己的亲属，按照自己的身份行事，亲疏远近，尊卑长幼都有明确的次序；所谓"尊尊"是要求在社会范围内，人人都要尊敬应该尊敬的人，人人都要恪守自己的名分，君臣、上下、贵贱都有明确的分野，有明确的等级制度。"亲亲"的核心是孝，"尊尊"的核心是忠。"亲亲"原则所维护的是以父权为中心的家庭、家族伦理关系。"尊尊"原则所维护的是以君权为中心的社会关系。

4. 宗法制度是中国古代社会存在的一种以血缘关系为纽带的家族组织与国家制度的结合，以保证血缘贵族世袭统治的政治形式。宗法制度的核心，仍是掌握国家社会最高权力的周天子，天下的一切土地和臣民，都属于周天子所有。天子以下逐级分封诸侯王、卿大夫、士，分别在自己的领地享有行政、司法、军事等方面的权力。这样层层分封，就形成了周天子、诸侯王、卿大夫、士等相互间的支配和依赖关系，形成了层层相依的等级结构，形成了以血缘关系为基础、以周天子为中心的家天下的宗法制度。

5. 周公制礼是指西周初期周公整理礼制的活动。周公在摄政期间，将夏、商两代的礼制加以折中损益，加上周族自己原有的礼制，制定了一套通行于全国的系统的礼制。经过周公制礼以后，周礼作为内涵广泛的言行规范调整着西周各方面的社会关系。在西周时期，礼也是法律规范的重要组成部分。

6. 嫡长子继承制是西周时期领地、财产、身份的继承制度。从天子、诸侯王到卿大夫到士，他们的领地、身份以及相应权力利益等，都只能由宗主的正妻所生的长子来继承。在各自的管辖范围内，嫡长子为"大宗"，其他兄弟相对于嫡长子则为"小宗"。

7. 宗祧继承制度是西周时期的有关身份和地位的重要继承制度。从周天子、诸侯王、各级领主乃至庶人，其王位、爵位等政治身份以及在家族中作为大家长的身份地位，都只能由正妻所生的长子来继承。如果正妻无子，则在诸妾中选择最贵者作为继承人。作为法定继承人，嫡长子所继承的是对整个家族的统治，包括对家族成员的领导权和支配权。这样的继承制度，能够保证家族一代一代地按照原有的秩序延续。

8. 通过长期以来司法经验的总结和提炼，西周时期形成了审理案件的"五听"制度。所谓五听就是审判案件时判断当事人陈述真伪的五种观察方式，具体是指：辞听、色听、气听、耳听、目听。从五听的具体内容可以看出，西周时期已经开始注意到心理学的一些问题，就已经有这样系统而细致的判案方法。这说明西周时期的文化，特别是法律文化已经达到了相当高的水平。

9. "婚姻六礼"是西周时期婚姻缔结必须符合的礼仪。具体包括纳采、问名、纳吉、纳征、请期、亲迎。西周时期的"婚姻六礼"对以后各朝婚姻成立的形式要件产生了重要的影响。直至中国近代乃至现代，在一些乡村地区，缔结婚姻的形式仍然可以看到婚姻六礼的痕迹。

10．"七出三不去"是西周时期在解除婚姻关系方面的一整套制度。"七出"又称"七去"，是西周时期男子可以休妻的七种情况。具体是指：不顺父母、无子、淫、妒、有恶疾、口多言、盗窃，女子若有上述七种情形之一，丈夫即可有正当理由合法地休妻。"三不去"是西周时期男子休妻的三项限制。具体是指：有所取而无所归，不去；与更三年丧，不去；前贫贱后富贵，不去。女子若有三不去的理由之一，丈夫就不能休妻。"七出三不去"制度是宗法制度下父权和夫权专制的典型反映，对后世影响极为深远。

11．"出礼则入刑"是西周时期"礼"、"刑"运用关系的主张。西周时期的"礼"与"刑"都是当时维护社会秩序、调整社会关系的重要社会规则，二者相辅相成、互为表里，共同构成了西周社会完整的法律体系。其中"礼"是积极主动的规范，是禁恶于未然的预防；"刑"是消极的处罚，是惩恶于已然的制裁。凡是"礼"所禁止的行为，必然为"刑"所不容，即所谓"礼之所出刑之所取"。

12．"礼不下庶人，刑不上大夫"是中国古代长期存在的一项法律原则。各朝统治者经常以这项原则，作为为官僚、贵族提供法律特权的法律依据。作为一项法律原则，其重心在于强调平民百姓与官僚之间的不平等，强调对于官僚贵族统治阶级社会特权的维护。

13．"三宥之法"是西周时期用于区分故意与过失犯罪的刑罚原则。即对于三种情况下犯罪要宽宥、原谅："一曰过失、二曰弗知、三曰遗忘"。这种制度说明在当时对于过失犯罪，对犯罪的主观恶性的差别已经有比较清楚和深刻的认识。

14．"嘉石之制"是西周时期的一项主要刑罚制度。按《周礼》的说法，"嘉石之制"就是将那些犯罪轻微的犯人，束缚其手脚，坐于"嘉石"一定时日，使其思过、悔改，然后交给司空，在司空的监督下进行一定时日的劳动，期满后释放。"嘉石之制"已经具备了劳役刑的各种因素，因而可以说是中国劳役制度的开端。

15．"群饮"是西周时期主要的罪名之一。西周初年，周公等西周统治者在总结殷商灭亡的历史教训时认识到，殷商王朝统治阶级酗酒废事，是导致政治腐败、社会动乱的一个重要原因，为此周公曾再三劝告予以禁止。

16．"一夫一妻多妾"是商周时期的法律所确认的婚姻家庭制度。按照宗法制度的要求从天子到诸侯到平民百姓，一个男子只能有一个妻子，即"正妻"。除正妻以外，男子还可以合法地拥有数量不等的侧室，即"妾"。从历史资料来看，各级诸侯、封建领主、甚至"匹夫"都有数量不同的"妾"。

17. "眚"、"非眚"、"惟终"、"非终"是先秦典籍关于过失与故意、惯犯与偶犯区分的记载。"眚"是过失，"非眚"即故意，"惟终"是惯犯，"非终"则是偶犯。西周时期对故意犯罪、惯犯从重处罚，对过失犯和偶犯从轻处断的政策已经成形。这也说明西周时期在根据主观恶性来确定刑事责任等刑法理论已经达到了相当高的水平。

18. "父母之命，媒妁之言"是西周时期一项重要的婚姻制度原则，也是婚姻成立的基本前提。在宗法制度下，婚姻的最终目的，除繁衍后代承嗣家族以外，就是"合二姓之好"，绝非男女当事人个人之事。未经父母家长同意而行婚姻之事，谓之"淫奔"，是不为礼法所容的。婚姻的缔结还需经过媒氏的中介，"男女无媒不交"。

19. "不孝不友"是西周时期的主要罪名之一。在以血缘关系为基础的宗法制度之下，孝道是宗法伦理的最基本的要求，也是宗法体制中最核心的内容。在宗法体制之下，"不孝不友"不仅危害的是家庭伦理和亲情关系，而且危害到整个宗法社会的政治体制和社会秩序，被视为"元恶大憝"，作为最严重的犯罪加以处罚。

20. 吕刑是西周时期周穆王命令司寇吕侯所作的刑书。因吕侯又称甫侯，故他所作的刑书又称甫刑。吕刑的具体内容已无法考证。《尚书·吕侯》记载了周穆王命令吕侯进行法律改革的大致情况。吕刑的基本精神在于贯彻西周初年提出的"明德慎罚"的思想，强调在国家司法工作中从司法官吏的选择到具体执法的各个环节，都必须慎重崇德。

21. "刑罚世轻世重"是西周统治者在总结前代各朝的经验的基础之上得出的一项重要的刑罚原则。主张要根据时势的变化、根据国家的具体政治情况和社会环境等因素来决定用刑的宽严与轻重。这一理论是长期的政治统治和用刑经验的总结，对后世各封建帝王用法用刑都有很大的影响，特别是"重典治乱世"的理论，多次被封建帝王用作实施严刑峻法的理论依据。

22. "束矢"、"钧金"是西周时期的重要诉讼制度。"束矢"是箭一束；"钧金"是青铜三十斤。在官府受理诉讼以后，双方当事人都应该缴纳"束矢"或"钧金"，作为诉讼费。此制度也表明了西周时期对于民事案件与刑事案件已经采取不同的审理方式。

23. "三赦之法"是西周时期的一项刑罚原则。西周时期有三赦之法："一曰幼弱、二曰老耄、三曰蠢愚"。对于这三种人如果触犯刑律，应该减轻、赦免其刑罚。这一原则正是西周时期"明德慎罚"的法律思想以及"亲亲"礼制原则在刑法定罪量刑方面的体现。西周时期"矜老恤幼"的典型制度，后世各朝都相继效仿。

24. 遗训是商朝时期由前代、先王留下的规则、习惯。西周时期，在统治那些被征服的殷商遗民时，可以适用"遗训"这些适合时宜、对现实统治无害的殷商时代的法规。

25. 殷彝是指商朝的某些法规或习惯。在统治那些被征服的殷商遗民时，可以适用"殷彝"这些适合时宜、对现实统治无害的殷商时代的法规。

26. 九刑是西周刑罚的泛称。据《左传》记载，"周有乱政，而作九刑"。这说明西周已有比较完整的刑书，作为统治阶级定罪科刑的依据，也从一个侧面说明西周时期已经出现了带有开创性的立法创制活动。

## 四 简答题

1. 西周的立法指导思想主要有：（1）义刑义杀，即针对国内不同地区，不同的形势，选择最适宜的刑罚手段来对付社会犯罪，反对不分青红皂白、一味刑杀的方法。（2）明德慎罚这一思想要求，在对付社会犯罪问题上，要提倡德治，提倡伦理道德的强行灌输，有效预防可能发生的犯罪。同时在镇压时，采取审慎的方针，即区分严重犯罪与一般犯罪的界限，对一般犯罪采取宽缓的原则，对严重犯罪才施以重刑。

2. 宗法制度渊源于氏族社会父系家长制。宗法制度是中国古代社会中存在的一种以血缘关系为纽带的家族组织与国家制度相结合，以保证血缘贵族世袭统治的政治形式。宗法制度的中心仍是掌握国家社会最高权力的周天子，天下的一切土地和臣民，都属于周天子所有。天子以下逐级分封诸侯王、卿大夫、士，分别在自己的领地享有行政、司法、军事等方面的权力。这样层层分封，就形成了周天子、诸侯王、卿大夫、士等相互的支配和依赖关系，形成了层层相依的等级结构和以血缘关系为基础、以周天子为中心的家天下的宗法制度。宗法制度具体包括以下三个方面的原则与制度：其一，从周天子到卿大夫、士，都实行嫡长子继承制。其二，小宗服从大宗，诸弟服从长兄。其三，各级诸侯王、卿大夫、士，既是一种家族组织，又各自构成一级政权，共同向周天子负责。从宏观上看，宗法制度构成了西周社会的基本结构。在宗法统治之下，家族组织与国家制度合而为一，家族观念、家族间的伦理道德与国家的法律规范结合在一起，互为表里。

3. 在先秦史籍记载中，"礼"与"刑"是两个经常并列出现的重要范畴。到了西周时期，从宏观上看，"礼"与"刑"都是当时维护社会秩序、调整社会关系的重要社会法则。二者相辅相成，互为表里，共同构成了西周社会完整的法律体系。两者的区别表现为："礼"是积极、主动的规范，是禁恶于未然的预防；"刑"是消极的处罚，是惩恶于已然的制裁。也就是说，"礼"总是从正面主动地提出要求，对人们的言行作出正面的"指导"，明确地要求人们应该做什么，不应该做什么，可以做什么，不可以做什么。"礼"的功能重在"教化"；"刑"则相对处于被动状态，对于一切违背"礼"的行为，进行刑罚处罚。凡是"礼"所禁止的行为，亦必然为"刑"所不容：即所谓"礼之所去，刑之所取"，"出礼则人刑"。"刑"的功能，重在制裁。由于"礼"在西周社会的政治、经济、文化、军事、宗教、家庭生活等各个领域都发挥着广泛的调节作用，所以"礼"也构成了当时不成文法律体系的一个重要组成部分。西周时期对于各种罪行、恶行的断定，也主要是依据"礼"的精神原则和具体的礼仪规范。总之，在西周时期，"礼"与"刑"二者之间存在着不可分割的密切关系。

4. "礼不下庶人，刑不上大夫"是中国古代社会长期存在的一项法律原则，各朝统治者经常以这项原则作为为官僚、贵族提供法律特权的立论根据。作为一项法律原则，其重心在于强调平民百姓与官僚之间的不平等，强调对于官僚贵族等统治阶层社会特权的维护。实际上，"礼不下庶人"并不是说礼对庶人没有约束力，而是强调"礼"是有等级、差别的，天子有天子的礼，诸侯有诸侯的礼，庶人有庶人的礼，不同等级之间不能僭越，任何悖礼、僭越的行为都会受到惩处。"刑不上大夫"也并不是说对大夫以上的贵族绝对不会适用刑罚。在实际政治中，大夫以上的贵族如果实施谋反、篡逆等严重的政治性犯罪，同样会招致法律的严厉处罚。不过，在一些非政治性领域，贵族官僚犯罪往往会得到许多的特权。

5. 在宗法制度条件下，婚姻和继承制度构成了西周社会生活中的重要内容。宗法制度是一种内涵广泛的政治制度，代表着一整套生活方式，所以婚姻继承制度在西周时期往往带有婚姻继承以外的政治含义。

（1）西周时期婚姻制度的基本内容。

①在西周时期，婚姻的基本制度是"一夫一妻多妾"制。从天子到诸侯到平民百姓，一个男子只能有一个"妻子"，即"正妻"。除正妻以外，男子还可以合法地拥有数量不等的侧室，即"妾"。正妻及其子女，与妾及所生子女，在家庭中有着明显不同的地位。这种嫡、庶之分，是为了保证家族延续和维持正常家庭关系的需要，对于维护和延续宗法制度有着重要的意义。

②"同姓不婚"。即禁止同一姓氏的家族成员之间的通婚行为。此项禁忌主要

基于两个方面的考虑：首先，长期的生活经验证明："男女同姓，其生不蕃"。即是说，同姓结婚，会生下不强健的下一代，整个下一代的素质会下降，从而会影响整个家庭、民族的发展。另外，禁止同姓为婚，多与异姓结婚，有利于"附远厚别"，即通过联姻的方式，在政治上更多地与外姓结盟，以便更好地维护既定的统治秩序。

③"父母之命，媒妁之言"。在宗法制度之下，婚姻的终极目的，除繁衍后代、承嗣家族以外，就是"合二姓之好"，绝非男女当事人个人之事。因此，婚姻成立的基本前提就是"父母之命"。

"一夫一妻"、"同姓不婚"及"父母之命、媒妁之言"，是西周时期婚姻成立的三项实质要件。除必须符合这些实质要件以外，婚姻的缔结还必须合乎一定的礼仪，这就是"婚姻六礼"。具体包括：①纳彩，即男方请媒氏携礼物到女方家提亲；②问名，即在女方家长答应议婚后，男家请媒氏问明女子的生辰、身份，并卜于祖庙以问吉凶；③纳吉，在卜得吉兆以后，男家携礼至女家确定缔结婚姻；④纳征，也称纳币，男家送财礼至女家，正式缔结婚姻；⑤请期，即男家携礼物至女家，确定婚期；⑥亲迎，即在确定之日，新郎至女家迎娶，至此婚礼始告完成，婚姻也最终成立。西周时期的"婚姻六礼"，对以后各朝婚姻成立的形式要件产生了重要的影响。直至中国近代乃至现代，在一些乡村地区，缔结婚姻的形式仍然可以看到"婚姻六礼"的明显痕迹。此外，解除婚姻的条件与限制：在西周时期，婚姻解除的决定权也完全操纵在男方家长方面。西周时期在解除婚姻方面有一套完整的制度，称为"七出三不去"。"七出"又称"七去"，具体是指：不顺父母，去；无子，去；淫，去；妒，去；有恶疾，去；口多言，去；盗窃，去。女子若有上述七种情形之一，丈夫即可有正当的理由合法地休妻。按照西周时期的礼制，女子若有"三不去"理由之一者，夫家即不能休妻。"三不去"具体是指：有所娶而无所归，不去；与更三年丧，不去；前贫贱后富贵，不去。"七出"、"三不去"制度是宗法制度下父权和夫权专制的典型反映，作为西周时期婚姻制度的重要内容，其影响也极为深远。汉唐乃至明清，各朝法律中关于解除婚姻的条件和限制的相关规定，大体上都没有超出"七出"、"三不去"的范围。

（2）西周时期继承制度的主要内容。

在西周时期，由于宗法制度的要求，占主导地位的继承制度是宗祧继承，亦即是身份、地位的继承。财产继承是附属于宗祧继承的。从周天子、诸侯王、各级领主乃至庶人，其王位、爵位等政治身份以及在家族中作为大家长的身份地位，都只能由正妻所生的长子来继承。如果正妻无子，则在诸妾所生男子中选择最贵者作为继承人。作为法定继承人，嫡长子所继承的是对整个家族的统治，包括对家庭成员的领导权、对家族财产的支配权。

6. 西周时期逐渐形成了一系列刑法原则和刑事政策。

首先，西周时期的主要刑法原则有：（1）老幼犯罪减免刑罚。据史籍记载，西周时期有"三赦之法"，它是西周时期对老幼犯罪减免刑罚的刑法原则。对于幼弱、老耄、蠢愚三种人，如果触犯法律，应该减轻、赦免其刑罚。这一原则正是西周时期"明德慎罚"法律思想以及"亲亲"礼治原则在刑法定罪量刑方面的具体体现，被后世所继承和发扬。（2）区分故意与过失、惯犯与偶犯。西周时期还有"三宥之法"，它也是西周时期的主要刑法原则之一，即对三种情况下犯罪要宽宥、原谅，"一曰过失，二曰弗知，三曰遗忘"。在一些先秦典籍中，有"眚"、"非眚"、"惟终"、"非终"等记载，是关于过失与故意、惯犯与偶犯的区分。这一原则也说明，西周时期在根据主观恶性来确定刑事责任等刑法理论上已经达到了相当高的水平。（3）罪疑从轻、罪疑从赦。"罪疑从轻"、"与其杀不辜，宁失不经"，是关于中国上古时期、夏朝以前疑罪从轻的记载。为保证适用法律的谨慎，继承和发扬了疑罪从轻的传统，在司法实践中贯彻和推行"罪疑从轻"、"罪疑从赦"的原则，对于疑案难案采取从轻处断或加以赦免的办法。"罪疑从轻、罪疑从赦"原则的推行，也是西周"明德慎罚"思想的具体体现。（4）宽严适中。基于"明德慎罚"的思想主张，西周时期在定罪量刑上强调"中道"、"中罚"、"中正"，要求宽严适中，不偏不倚。强调在定罪量刑时做到不轻不重，不偏不倚，这一原则的提出也从一个侧面说明西周统治者在政治上的成熟。

其次，西周时期的刑事政策："刑罚世轻世重"。主张"刑罚世轻世重"，就是说要根据时势的变化、根据国家的具体政治情况和社会环境等因素来决定用刑的宽与严、轻与重。具体的轻重宽严的标准是："刑新国，用轻典；刑平国，用中典；刑乱国，用重典。""刑罚世轻世重"的理论，是封建统治者长期的政治统治和用刑经验的结晶。这种理论的提出，说明以周公为代表的统治阶层已经是深谙统治之术的统治者了。"刑新国，用轻典；刑平国，用中典；刑乱国，用重典"的理论和做法，后来被融入中国传统政治理论中，成为中国传统政治智慧的一部分，对后世各封建帝王用法用刑有很大的影响。

## 五 论述题

1. 夏商时期，统治者正是用"天意"来作为其实施国家统治、进行镇压活动的依据。西周建立以后，由于社会情况的变化，迫使西周统治者不能简单地套用夏商时代的神权理论来为现实服务，而是在政治、法律理论上做出了较大的突破。

(1) 西周统治者在夺取政权之初，就在立法司法领域继承夏、商两代"天讨"、"天罚"等神权法思想基础上，进一步发展出一套"以德配天"、"明德慎罚"的思想主张。西周统治者指出天命不是固定不变的，作为世间万事万物的最高主宰。上天对所选择的人间君主并无特别的亲疏或偏爱，只会选择那些有德者，将天命赋予他们，并保佑他们完成自己的使命。人间的君主一旦失去应有的德性，也就会失去上天的保佑和庇护，天命随之消失或转移，新的有德者会取而代之，夏商王朝的覆灭就说明了这个道理。在中国历史上，"以德配天"理论的提出是政治理论上的一个巨大进步。虽然这种要求大多仅停留在理论说教上，但也说明到西周政权建立时，当时的统治者已经发展为具有相当政治智慧、深谙统治之术的统治阶层了。

(2) 在这种"以德配天"基本政治理论之下，西周统治者还进一步提出了"明德慎罚"的法律主张，并将此作为国家处理立法、司法事务的指导理论。所谓"明德"就是主张崇尚德治，提倡德教；所谓"慎罚"就是主张在适用法律、实施刑罚时应该审慎、宽缓。"明德慎罚"的主张实际上就是强调将教化与刑罚结合。在"以德配天"、"明德慎罚"体系中，"实施德教"是前提，关于"德教"的具体内容，西周统治者逐渐归纳成内涵广博的"礼治"、"礼"的核心，在于"亲亲"和"尊尊"。所谓"亲亲"的核心是孝，"尊尊"的核心是忠。"亲亲"原则所维护的是以父权为中心的家庭、家族伦理关系；"尊尊"所维护的是以君权为中心的社会秩序。

(3) "以德配天"、"明德慎罚"的主张，代表了西周初期统治阶层的基本政治观点，并作为治国的基本方针而在西周政治生活、立法和司法实践中发挥了实际的指导作用。在"以德配天"、"明德慎罚"思想指导下，西周各代统治者把道德教化与刑罚镇压相结合，创造了一种特殊的"礼治"社会，形成了中国早期的"礼""刑"结合的法制特色。"以德配天"、"明德慎罚"的法律思想的影响也是极为深远的，它不仅在西周各种具体法律制度以及宏观法制特色的形成、发展过程中发挥了直接的指导作用，而且深深扎根于中国传统政治理论之中，被后世各朝统治阶层奉为政治法律制度的理想原则和正统的标本。在西汉中期以后，"以德配天"、"明德慎罚"的主张被儒家学派发挥成"德主刑辅，礼刑并用"的基本法律思想和法制方针，成为中国古代最具影响力的一种法律观念。

2. 西周时期定罪量刑的原则有如下几种：

(1) 耄悼之年有罪不加刑：意即 7 岁以下，80 岁以上的人犯罪，不处以刑罚。

这一原则的确立标志着我国刑法中关于刑事责任年龄原则已初步确立。这表明西周统治者重视犯罪主体的意识能力,并据此考虑用刑问题。

(2) 区分眚、非眚、非终、惟终:即故意或一贯犯罪从重处罚,过失或偶然犯罪从轻处罚的原则。西周统治者已经开始区分犯罪者主观形态的差别,灵活地运用刑罚手段。

(3)"慎测浅深之量以别之":断狱时,首先要考虑犯罪者的罪行严重程序,谨慎测度罪犯的动机,以此区别量刑的轻重。西周统治者将犯罪主观动机与对社会危害性结合起来考虑。

(4) 罪疑从赦:即对于定罪有一定根据,不定罪也有一定理由的案件,从轻处罚或赦免的原则。这一原则在西周以前已产生,周朝使疑罪从轻从赦原则定型化。

(5) 刑罚世轻世重:即所谓:"刑新国用轻典,刑平国用中典,刑乱国用重典"。意思是说,刑罚手段的运用要以形势而定,要视治安状况的优劣而分别实施。其适用须有节度,不能一味地使用重刑手段。

## 六 分析题

"礼"在根本上是一个无所不包的文化体系。它一方面继承了早期祭礼活动社群团体内部秩序规定的传统,一方面发展为各种具体的行为规范和各种人际关系的行为仪节。从史料记载中可以看出,周礼在当时的社会生活中占有非常重要的地位,周礼是一个庞大的体系,在国家和社会生活的各个方面都发挥着广泛而重要的作用。记载中提及在国家的行政、司法、军事、宗教、教育,乃至伦理道德、家庭生活等各个方面,都有礼的调节和规范。可以看出,在西周时期维系整个社会的核心、保证国家机器和社会秩序正常运行的主要规范是"礼"的精神,"礼"的规范。

# 第三章 春秋战国时期的法律制度

（公元前770至前221年）

## 一 单项选择题

1. 春秋时期，中国历史上第一次正式公布成文法典的是（　　）。
   A. 魏国李悝　　　B. 郑国子产　　　C. 晋国范宣子　　　D. 秦国商鞅

2. 郑国的"竹刑"把法律条文写在竹简上，是法律发展史上的一大进步，它的著作者是（　　）。
   A. 李悝　　　B. 范宣子　　　C. 商鞅　　　D. 邓析

3. 春秋初期，晋国开始正式公布成文法的标志是（　　）。
   A. 作"被庐之法"　　　B. 制定"常法"
   C. 制定"刑书"　　　D. 铸刑鼎

4. 春秋时期，郑国公布成文法，提出反对的是（　　）。
   A. 孔丘　　　B. 商鞅　　　C. 魏文侯　　　D. 叔向

5. 我国封建社会最早的一部初具体系的法典是（　　）。
   A. 竹刑　　　B. 国律　　　C. 刑符　　　D. 《法经》

6. 战国时期，各国纷纷制定新法，韩国制定了（　　）。
   A. 刑符　　　B. 宪令　　　C. 国律　　　D. 《法经》

7. 战国时期的秦国在秦孝公时，商鞅以（　　）为蓝本进行了法制改革。
   A. 《法经》　　　B. "竹刑"　　　C. "刑符"　　　D. "国律"

8. 《法经》六篇中相当于后世各代法典的《名例律》和现代刑法典的"总则"部分的是（　　）。
   A. 《囚法》　　　B. 《杂法》　　　C. 《捕法》　　　D. 《具法》

## 二 多项选择题

1. 春秋时期社会的发展变化有（　　）。
   A. 井田制的破坏　　　　　　　　B. 王权旁落，政权下移
   C. 郡县制逐步取代分封制　　　　D. 法治取代子礼制
   E. 宗法制日益衰落

2. 春秋时期，楚国制定的法律包括（　　）。
   A. "常法"　　　　B. "被庐之法"　　　　C. "仆区法"
   D. 《法经》　　　E. "茆门法"

3. 春秋时期各诸侯国相继公布成文法的意义在于（　　）。
   A. 摧毁了旧贵族对法律的专擅垄断，使法律制度逐步具有客观性
   B. 在一定程度上限制了旧贵族的特权，动摇了旧制度的政治基础
   C. 为封建统一集权国家的形成奠定了社会基础
   D. 开创了古代法制建设的新纪元
   E. 促进了封建生产关系的发展

4. 魏国魏文侯任用李悝为相后推行的新政有（　　）。
   A. "明法审令"　　　B. "尽地力之教"　　　C. "善平籴"
   D. 制定《法经》　　E. 废除旧奴隶主贵族特权

5. 下列关于《法经》的阶级本质论述正确的是（　　）。
   A. 维护君主制度
   B. 它的锋芒主要是指向劳动人民的
   C. 保障奴隶主贵族的利益的工具
   D. 促进奴隶制社会经济的巩固与发展
   E. 维护等级制度

6. 晋国文公以后制定了不少法律，具体包括（　　）。
   A. "被庐之法"　　　　B. "仆区法"
   C. "常法"　　　　　　D. 范宣子制定的刑书
   E. 将范宣子制定的刑书"宣示下民"

7. 战国时期各国的立法指导思想包括（　　）。
   A. "以德配天"　　　　B. "刑无等级，以法为本"
   C. "不加亲疏，不殊贵贱，一断于法"

D. "明德慎罚"　　　　　　　E. "行刑重轻"、"以刑去刑"

8. 《法经》的历史意义在于（　　）。

A. 维护等级制度

B. 是中国历史上第一部较为系统、较为完整的封建成文法典

C. 初步确立了封建法制的基本原则和体系

D. 对当时封建经济的形成和巩固起到了积极作用

E. 其编纂体例、内容等各个方面具有划时代的意义，对后世立法产生了深远的影响

## 三　名词解释

1. "初税亩"　2. 郡县制　3. 竹刑　4. "被庐之法"　5. 铸刑鼎　6. "茆门法"　7. 国律　8. "不别亲疏，不殊贵贱，一断于法"　9. 《法经》　10. "行刑，重其轻者"　11. "善平籴"

## 四　简答题

1. 春秋时期各国的主要立法活动有哪些？
2. 春秋时期井田制是如何被破坏的？井田制的破坏说明了什么问题？
3. 战国时期各国的变法和立法活动有哪些？
4. 战国时期各国立法的指导思想可以归纳为哪几个方面？
5. 简述战国时期各国司法制度的发展变化。

## 五　论述题

1. 试述春秋时期各国制定公布成文法的活动及其意义。
2. 试论《法经》产生的历史背景、主要内容、特征及阶级本质与历史地位。

## 六　分析题

秦太子驷案。此案发生在战国初期的秦国。公元前359年，秦国在商鞅变法后，颁布了一系列法律、法令，但施行一年后很难贯彻实施。商鞅以"法之不行，

自上犯之"为由,要将太子驷绳之以法。但是太子是未来的国君,不可以施刑,因此,由太子的师傅代受黥刑。

从此材料可以看出商鞅变法的哪些思想。

# 参考答案

## 一 单项选择题

1. B  2. D  3. A  4. D  5. D  6. A  7. A  8. D

## 二 多项选择题

1. ABC   2. CE   3. ABCDE   4. BCD   5. ABE   6. ACDE   7. BCE   8. BCDE

## 三 名词解释

1. "初税亩"是春秋时期社会变革中出现的一种税收制度。鲁宣公十五年（公元前594年）"初税亩",鲁国开始实行按亩收税,对土地进行登记,按照土地的收成缴纳赋税。这实际上等于承认了私田的合法性,也说明了井田制已经破坏,封建土地私有制开始形成。

2. 郡县制是春秋时期出现的取代分封制的一种地方行政管理体制。春秋时期,地方行政区划分为郡、县两级,郡的长官叫郡守,县的长官叫县令,不再实行世袭制,都由君主选拔任命或罢免。他们一般不享有封邑,而是向国家领取俸禄。郡县制取代分封制适应了新的经济基础的需要,是我国历史上地方行政管理体制实行郡、县两级制的开端。

3. 竹刑是春秋时期郑国邓析所私造的刑书。竹刑,就是把法律写在竹简上,这在法律发展史上又是一大进步,便于携带和流传。竹刑原为邓析所著,并无法律效力,后来被国家认可才成为正式法律,是顺应历史发展的产物。

4. "被庐之法"是春秋时期各国立法活动中晋国所制定的法律,是晋文公四年（公元前633年）在被庐检阅军队时制定的符合礼的要求的法律。

5. 公元前536年,郑国的执政子产鉴于当时的社会关系的变化和旧礼制的破坏,"铸刑书于鼎,以为国之常法"。这是中国历史上第一次公布成文法典,在中国法制史上具有重要的意义。

6."茆门法"是春秋时期各国立法活动中楚国制定的法律。茆门，宫门之一。依照"茆门法"规定，诸侯、大夫、公子入朝，车不得进入宫门，以保证国君的安全。

7."国律"是战国时期赵国制定的成文法，即在三家分晋之始，赵国制定"国律"，以为国之常法。赵国与其他各国制定了新法，适应了巩固封建制的需要。

8."不别亲疏，不殊贵贱，一断于法"是司马迁对战国时期代表新型地主阶级利益的法家思想的概括，实际上也是新型地主阶级用以指导立法活动的指导思想。其中心思想是取消旧奴隶主贵族在法律上所享有的特权，不论是谁，只要违法犯罪，都要按法律论罪处刑，取消了"刑不上大夫"的特权。

9.《法经》由战国时期的李悝所著。《法经》是适应当时经济发展的产物，是应日益强大的封建经济关系的需要而出现的。它是我国封建社会最早的一部初具体系的法典，对封建法制的确立以及封建经济的发展都起着相当大的作用。《法经》也是后代封建社会制定法典的蓝本，对后世影响深远。

10."行刑，重其轻者"是战国时期新型地主阶级的立法思想之一。"重其轻者"是指在执行刑法时，加重对轻罪的处罚，通过轻罪重刑的手段达到预防犯罪的目的。这一立法的指导思想主要是针对劳动人民，它对后世历代封建王朝的立法也有很大影响。

11."善平籴"是战国时期魏国魏文侯任用李悝为相，李悝所实行的新政的一项措施。它是指国家在丰收之年收购一定数量的粮食，用来备荒，荒年由国家出售一定的粮食，以平抑粮价，防止旧贵族和大商人囤积居奇。

## 四 简答题

1.春秋中叶以后，经济基础和阶级力量的变化引起了法律制度的变革，各诸侯国法律制度的一个重大改革就是公布了以保护私有财产为中心的成文法。

（1）郑国。郑国曾两次制定法律。第一次是郑简公三十年，即公元前536年，执政子产"铸刑书于鼎，以为国之常法"，这是中国历史上第一次正式公布成文法典。第二次是郑献公十三年，即公元前501年，驷歂杀邓析而用其"竹刑"，"竹刑"即写在竹简上的法律，这在法律发展史上是一大进步。

（2）晋国。晋国自文公以后，曾四次制定法律。第一次是晋文公称霸时作"被庐之法"，第二次是赵宣子为晋国执政时制定的"常法"，第三次是范宣子制定的"刑书",第四次是把范宣子的"刑书"予以公布。

（3）楚国。楚国在春秋时曾两次制定法律。第一次是楚文王作"仆区法",第二次是楚庄王时作"茆门法"。

继郑、晋等国相继公布成文法后,其他各国也纷纷仿效,先后公布成文法,推动了变法改革与法制建设的深入发展。

2. 西周中后期,由于社会生产力的发展,在贵族之间已经出现任意转让土地的情况,使得"普天之下莫非王土"的土地国有制和"田里不鬻"的法律约束被突破,这无疑在事实上改变着夏商以来的井田制,反映了土地私有制开始萌芽。进入春秋时期,这种情况得到进一步发展。铁制工具的应用和牛耕的出现,为各诸侯国开垦荒地、兴修水利,提供了有利的条件,从而使私有土地的数量不断增加。由于剥削惨重,奴隶们消极怠工和逃亡。为了维护自己的统治,奴隶主中一些"开明"之士,不得不改变剥削方式。齐国"相地而衰征",晋国"作爰田",都是改变井田制的开端。公元前594年鲁国的"初税亩",实际上等于承认私田的合法性。此外,楚国"书土田",郑国子产"作丘赋",都说明了井田制已经遭到破坏,封建土地私有制开始形成。

3. 战国时期,新兴地主阶级利用已经在各诸侯国掌握的政权进行变法运动,以此来巩固政权。

（1）变法活动。魏国:任用李悝为相,推行新政。李悝的新政主要有:"尽地力之教";"善平籴";鼓励垦荒、废井田,制定《法经》以维护新政权所建立的统治秩序。楚国:任用吴起实行变法,主要内容有:逐渐废除旧奴隶主贵族特权;"明法审令",推行法治,整顿政治机构,裁减不必要的官吏。秦国:任用商鞅主持变法,商鞅在秦国两次发布变法令:第一次是孝公三年,这次变法的重点是打击奴隶主旧贵族的政治势力,第二次是孝公十二年,这次变法的重点是废除奴隶制的土地制度。

（2）立法活动。战国时期,封建制在各国逐步取代奴隶制以后,新兴地主阶级便把本阶级的意志上升为法律,以适应巩固封建制的需要。魏国曾几次制定和修订新法,文侯时李悝制定《法经》,襄王时有《大府之宪》。楚怀王时命屈原作"宪令",未成。秦国商鞅以《法经》为蓝本"改法为律",进行法制改革,制定秦律,并颁布了各种有关变法革新的法令。赵国制定"国律",以为"国之常法"等。

4. 春秋以来,代表不同阶级、阶层的各派思想家形成了"百家争鸣"局面,这种局面到战国时期达到了高峰。而这时新兴地主阶级已经掌握了政权,便以代表本阶级利益的法家思想作为立法指导思想开始了立法活动。这些立法思想大致可归纳为以下三个方面：

（1）"不别亲疏，不殊贵贱，一断于法"。这是司马迁对战国时期代表新兴地主阶级利益的法家思想的概括，实际上也是新兴地主阶级用以指导立法的思想。其中心是取消旧奴隶主贵族在法律上享受的特权，不论是谁，只要违法犯罪，都要接受法律论罪处刑，这样就打破了奴隶制"刑不上大夫"的壁垒。在这一法制思想的指导下，各国相继制定和公布成文法，以打破旧贵族集团对法律的垄断，增加法律制度的公开性与透明度。

（2）"法者，编著之图籍，设之于官府，而布之于百姓者也"。这是法家韩非的思想。所谓"编著之图籍"就是制定成文法；"布之于百姓者"就是要向百姓公布，使人人皆知法而又有法可依，从而否定了"刑不可知，则威不可测"这一法的神秘性。

（3）"行刑，重其轻者"。"重其轻者"，是指在执行刑罚时，加重对轻罪的刑罚。商鞅认为"行刑，重其轻者，轻者不生，则重者无从生矣"，就是说加重刑于轻罪，轻罪就不致产生，重罪也就无从出现。在他看来，重刑不仅可以惩罚犯罪者本人，而且能产生威慑作用，收到杀一儆百的社会效果，最终达到"以刑去刑"，亦即遏止犯罪和消灭刑罚的目的。这一立法的指导思想主要是针对劳动人民的，它对后世历代封建王朝的立法有很大的影响。新兴统治者为了建立和巩固政权，大都推行重刑主义原则。

5. 战国时期，各国的司法制度开始发生变化，初步建立起一套君主集权制的司法机关体系。

首先，各国国君控制着最高司法审判权，对重大案件有最后决定权和最终裁判权。在国君的直接领导下，各国置有常设司法审判机构，如秦国的廷尉，楚国的廷理、齐国的大理，等等。

其次，随着兼并统一战争的深入发展和边地的进一步开发，各地人口迅速增加，各国相继推行了与宗法分封制完全不同的郡县行政制。郡守、县令或县长等郡县地方行政长官由国君直接任免，代表国君行使管理职能，并领取俸禄报酬，不再享有世袭特权。郡县行政长官同时兼理地方司法审判事务。县令或县长以下分设丞、尉、御史等官吏，协助处理民政、军事、司法等事务。这种地方行政机关兼掌诉讼审判职能的司法制度，在中国沿用了两千多年，直到20世纪初才宣告结束。

最后，在县级机构以下，还建立有乡、里、聚、邑等基层组织。乡设三老、廷掾，里有里正，负责民间治安秩序、缉捕贼盗、裁决争讼等。有的国家还将民众编为什伍组织，每五户一伍，十户一什，互相监督连保，确立了一整套从上到下的君主专制中央集权的司法管理体系。

## 五 论述题

1. 春秋中叶以后，由于经济基础的变革，阶级关系的变化，从而引起了法律制度的变革，各诸侯国先后公布了成文法。其目的在于，打破奴隶主贵族垄断法律的局面，制定成文法并公之于世，以维护他们的私有财产和其他权利，摆脱旧贵族的压迫和宗法等级制度的羁绊。但是，郑国子产公布刑书，遭到了晋国以叔向为代表的旧贵族的反对。此后不久，晋国铸刑鼎，也遭到孔丘的反对，声称："晋其亡乎！失其度矣。"无论是叔向还是孔丘，完全是从旧贵族的立场出发，是为了维护旧贵族的特权。但是，成文法的制定和公布是历史发展的必然趋势，它在一定程度上限制了旧贵族的特权，打破了"刑不可知，威不可测"的壁垒。同时，标志着奴隶制法制的瓦解，封建制法制的建立，从而促进了封建生产关系的发展。

春秋时期成文法的公布，是中国古代法制发展史上的一件大事。它结束了法律的秘密操纵状态，破除了旧贵族对法律的专擅垄断，使法律开始具有客观性、规范性和公开性。它打破了"礼治"、"德治"、"人治"传统，剥夺了各级贵族的世袭特权，动摇了宗法等级制度的社会基础，为法家"法治"原则的确立开辟了道路，为中央集权统一国家的形成创造了条件。

2. 《法经》是战国初期李悝制定的，李悝曾相魏文侯，力主变法改革，提倡法治，在总结春秋以来各诸侯国新兴地主阶级的立法经验的基础上，著《法经》六篇。《法经》是我国封建社会最早的一部初具体系的法典，是适应日益发展的封建经济关系的要求而出现的，是封建生产关系日益发展的产物。

(1) 《法经》分为盗、贼、网、捕、杂、具六篇。根据文献摘引的材料，《法经》有两个特征：第一，《法经》确立了"王者之政，莫急于盗贼"的立法宗旨。《法经》是维护君主集权统治，巩固专制制度，保护地主阶级财产所有权和人身安全的暴力工具。它首次把侵犯财产权与人身权、危害专制政权、危害社会秩序的盗贼罪作为严厉打击的重点对象，并将这一刑事原则确定为立法的首要宗旨。贯串于《法经》的这一思想，是地主阶级专政的中心任务，一直成为后世历代君主专制政权的立法指导思想。第二，《法经》贯彻"行刑重轻"的重刑主义法制原则。为了维护专制集权统治，对危害专制集权统治的行为，不惜动用最残酷的肉刑、死刑及族刑连坐等残酷刑罚手段，并创立了以言论或思想治罪的先例。这种重刑主义法制原则，不仅直接影响到战国、秦朝的立法与司法，而且也为后世的法律制度所沿用。

（2）从《晋书·刑法志》简略的记述内容，可以看出《法经》的阶级本质：第一，它的锋芒主要是指向农民和其他劳动人民的。封建统治者把《盗》、《贼》两篇放在六篇之首，表明惩治盗贼是地主阶级专政的主要任务。第二，维护君权制度。关于"窥宫者膑"的规定，就是从保护君主的人身安全出发而设立的刑罚。"符"、"玺"、"法令"都是君权的象征，盗符、议国法令都要受到残酷的刑罚的制裁。第三，维护封建等级制。丞相受贿而要把臣属斩首问罪，这是维护封建等级制的表征。

（3）《法经》的历史地位表现在：首先，《法经》是中国历史上第一部较为系统的封建成文法典。它以先秦法家的"法治"、"重刑"思想为指导，总结各国的立法经验，取得了很高的立法成就。《法经》改刑为法，初步确立法的客观规定性，使单纯强调刑罚杀戮的"刑"向具有规则性质的"法"过渡，反映了法律制度发展的进步趋势。《法经》以严惩盗贼罪为立法宗旨，根据罪名类型、囚捕程序、量刑原则等分立篇目，初步创立诸法合体、以刑为主的篇章体例结构，为后世的法典编纂与立法技术奠定了基础。总之，无论编纂体例、篇章结构、内容特征等各个方面，《法经》的编纂都堪称具有划时代意义的重要标志，对后世各代立法产生了深远的影响。

## 六　分析题

从秦太子驷案可以看出，商鞅在秦国变法遇到的强大阻力和他推行变法措施的决心。商鞅变法施行一年后，百姓议论纷纷，很难贯彻施行，他深刻地认识到"法之不行，自上犯之"的症结所在，所以果断地采取措施。更反映出商鞅"刑无等级"的法律思想和"不别亲疏，不殊贵贱，一断于法"的封建法治精神。

# 第四章　秦代的法律制度

（公元前221至前206年）

## 一　单项选择题

1. 中国古代确立以身高为标准承担刑事责任的刑罚原则始于（　　）。
   A. 西周　　　　B. 秦代　　　　C. 汉代　　　　D. 唐代
2. 秦代刑法中令男性犯人去砍伐木材以供祭祀，女性犯人为祭祀择米备食的刑罚被称为（　　）。
   A. 城旦舂、城旦　B. 鬼薪、白粲　C. 隶臣、隶妾　D. 司寇
3. 在秦代，"子盗父母"、"父母擅刑"属于（　　）行为。
   A. 公罪　　　　B. 公室告　　　C. 私罪　　　　D. 非公室告
4. 秦代的主要法律形式是（　　）。
   A. 律　　　　　B. 课　　　　　C. 法律解释　　D. 廷行事
5. 秦代的"非所宜言"犯罪所属罪名类型是（　　）。
   A. 危害皇权罪　　　　　　　　B. 言论罪
   C. 以古非今罪　　　　　　　　D. 妨害社会管理秩序罪
6. 下列刑罚中，属于秦代经济刑的是（　　）。
   A. 侯　　　　　B. 赀　　　　　C. 耐　　　　　D. 收
7. 在秦代，官方对法律条文、术语、律文的意图等作出的具有法律效力的解释，被称为（　　）。
   A. 程　　　　　B. 令　　　　　C. 廷行事　　　D. 法律答问
8. 秦代中央机构"三公九卿"中，专门掌司法的官职和机构是（　　）。
   A. 太尉　　　　B. 御使大夫　　C. 丞　　　　　D. 廷尉
9. 秦代诉讼中，为维护自己的利益而向司法机构提出诉讼的行为被称为（　　）。

A. 官诉　　　B. 举发　　　C. 讯狱　　　D. 公室告

10. 秦代司法机构的审讯记录和在此基础上整理出来的书面材料，被称为（　　）。

A. 廷行事　　B. 乞鞫　　　C. 读鞫　　　D. 爰书

11. 在秦律中，男子服筑城的苦役、女子服舂米的劳役称为（　　）。

A. 罚作　　　B. 城旦舂　　C. 司寇　　　D. 鬼薪、白粲

12. 秦代自诉案件中的"公室告"是指（　　）。

A. 控告他人的杀伤和盗窃行为　　　B. 子女控告父母擅杀

C. 父母控告子女盗窃自己财产　　　D. 奴妾控告主人肆意加诸各种刑罚

13. 在众人聚集的闹市上，对犯人执行死刑的方法在秦代被称为（　　）。

A. 具五刑　　B. 弃市　　　C. 腰斩　　　D. 车裂

14. 廷行事是秦代的法律形式之一，指的是（　　）。

A. 文书程式　B. 法庭成例　C. 条文解释　D. 皇帝命令

## 二　多项选择题

1. 秦代的定罪量刑原则包括（　　）。

A. 规定刑事责任年龄　　　　B. 连坐原则

C. 累犯加重　　　　　　　　D. 自首减免刑罚

E. 区分故意与过失，诬告反坐

2. 下列选项中属于秦代徒刑的是（　　）。

A. 城旦舂　　　B. 鬼薪、白粲　　　C. 耐

D. 司寇　　　　E. 隶臣、隶妾

3. 秦代的民事主体中，享有完全民事权利能力的民事权利主体是（　　）。

A. 皇帝　　　　B. 有爵者、士伍或百姓　　　C. 商贾

D. 赘婿　　　　E. 官奴婢

4. 下列关于秦朝刑罚的叙述，不正确的是（　　）。

A. 髡是剃去犯人胡须的耻辱刑

B. 赎刑是判处犯人缴纳财物的刑罚

C. "具五刑"是一种徒刑

D. "定杀"是一种死刑，"令人站而斩之"

E. 赀刑是一种以罚金、罚物为主的刑罚

5. 属于秦代关于经济行政事务的法规有（　　）。

A.《田律》　　　　B.《关市律》　　　　C.《金布律》

D.《均工律》　　　E.《封诊式》

6. 从现有史籍及秦简中可以看出，秦代的基本诉讼原则有（　　）。

A. 有条件的刑讯原则　　　B. 依法律和事实判决的原则

C. 有罪推定原则　　　D. 重罚原则　　　E. 证据原则

7. 秦代的死刑执行方法有很多，下列选项中属于秦代死刑执行方法的有（　　）。

A. 弃市　　B. 腰斩　　C. 具五刑　　D. 磔　　E. 刖

8. 秦代的法规中，有关司法行政事务的法律有（　　）。

A.《尉杂律》　　　B.《捕盗律》　　　C.《金布律》

D.《工人程律》　　E.《封诊式》

9. 秦朝的立法指导思想是（　　）。

A. 以法为本　　　B. 一断于法　　　C. 轻罪重刑

D. 以刑杀为威　　E. 法者布之于百姓

## 三　名词解释

1."律"　2."令"　3."式"　4."具五刑"　5. 夷三族　6."一法度"　7."城旦舂"　8. 法律答问　9. 法律问答　10."赀"　11. 廷尉　12. 非所宜言　13."廷行事"　14. 官诉　15."三公"　16."公室告与非公室告"　17. 诬告反坐

## 四　简答题

1. 简述秦朝的立法指导思想。
2. 简述商鞅变法的内容与意义。
3. 简述秦律的特点。
4. 简述秦代的主要法律形式。
5. 简述秦朝刑罚适用原则与刑罚种类。

## 五　论述题

1. 试述秦朝行政立法的主要内容。

2. 试述秦朝诉讼制度中的诉讼程序、诉讼原则及诉讼制度对后世的影响。

## 参考答案

### 一 单项选择题

1. B  2. B  3. D  4. A  5. A  6. B  7. D  8. D  9. B  10. D  11. B  12. A  13. B  14. B

### 二 多项选择题

1. ABCDE  2. ABDE  3. AB  4. AE  5. ABCD  6. ABCE  7. ABCD  8. ABE  9. ABCD

### 三 名词解释

1. "律"是秦代最主要的法律形式之一。它是朝廷就某一专门问题正式颁布的法律。律由商鞅从"法"改变而来。秦代的律很分散,当时还远远没有达到法典的形式,但是律在后世成为中国古代法律的主要形式,其地位由此奠定。

2. "令"也是秦代经常使用的一种法律形式。它主要是君主或皇帝针对一时之事而以命令形式发布的法律文件。"令"的法律效力要高于"律"。自秦以后,皇帝的诏令成为中国古代最基本和效力最高的法律形式,充分体现出古代中国皇权至高无上。

3. "式"是秦代的主要法律形式之一。"式"是朝廷统一颁布的规定官吏审理案件的准则以及书写审讯笔录、现场勘查笔录等法律文书程式的法律文件。

4. "具五刑"是秦代对被处以死刑的犯人的处罚方式,即"当夷三族者,皆先黥、劓,斩左右指,笞杀之,枭其首,菹其肉于市。其诽谤詈诅者,又先断舌,故谓之五刑"。具五刑是对磔刑的发展,也是后世凌迟刑的萌芽。

5. 夷三族又称灭三族。关于三族,有的认为是指父母、兄弟、妻子,有的认为是指父族、母族、妻族。

6. "一法度"是指公元前221年秦始皇统一中国后,秦始皇充分认识到健全法制使国家富强的重大意义,所以秦始皇"使法令由一统",将原来秦国的法制推广到统一后的全国各地；同时又采取种种立法措施加以完善法制，特别是由丞相李斯主持的"明法度、定律令"，对原有的法律加以全面的修订和补充，颁行全国。

7. "城旦舂"是秦代的一项关于剥夺犯罪人人身自由，强制其服劳役的刑罚制度。具体要求是男犯筑城，女犯舂米。但实际从事的劳役并不只限于这些。

8. "法律答问"也是秦代的主要法律形式之一。"法律答问"是秦朝朝廷和地方主管法律的官员对律令所作的权威解释，是对秦律的某些条文、术语，以及律文的意图的解释，是对秦代律令条文的重要补充，与法律条文一样都具有普遍的约束力。

9. "法律问答"是秦代的一种主要的法律形式。据史料记载，"法律问答"是秦代各级官吏在其职权范围之内发布的具有法律效力的文告。其效力仅限于发布者职权所管辖的范围之内。

10. "赀"是秦代的主要的经济处罚刑，"赀"是指秦代用经济制裁来惩治官吏的一般失职和人民的一般违法行为的独立刑，它以财产罚为主，也有与财产相关的力役罚，包括"赀甲"、"赀盾"、"赀戍"、"赀徭"等。

11. 廷尉属秦代"九卿"之一，专理司法，是秦代的中央最高审判机关和最高司法官，其职责是审理皇帝交办的案件，以及审核各郡的疑难案件。

12. 非所宜言是秦代为维护皇权而设立的罪名。秦二世时发生陈胜、吴广起义以后，凡言反者均以"非所宜言"罪下狱处死。所以此项罪名并无明文规定，是可以由统治者从维护私利出发任意解释的。它从秦代开始出现，汉时已普遍适用。

13. "廷行事"是秦代的主要法律形式之一。"廷行事"即判案成例，秦简《法律答问》中有十余条直接以"廷行事"作为依据。

14. 官诉是诉讼案件向司法机构告发的一种方式，即官吏纠举，指官吏非因自己被侵害，而是按照其职责要求对犯罪人向司法机构提起的诉讼。

15. "三公"是秦代的最高机构的设置。三公分别指：丞相、太尉、御史大夫。其中丞相总管全国行政事务，是皇帝之下的最高执政官；太尉是最高专职武官，掌握军政；御史大夫掌管群臣奏章和下达皇帝的诏令，还负责监察和亲理诏狱。

16. "公室告与非公室告"是秦代自诉案件的两种分类。所谓"公室告"，是指控告他人的杀伤和盗窃行为；所谓"非公室告"，是指父母控告子女盗窃自己的财产，以及子女控告父母、奴妾控告主人肆意加诸自己各种刑罚。对于这两类告诉，只有"公室告"才予以受理；凡属"非公室告"，官府不予受理，若当事人坚持告发，则告者有罪；若是他人接替告发，也不能受理。

17. 诬告反坐是秦代定罪量刑的原则之一，即对于诬告他人者，以所告之罪罪之。在一般情况下，只有故意陷害他人才构成诬告罪。若是出于过失则不算诬告。但若诬告他人杀人，即使是由于过失，也要以诬告罪论处。

## 四 简答题

1. 秦朝的立法指导思想有：（1）法令由一统，这一思想有两层含义，一是全国要实行统一的法律令。秦朝建立后把原来秦国的法律令推行到全国，作为全国统一的法律令。二是最高立法权属于皇帝，法出于一。（2）事皆决于法，秦始皇规定以吏为师，加强立法，要求做到凡事皆有法式。造成"秦法繁于秋荼，而网密于凝脂"。（3）以刑杀为威，主要表现在两方面，一是法网严密；二是严刑重罚。

2. （1）商鞅变法的内容：商鞅在秦国两次发布变法令。第一次是孝公三年（公元前359年），这次变法的重点是打击奴隶主旧贵族的政治势力，其主要内容有："令民为什伍，而相牧司连坐"；奖励告奸；奖励农业生产；奖励军功。第二次是孝公十二年（公元前350年），这次变法的重点是废除奴隶制的土地制度，其主要内容有：重申分户令；取消分封制，普遍建立郡县制；废除井田制，确立封建土地所有制；统一度量衡制度。

（2）商鞅变法的意义：商鞅变法收到了良好的效果，变法剥夺了旧贵族的特权。新法的推行，促进了秦国生产力的发展，使"秦人富强"，为秦国后来完成统一大业奠定了基础。

3. 秦律产生于战国后期至秦朝统一的社会转型时代，受到传统与变革的双重影响，具有鲜明的时代特征。

第一，革除旧法，残存旧制。在春秋战国时期新旧制度的交替过程中，一方面秦律作为一部维护新生制度的成文法，明确规定了一些限制奴隶制的法律内容。如秦律严禁掠取人质抵偿债务，以限制债务奴隶的扩大。《军爵律》规定，奴隶立有军功，可以免除奴隶身份，并取得相应爵位，也可以用爵位赎免其亲属的奴隶身份。《司空律》规定，百姓在应征服役期外自愿戍边五年，也可赎免一名亲属的奴隶身份。另一方面秦律作为一部社会转型时期的法律，不可避免地仍会保留一些过渡性的旧制度残余。例如：俘虏身份为奴隶；某些犯罪者或有关人员沦为奴婢；奴婢子女世袭为奴；奴隶可以买卖赏赐；主人刑杀奴隶，奴隶无控告权，官府亦不准受理，坚持控告者有罪，这些规定显然有保护和扩大奴隶制残余的倾向。

第二，重法轻礼，厉行"法治"。在先秦法家"法治"原则的指导下，秦放弃

"礼治"思想，坚持"明法度，定律令"，通过焚书坑儒、统一思想、以吏为师、以法为教等手段，确立了君主专制集权的法律制度与独裁统治，使秦律具有重法轻礼、厉行"法治"的鲜明特征。

第三，轻罪重刑，刑罚严酷。秦律继承先秦法家"轻罪重刑"的定罪量刑原则，制定了一套严酷残暴的刑罚制度。如秦律规定，"盗采人桑叶，臧（赃）不盈一钱"，就要"赀徭三旬"；五人以上共盗赃值一钱，则斩左趾并黥为城旦；甚至"诽谤者族"，"敢有挟书者族"，"妄言者无类"，"有敢偶语诗书者弃市"；从而使"劓鼻盈累，断足盈车，举河以西，不足以受天下之徒"，罪犯刑徒数量激增。

第四，内容丰富，体系繁杂。秦律内容非常丰富，调整范围相当广泛。它以李悝《法经》确立的"王者之政，莫急于盗贼"的立法原则为宗旨，以维护官私财产所有权和人身安全，巩固君主专制集权国家的社会秩序为基本内容，涉及社会关系的诸多方面。但是，由于早期立法技术的局限，秦律未进行系统全面的整理，因而导致其内容琐碎，条目繁缛，体系繁杂，缺乏条理，有的法律概念不确切，某些条文互相重复或自相矛盾。

4. 秦代法律所规定的罪名极为繁多，且尚无系统分类，更未形成较为科学的罪名体系。但大致而言，秦代的罪名主要包括以下五类：

（1）危害皇权罪。主要有：谋反，这在当时被视为最严重的犯罪；操国事不道，主要是指操纵国家政务大权，发动政变以及其他倒行逆施的行为；泄露皇帝行踪、住所、言行机密；偶语诗书、以古代非今；诽谤、妖言；诅咒、妄言；非所宜言；投书，即投寄匿名信；不行君令等。

（2）侵犯财产和人身罪。秦代侵犯财产方面的罪名主要是："盗"，盗窃在当时被列为重罚，按盗窃数额量刑。除了一般意义上的盗，秦代还有共盗、群盗之分，共盗指五人以上共同盗窃，群盗则是指聚众反抗统治秩序，属于危害皇权的重大政治犯罪。侵犯人身方面的罪名主要是：贼杀、伤人，这里的"贼"与今义不同，而是荀子和西晋张斐所说的"害良曰贼"、"无变斩击谓之贼"，即杀死、伤害好人，以及在未发生变故的正常情况下杀人、伤人。此外，斗伤、斗杀在秦代亦属于侵犯人身罪。

（3）渎职罪。一是官吏失职造成经济损失的犯罪。二是军职罪。三是有关司法官吏渎职的犯罪，主要有：①"见知不举"罪，如《史记·秦始皇本纪》载秦代禁书令规定，"有敢偶语《诗》、《书》者，弃市。以古非今者，族。吏见知不举者，与同罪"。②"不直"罪和"纵囚"罪，在《睡虎地秦墓竹简》所载律文中规定：前者指罪应重而故意轻判，应轻而故意重判；后者指应当论罪而故意不论罪，以及设法减轻案情，故意使案犯达不到定罪标准，从而判其无罪。③"失刑"罪，指因过失而量刑不当（若系故意，则构成"不直"罪）。

(4) 妨害社会管理秩序罪。一是《田律》中规定的违令卖酒罪；二是逃避徭役，在《法律答问》中包括"逋事"与"乏徭"。前者指已下达征发徭役命令而逃走不报到；后者指到达服徭地点又逃走。《徭律》还规定，主管官吏征发徭役的，也要加以处罚。三是逃避赋税。《秦律杂抄》为防止逃避口赋即人口税，规定隐匿成年男子，以及申报废、疾不实，里典、伍老要被处刑。

(5) 破坏婚姻家庭秩序罪。一类是关于婚姻关系的，包括夫殴妻、夫通奸、妻私逃等等，秦简《法律答问》中有关惩治妻子私逃的刑法规定尤其多。另一类是关于家庭秩序的，包括擅杀子、子不孝、子女控告父母、卑幼殴尊长、乱伦等等，秦律禁止杀子，特别是禁止杀嗣子。秦律对家庭内部乱伦行为的惩罚同样十分严厉，比如《法律答问》中说："同母异父相与奸，何论？弃市"。

5. (1) 秦代的定罪量刑原则有七项：

①规定刑事责任年龄。秦律规定，凡属未成年人犯罪，不负刑事责任或减轻刑事责任。②确认主观意识状态，区分故意与过失。秦律十分重视人的主观意识状态，一方面注重区别有无犯罪意识，这是作为判定被告人的某些行为是否构成犯罪的重要依据；另一方面则明确区分故意与过失。③教唆同罪。教唆未成年人犯罪加重处罚。④累犯加重。共同犯罪和集团犯罪加重。⑤自首减免刑罚，消除犯罪后果减免刑罚。⑥实行连坐。连坐就是一人犯罪，全家、邻里和其他有关的人连同受罚。⑦诬告反坐。对于故意诬告他人者，以所告之罪罪之。

(2) 秦代的刑罚种类极为繁多，主要包括以下八大类：

笞刑、徒刑、流放刑、肉刑、死刑、羞辱刑、经济刑、株连刑。秦代尚未形成完整的刑罚体系，且刑罚极为残酷。①笞刑。笞刑是以竹、木板责打犯人背部的轻刑，是秦代经常使用的一种刑罚方法，大多针对轻微犯罪而设，也有的是作为减刑后的刑罚。②徒刑。在秦代主要包括以下几种：城旦舂、鬼薪白粲、隶臣妾、司寇等。③流放刑。包括迁刑和谪刑，都是将犯人迁往边远地区的刑罚。④肉刑。即黥、劓、刖、宫等四种残害肢体的刑罚，它们源于奴隶制时代，在秦时继续沿用且十分普遍。⑤死刑。秦代的死刑执行方法很多，主要有：弃市、戮、磔、车裂、定杀、枭首、具五刑等。秦代还实行过抽肋等残酷的死刑执行方法。⑥羞辱刑。秦时经常使用"髡"、"耐"等耻辱刑作为徒刑的附加刑。"戮"刑也含有羞辱之意。⑦经济刑。秦代的经济处罚刑主要是"赀"。它包括三种：一是纯属罚金性质的"赀甲"、"赀盾"；二是"赀戍"，即发往边地作戍卒；三是"赀徭"，即罚服劳役。③株连刑。主要是族刑和"收"。收亦称收孥、籍家,就是在对犯人判处某种刑罚时,还同时将其妻子、儿女等家属没收为官奴婢。

## 五 论述题

1. 秦代虽然没有成文的行政法典,却有一系列单行的行政法规,这些行政法规内容相当全面,几乎涉及当时行政活动的各个领域,并且这些法规大多数类型完整、结构严密、确定性程度高,从而为各个行政机关提供了行为准则,充分体现出秦代法律"事皆决于法"的特征。

(1) 机构设置。

中央机构:秦代朝廷的机构设置是三公九卿。"三公"指丞相、太尉、御史大夫三个最高职官。其中,丞相总管全国行政事务,是皇帝之下的最高执政官;太尉是最高专职武官,执掌军政;御史大夫是丞相之副,掌管群臣章奏和下达皇帝诏令,兼理监察。三公之下是"九卿",即奉常、郎中令、卫尉、太仆、廷尉、典客、宗正、治粟内史、少府,九卿构成中央各重要的行政职官和机构。

地方机构和基层组织:秦代地方实行郡县制。郡以郡守为最高行政长官,执掌一郡全部政务,由朝廷任命、节制;郡守之下设郡尉,主管一郡军政事务。县以县令为行政长官,主管一县政务并兼理司法,由朝廷任免;其下设丞和县尉,协助县令工作。县之下有乡、里、亭等基层行政组织。乡以"有秩"为主管官吏,其下设乡老、啬夫等职;里以"里正"或"里典"为主管官史,里以下按什伍组织编制民户。此外,十里为一亭,设亭长,负责亭内侦查、拘捕人犯等警察事务。

(2) 官吏任用。要严格考察其德,方可任用为官吏,为的是不能让官员白白享受官禄,而要使他能够助理政事,秦统治者对官吏必须具备的基本条件作了较为明确的规定,以"五善"为标准。秦简《置吏律》、《除吏律》还对任用官吏的时间、原则,特别是违法任用官吏的责任做了严格的规定。

(3) 官吏职责。秦律要求各级官吏严格执行职务。实际上,秦代各类经济法规和行政法规大多是以确定各专职官吏之职责的形式出现的。秦简中的《田律》、《厩苑律》、《仓律》对各类专职官吏的职责都做了明确的规定。秦代还要求官吏必须通晓法律,并严格执行法律,是否通晓法律成为区分"良吏"与"恶吏"的标准之一。

(4) 官吏奖惩。秦代依据法家"重赏重罚、罚重于赏"的思想,非常重视对官吏的考核和奖惩。通过考核,一方面对政绩优异、在履行职务中取得卓著成效的官吏给予奖励，以调动官吏为朝廷效力的积极性；另一方面则对履行职务不力、玩忽职守、给国家政治、经济造成损失的行为，或违法营私行为，分别给予处分。可以看出，秦代的考核奖惩制度绝大多数是与职务规则制定结合在一起的，这说明秦代统治者在通过督责官吏以整顿吏治时，高度强调严明吏责、严格考核。

2. 秦代的诉讼制度包括：

首先，诉讼程序：第一，诉讼的提出。秦代的诉讼案件一般采取两种方式向司法机构告诉：一是官诉，即官吏纠举，指官吏非因个人被侵害，而是按其职责要求对犯罪人向司法机构提起的诉讼。二是举发，即为维护自己的利益而向司法机构提出诉讼。

第二，告诉的限制。秦代将自诉案件分为"公室告"与"非公室告"两种。所谓"公室告"，是指控告他人的杀伤和盗窃行为；所谓"非公室告"，是指父母控告子女盗窃自己的财产，以及子女控告父母、奴妾控告主人肆意加诸自己各种刑罚。对于这两类告诉，只有"公室告"才予以受理，凡属"非公室告"，官府不予受理，若当事人坚持告发，则告者有罪；若是他人接替告发，也不能受理。秦律还禁止诬告和轻罪重告，对于诬告实行反坐原则，对于轻罪重告也予以惩罚。在通常情况下，也不受理对已死亡被告的控告。

第三，案件的审理。在秦代，案件的审理主要包括原被告双方到庭、讯问、调查、做审讯记录等主要内容。秦代同西周一样，在案件审讯时须原被告双方到场；在案件审理过程中，讯问也是最重要的环节，它包括讯问原告人、被告人和证人，其中尤以讯问被告人以获取口供为关键，调查分为三方面内容：一是指为了案件的局部不清问题而专门进行的单项或几项调查工作；二是现场勘验；三是法医检查或鉴定。在案件审理时，须将审讯经过、在场人员、被告人的口供和所使用的证据等一一记录下来。爰书就是秦代司法机构的审讯记录和在此基础上整理出来的案情报告。

第四，案件的判决和再审。若对判决不服，当事人有权"乞鞫"，即提出重新审判的要求。这种要求既可以由其本人提出，也可以由他人代为提出，但这种要求只能在判决以后提出方予以受理，若在案件判决之前则不能受理。

其次，诉讼原则：（1）有罪推定原则。秦代诉讼最基本的原则是"有罪推定"，即刑事被告人一经被告发，在未经司法机关判决之前，就被推定为有罪，并以罪犯对待。

（2）依法律和事实判决的原则。虽然实行"有罪推定"，但在诉讼过程中，秦律还是严格要求司法官吏认真查验证据，依据法律和事实对案件进行判决。而秦律针对法官责任所规定的失刑罪、不直罪和纵囚罪，则是对这一原则的保障。

（3）有条件的刑讯原则。秦简《封诊式》所载"治狱"、"讯狱"两则是现存最早的关于中国古代刑讯问题的法律规定。秦时在一般情况下不提倡刑讯，但当司法官吏认为当事人回答问题不实、狡辩时，则允许刑讯，这说明秦律实行的是有条件的刑讯原则。

（4）证据原则。秦代诉讼过程中还贯串着一系列的证据原则，例如以被告人口供作为主要定案依据原则；广泛搜集证据原则；各种证据必须详载于笔录的原则等等。

再次，诉讼制度对后世的影响：作为中国古代第一个中央集权的专制王朝，秦代的诉讼制度在中国法制史上具有承上启下的重要地位。秦代上承夏、商、周三代和春秋战国，下启汉以后两千余年的中国古代诉讼传统，其诉讼制度的基本方面，如皇帝严格控制司法权、行政与司法不分、严格限制子女和奴婢的诉讼权利、在审判过程中有条件地实行刑讯逼供、重视现场勘验和法医检验、明确司法官吏的责任以及"乞鞫"上诉等制度，均长久地为后世所沿用，直到清末仍基本未改，影响极为深远。

# 第五章 汉代的法律制度

（公元前206～220年）

## 一 单项选择题

1. 汉代的买卖契约在当时起着重要的法律作用，当时称之为（　　）。
   A．券书　　　　B．傅别　　　　C．传　　　　D．质剂

2. "上请"开始成为普遍特权是在（　　）时期。
   A．西汉　　　　B．东汉　　　　C．三国　　　　D．西晋

3. 汉武帝时期限制相权特别赋予尚书以司法审判权，至汉成帝时，其下设（　　）掌断狱。
   A．刑部　　　　B．户曹　　　　C．三公曹　　　　D．太尉

4. 汉代的最高司法机关是（　　）。
   A．御史台　　　　B．尚书台　　　　C．廷尉　　　　D．司隶校尉

5. 汉初立法活动的指导思想是（　　）。
   A．君权神授　　　B．约法省刑　　　C．德主刑辅　　　D．黄老思想

6. 春秋决狱的发起者是（　　）。
   A．董仲舒　　　　B．汉文帝　　　　C．汉景帝　　　　D．汉武帝

7. 汉代督促官吏及时发掘和缉捕盗贼的法律是（　　）。
   A．《越宫律》　　B．《九章律》　　C．《沈命法》　　D．《左官律》

8. 汉代（　　）时期废除秦代三族罪及妖言令。
   A．汉惠帝　　　　B．汉高后　　　　C．汉文帝　　　　D．汉景帝

9. 汉文帝、汉景帝的改革废除肉刑，着手改革刑制，但是（　　）未改。
   A．劓刑　　　　B．宫刑　　　　C．墨刑　　　　D．斩左趾刑

10. 汉高祖命儒生叔孙通制定（　　）十八篇，贯串了礼的精神。
    A．《傍章》　　B．《越宫律》　　C．《左官律》　　D．《朝律》

11. 汉律规定，非嫡系正宗而继承爵位者，构成（　　）。

　　A. 非正罪　　　　　　　　B. 事国人过律罪

　　C. 阿党附益罪　　　　　　D. 出界罪

12. 西汉时期，某男子偷了邻村一头牛，回家后告诉了其父母，其父母未上告官府，后该男子被依法惩处，则其父母应如何处理？（　　）

　　A. 以包庇罪论处　　　　　B. 完全不负刑事责任

　　C. 与其儿子同罪论处　　　D. 与其儿子同罪论处，但减刑一级

## 二　多项选择题

1. 汉代的法律形式包括（　　）。

　　A. 律　　　　　　B. 科　　　　　　C. 式

　　D. 比　　　　　　E. 令

2. 汉律九章除《法经》六篇外，还包括（　　）。

　　A. 《户》　　　　B. 《兴》　　　　C. 《杂》

　　D. 《具》　　　　E. 《厩》

3. 西汉时期，为加强中央集权而制定的法律有（　　）。

　　A. 《越宫律》　　B. 《傍章》　　　C. 《酎金律》

　　D. 《朝律》　　　E. 《左官律》

4. 下列关于汉文帝废肉刑的改革，叙述错误的是（　　）。

　　A. 黥刑改为髡钳城旦舂　　　　　B. 劓刑改为笞五百

　　C. 斩左趾改为笞三百　　　　　　D. 制定《箠令》

　　E. 为后来确立封建五刑奠定了基础

5. 东汉时期的"三独坐"是指（　　）。

　　A. 尚书令　　　　B. 御史中丞　　　C. 御史大夫

　　D. 大司空　　　　E. 司隶校尉

6. 汉文帝十三年下诏废除肉刑，进行刑法改革，其内容包括（　　）。

　　A. 当完者，完为城旦舂　　　　　B. 当黥者，髡钳为城旦舂

　　C. 当劓者，笞一百　　　　　　　D. 当斩右趾者，弃市

　　E. 当斩左趾者，笞二百

7. 汉律中体现儒家指导思想的制度和原则主要有（　　）。

　　A. 亲亲得相首匿　　　　　　　　B. 上请

C. 秋冬行刑　　　　　　D. 春秋决狱

## 三　名词解释

1. 黄老思想　2. "乞鞫"　3. "比"　4.《沈命法》　5.《酎金律》　6. "春秋决狱"　7. "六条问事"　8. "秋冬行刑"　9. "亲亲得相首匿"　10. 上请

## 四　简答题

1. 简述儒家思想对汉朝司法的影响。
2. 汉朝刑法原则与秦朝相比有哪些变化？
3. 简述汉代的法律形式。
4. 简述汉文帝、汉景帝时期刑制改革的内容和意义。
5. 简述汉朝的诉讼制度。
6. 评述"春秋决狱"现象。

## 五　论述题

1. 试述汉朝各个时期的立法活动有哪些？
2. 试述西汉初期黄老思想盛行的历史背景。
3. 试述西汉刑事法律是如何维护以君主为核心的中央集权制度的。

## 参考答案

### 一　单项选择题

1. A　2. A　3. C　4. C　5. D　6. A　7. C　8. B　9. B　10. A　11. A　12. B

### 二　多项选择题

1. ABDE　2. ABE　3. CDE　4. BCD　5. ABE　6. ABD　7. ABCD

## 三　名词解释

1. 黄老思想形成于战国后期，集道家与法家的思想于一体，西汉初期成为当时的立法指导思想。黄老思想的特点是：无为而治，反映在立法指导思想上是"轻徭薄赋——约法省刑"。黄老思想适应了当时与民生息的历史需要，是从秦朝"专任刑罚"的法家思想向西汉中期以后"德主刑辅"的儒家思想过渡的一种法律思想。

2. "乞鞫"是汉代复审制度。汉律有"有故乞鞫"的规定，就是说对原司法机关的判决不服，允许当事人上书，向上级司法机关请求复审。复审期限是三个月，过了三个月，便不得请求复审。汉律关于乞鞫的规定，是汉代统治者出于"慎刑"考虑，并企图缓和阶级矛盾，并且通过这项制度，对司法官吏执行法律的情况能起到检查的作用。

3. "比"是汉朝法律形式之一，又称"决事比"，在法律没有明文规定的情况下，比附援引以往典型案例作为裁判依据，相当于秦律中的"廷行事"。汉高祖七年诏规定："廷尉所不能决，谨具为奏，傅所当比律令以闻。"由于"比"具有灵活性和针对性，故被广泛应用。西汉中期以后，司法官吏运用决事比裁判案件极为普遍。武帝时仅死罪决事比即有 13742 事，东汉有司徒鲍公《嫁娶词讼决事比》906 卷。但"比"也为司法官吏破坏法制提供了方便条件，奸吏以此"因缘为市，所欲活则傅生议，所欲陷则予死比。"

4. 为了有效镇压农民起义，汉武帝作《沈命法》规定："群盗起不发觉，发觉而弗不满品者，两千石以下至小吏主者死。"沈命，即指对敢于隐藏盗贼的人，剥夺其生命。《沈命法》的意思就是惩处隐匿盗贼之法，可见颁布此法的目的是督促官吏及时发现和缉捕盗贼。根据这个法律，如果"群盗起"而有关官吏未发觉或者发觉而未全部逮捕，郡守以下皆处死。

5. 酎，是一种醇酒；金，是祭宗庙时诸侯所献的贡金。《酎金律》是惩罚诸侯在酎祭时所献贡金质量合不合标准的法律。

6. 春秋决狱又叫"经义决狱"，指在审判案件时如果法律没有明文规定，则以儒家经义作为定罪量刑的依据。其首创者为董仲舒，基本精神是："本其事而原其志，志邪者不待成，首恶者罪特重，本直者其轻论"，即根据案情事实追究行为人的动机，动机邪恶者即便未遂也不免其刑罚；首恶者从重处罚；主观上无恶者从轻处罚。这里强调审判时重视行为人的主观动机，在考察动机的同时还要根据事实，区分首犯、从犯和既遂、未遂。在法律繁琐又极不完备的西汉时代以及以后很长的一段时间里，以《春秋》大义作为司法裁判的指导思想，可以说是司法原则的发展和审判上的积极补充。但是，如果以主观动机"心志"的善恶，判断有罪无罪或罪行的轻重，却成为司法官吏主观臆断、陷害无辜的口实，所谓"论心定罪，志善而违于法者，免；志恶而合于法者，诛。故其治狱，时有出入于律之外者"。可见春秋决狱在运作中容易产生流弊，在某种程度上为"擅断论"提供了不实的依据，为一些司法官营私舞弊，大开方便之门。

7. "六条问事"是汉武帝为刺史监察地方而制定的监察法规，是刺史用以行使监察权的依据。"六条"的内容是：一条，强宗豪右，田宅逾制；二条，二千石不奉诏书；三条，二千石不恤疑狱；四条，二千石选署不平；五条，二千石恃怙荣势，请托所监；六条，二千石违公下比，阿附豪强。

8. 汉代对死刑的执行，实行"秋冬行刑"制度。汉代统治者根据"天人感应"的理论，规定春夏不执行死刑。除谋反大逆"决不待时"者外，一般死刑囚犯须在秋天霜降以后冬天以前执行。因为这时候"天地始肃"，杀气已至，便可以"申严百刑"，以示所谓"顺天行诛"。秋冬行刑借助天的权威性和现实生活中的感受，来加强司法的严肃性，并标榜德政慎罚。秋冬行刑制度对后代有深远的影响，唐律规定"立春后不决死刑"，明清律中规定的"朝审"、"秋审"制度等皆导源于此。

9. "亲亲得相首匿"是指汉律规定的在直系三代血亲和夫妻之间，除犯谋反、大逆以外的罪行，均可互相隐匿犯罪行为，而且减免刑罚。亲属之间犯罪后相互包庇，是儒家的基本伦理要求之一，最早提出这个原则的是孔子，他主张"父为子隐，子为父隐，直在其中矣"。汉代将儒家思想定为一尊之后，"亲亲得相首匿"便成为汉律中定罪量刑的一项原则。根据这一原则，卑幼首匿尊亲长，不负刑事责任，尊亲长首匿卑幼，除死罪上请减免外，其他也不负刑事责任。这一原则逐渐成为中国古代重要刑事法律之一，为后世封建王朝所沿袭。

10. "上请"也叫"有罪先请"。是指一定范围内的官僚、贵族及其子孙犯罪，不交一般司法机关处理，而应先奏请皇帝裁决的制度。两汉时期颁布了多部关于贵族官员有罪先请的诏令。规定公侯及其嗣子和官员三百石以上者在法律上皆享有有罪先请的特权，凡经"上请"一般都可以减刑或免刑。"上请"制度是儒家思想中"尊尊"原则的要求，并为后世封建帝王所沿袭，也是"刑不上大夫"原则的具体体现。

## 四 简答题

1. 西汉中期"罢黜百家、独尊儒术"以后，儒家思想逐渐渗透到司法领域之中，极大地影响了汉代的司法原则和司法制度，形成了汉代独具特色的司法制度。主要体现在以下几个方面：

（1）实行春秋决狱制度。是指在审判案件时，如果法律无明文规定，则以儒家经义作为定罪量刑的依据，其首创者为董仲舒，基本精神是"本其事而原其志；志邪者不待成，首恶者罪特重，本直者其论轻"。其要旨是根据案情事实，追究行为人的动机；动机邪恶者即便犯罪未遂也不免刑；首恶者从重惩治；主观上无恶念者从轻处理。这里强调审判时应重视行为人在案情中的主观动机，在着重考察动机的同时，还要依据事实区分首犯、从犯和已遂、未遂。在法律繁琐而又不完备的当时及此后相当长的时间里，以春秋大义决狱是司法原则的发展和审判上的一种积极的补充，实质上是把儒家的伦理道德准则法律化了。然而以《春秋》经义决狱在运作中容易产生流弊，在某种程度上为擅断论提供了不实依据。

（2）实行"秋冬行刑"制度。汉代统治者根据"天人感应"理论，规定春夏不执行死刑。除谋反大逆"决不待时"者外，一般死刑犯须在秋天霜降以后、冬天以前执行。因为这时"天地始肃"，杀气已至，便可以"申严百刑"，以示所谓"顺天行诛"。秋冬行刑制度，为后世所沿袭，唐律规定"立春后不决死刑"，明清律中的"朝审"、"秋审"制度亦可溯源于此。

（3）实行"乞鞫"制度。是指当事人对原司法机关的判决不服，允许其上书，向上级司法机关请求复审。"乞鞫"是汉代统治者出于儒家"慎刑"原则，企图缓和阶级矛盾而实行的一种制度。

此外，汉代还实行录囚等制度，时常进行大赦等，都体现了儒家思想对其的影响。

2. 汉律关于定罪量刑原则，基本上沿袭秦制，但也有所发展和变化。西汉中期后，深受儒家思想的影响，逐步确立了一些儒家化的刑事法律原则，维护君主专制统治和宗法伦理秩序成为刑事法律的核心内容。具体体现在：

（1）刑事责任年龄。秦律以身高确定刑事责任，汉律则直接按年龄确定刑事责任，并有最低年龄和最高年龄的区别，这一方法为后世封建法典所沿袭。两汉刑事责任年龄大体可以分为8岁以下80岁以上，7岁以下70岁以上，或者7岁以下80岁以上，10岁以下80岁以上。在此年龄之内，根据犯罪情节，确定科刑轻重，但一般都处以轻刑或免刑。无论采取哪一种责任年龄区间，比秦朝以身高确定刑事责任能力的制度，都更科学。虽有"矜老""怜幼"之意，但实际上未满7岁和70岁以上的人犯罪的社会危害性较小，对这些人与正常犯罪在处刑上有所区别。

（2）亲亲得相首匿。是指在直系三代血亲之间和夫妻之间，除谋反、大逆外，均可以互相隐匿犯罪行为，而且减免刑罚。根据这一原则，卑幼首匿尊亲长，不负刑事责任；尊亲长首匿卑幼，除死罪"上请"减免外，其他不负刑事责任。这一原则逐渐成为中国古代重要刑事法律之一，为后世封建王朝所沿袭。

（3）先自告除其罪。汉律的自首叫"自告"或"自出"。犯罪者在其罪行未发觉以前，自己到官府报告其犯罪事实，可以免除其罪，叫做"先自告除其罪"。但在数罪并罚的情况下，只免除其自首之罪，其未自首之罪，仍予追究，对犯罪集团中的出谋划策者，自首也不免其罪。

（4）先请。两汉时期，多次颁布贵族官员有罪"先请"的诏令，以便保护他们在法律上的特权。规定公侯及其嗣子和官员三百石以上者在法律上皆享受有罪"先请"的特权，凡经"上请"，一般都可以减刑或免刑。先请制度是儒家思想中"尊尊"原则的要求，并为后世封建帝王所沿袭，也是"刑不上大夫"原则的具体体现。

（5）恤刑。为了纠正秦朝法制的暴虐，汉朝以"仁政"精神为指导，确立了恤刑原则。对于犯罪的老年、妇孺、病残者，在定罪量刑方面给予照顾。实行这种原则主要是因为统治者认为，老幼病残者对于封建统治危害不大，对其加以宽免，既可以博得"仁政"的美名，又不至于影响社会秩序的稳定。

以上几项法律原则，或秦律所无，或秦律虽有但两汉时发展变化较大，而"亲亲得相首匿"，则是在西汉首创。

3. 汉代的法律形式主要有：（1）律——经常适用的基本法律形式，具有相对而言的稳定性和普遍的适用性。（2）令——即皇帝的命令，是根据需要随时颁布的，其法律效力高于律，可以变更或代替律的有关规定。（3）科——由秦代的"课"发展而来，是针对某类事的一个方面制定的法律文书。（4）比——比即可以用来作为比照断案的典型判例，也叫"决事比"。秦代时曾称"廷行事"。（5）春秋经义——汉朝在断案时，如遇律无正条，又无适当判例可依的情况下，便以儒家经典著作《春秋》中的经义附会法律作为断案的依据。（6）法律解释——朝廷对法律未作统一的解释，当时有一些律学家对律文作了逐章逐句地解释，对符合朝廷要求的解释被采用作为断案的依据。

4. （1）改革的内容：汉文帝十三年（公元前167年），下诏废除肉刑，规定：当完者，完为城旦舂；当黥者，髡钳为城旦舂；当劓者，笞三百；当斩左趾者，笞五百；当斩右趾者，弃市。景帝即位元年（公元前156）至中元六年（公元前144年）曾两次下诏减少笞数，第一次是笞五百减为三百，笞三百减为二百。第二次是笞三百减为二百，笞二百减为一百。而且规定了刑具规格、受刑部位以及施行时中途不得换人。改革之后，除死刑外，还有笞刑，而宫刑未改。

（2）改革的意义：文帝、景帝时期的刑制改革，顺应了历史发展，为结束奴隶制肉刑制度，建立封建刑罚制度奠定了重要基础。尽管这次改革还有缺陷，但同周秦时期广泛使用肉刑相比，无疑是历史性的进步，在中国法制发展史上具有重要的意义。

5. 汉朝的诉讼制度有：（1）告劾——汉朝的起诉称作告劾。一是当事人自己直接到官府告诉，类似于现在的"自诉"；二是官吏主要是监察官吏，"察举非法"和"举劾犯罪"，类似于现在的"公诉"。告劾的限制——告劾须逐级进行，特殊情况可以越级上书皇帝；除谋反大逆外，一般情况下不准卑幼告发尊亲长，告者要受到惩处。（2）逮捕和羁押——对普通人犯，有人告发或被官吏告劾，即随时予以逮捕；对于民间的轻微事讼，一般不予逮捕，往往采取"教化"的方法，以息事省讼；对贵族官僚的犯罪，如需逮捕得先奏请皇帝，所谓"有罪先请"。（3）审理和判决——鞫狱和断狱，即对被告人进行审讯和判决。传复，即审讯得到口供，三日后再行复审，以考察其供词是否与上次相同。读鞫，即复审后进行判决，判词要向被告人宣读。（4）上书复审——汉代称乞鞫，即对原司法机关的判决不服，允许当事人上书请求复审。（5）执行——行刑机关，司法机关判决后，重大案件经皇帝裁决后交司法机关执行。一般案件由县、郡执行，而郡有执行死刑权；行刑季节，除谋反大逆"决不待时"外，死刑的处决须在秋冬之际进行，以顺应天时。

6. 春秋决狱又称经义决狱或引经决狱，是始于西汉中期、延续至两晋南北朝时期的一种审判制度。其特点是抛开法律，直接引用儒家经典著作，或依据儒家思想，判断当事人是否构成犯罪，并作出判决。《春秋》本是一部编年史，经孔子修订后，被奉为儒家经典的代表作。"经义"就是《春秋》所体现的儒家思想。汉武帝时期"罢黜百家，独尊儒术"，董仲舒提出春秋决狱，主张审判案件也应以儒家思想为依据。春秋决狱强调"原心定罪"，要求考察当事人作案时的主观动机。凡是符合儒家思想的即是"善"，哪怕违反法律，也可以免于法律制裁；相反，不符合儒家思想的即是"恶"，即使没有违反法律，也要受到法律制裁。从史料记载的董仲舒以春秋决狱方法审理的一些案件看,并非都没有道理。但是,这种审判制度断不可取,因为它是对法制的破坏。随着法律儒家化的逐步深入,至隋唐时期,由于法律同"礼"高度融合,"春秋决狱"失去存在的社会基础而宣告结束。

## 五 论述题

1. (1) 西汉初期的立法活动:

① "约法三章"。在西汉建国前夕,刘邦率领军队攻入咸阳后,为了争取民心,就曾"与父老约法三章耳:杀人者死,伤人及盗抵罪,余悉除去秦法"。这是西汉立法的开端,它为刘邦争取民心,赢得楚汉战争胜利,夺取全国政权,起到了重要作用。

② 《九章律》。西汉政权建立后,刘邦深感"三章之法不足以御奸",故命令相国萧何"攈摭秦法,取其宜于时者,作律九章",是为《九章律》。《九章律》是在秦律盗、贼、囚、捕、杂、具六篇的基础上,增加户、兴、厩三篇而成。

③ 《傍章》。《九章律》制定后,博士官叔孙通"益律所不及",又制定《傍章》18篇。它实际是叔孙通兼采先秦古礼及秦仪所撰《汉仪》,属于朝觐、宗庙、婚丧等方面的礼仪制度。

(2) 西汉中期的立法活动:

武帝即位后,为加强中央集权,强化君主专制地位,又制定了一系列相关法律。其中最重要的是张汤制定的《越宫律》27篇和赵禹制定的《朝律》6篇。前者主要是宫廷警卫方面的专门法律,以维护皇帝的尊严和保护皇帝的人身安全;后者又名《朝贺律》,主要是朝贺制度方面的专门法律,它进一步规范了臣子朝见君主的礼仪。《九章律》、《傍章》、《越宫律》、《朝律》四部分,统称为"汉律六十篇",构成了汉律的基本框架。此外,文帝及武帝时期,为了强化中央集权,也制定颁行了一些单行法规或诏令,如《酎金律》、《左官律》、《推恩令》、《阿党附益法》、《沈命法》等。

(3) 东汉时期的立法活动:

东汉建立初期,慑于西汉末年农民大起义的威力,为了尽快安定民心,恢复生产,光武帝刘秀"解王莽之繁密,还汉世之轻法"。此后,东汉政权基本仍沿用西汉法律。

2. 黄老思想之所以在西汉初期盛行,成为当时占统治地位的法制思想,主要有以下几方面的历史原因:

(1) 在政治上，由于秦末以来的连年战乱，汉初刘氏天下的统治基础并不稳固，社会大动荡的隐患依然存在。百姓渴望在统治者无为而治的政策下，恢复生产，提高生活水平。

(2) 在经济上，由于秦王朝的横征暴敛和长期的战乱，西汉初期的社会经济基础极其薄弱，土地大面积荒芜，人口数量较以前大为减少，经济萧条、百姓贫困。同时，边疆地区的少数民族屡屡造成边患，破坏了边疆地区的生产，耗费国家大量开支用于边防。

(3) 在主观意识方面，汉初统治者大都参加过秦末农民起义，亲眼目睹过秦帝国的迅速灭亡，深知秦败亡的根本原因。为了巩固汉王朝的统治，避免重蹈覆辙，汉初统治者以秦朝败亡为鉴，接受了黄老思想无为而治的主张采取了缓和社会矛盾的各种措施，以期获得长治久安。

(4) 就意识形态的变革而言，儒法两家都讲求"有为"，从法家的"有为"到儒家的"有为"，其中需要一个过渡，黄老思想所主张的"无为"则成为这一过渡形式。加之，西汉初期的君臣多信奉黄老思想，遂促成了黄老之学的发展。

(5) 汉高祖刘邦的立法，确立了西汉初期法制的基本格局，而高祖以后的几位皇帝都谨守成法，遂使"外道内法"的思想始终得以遵行、发展。

3. 西汉刑事法律以全面维护以君主为核心的中央集权制度为目标，主要体现在以下几个方面：

其一，维护皇帝的安全与尊严。在西汉的立法中针对危害皇帝安全与尊严的行为，规定了一系列罪名，对这些犯罪处以严厉的刑罚。

其二，颁布特别法限制和打击诸侯王的势力，以巩固皇帝和中央政府的权威。主要包括：阿党附益之法，阿党附益是指中央官员外附诸侯，犯此罪者皆处重罚；舍弃朝廷的官职而侍奉诸侯，是对抗中央的犯罪行为。《酎金律》是惩罚诸侯在酎祭时所献贡金质量不合标准的法律。诸侯不得未经中央许可而过度役使地方官吏，否则以违法论罪。

其三，严厉镇压民众反抗，并强化官吏的镇压职能。汉律中有谋反、贼盗、群盗、通行饮食等罪名及相应的严厉处罚，以镇压民众的政治反抗。

其四，宣扬并维护家国一体，忠君孝亲。汉律把"盗贼"、"群盗"与杀父母都作为大逆不道的重罪给予严厉惩罚，从而把齐家与治天下联系起来，通过对孝道的维护达到维护君主权威的目的。

# 第六章 三国两晋南北朝的法律制度

（公元 220～589 年）

## 一 单项选择题

1. 《晋律》共包括（　　）篇。
   A. 十二　　　　B. 二十　　　　C. 十八　　　　D. 九

2. 《北齐律》确立五刑为（　　）。
   A. 死、流、宫、徒、鞭　　　　B. 死、流、徒、鞭、杖
   C. 死、鞭、徒、杖、笞　　　　D. 死、髡、赎、宫、罚金

3. 魏晋南北朝时期，为了体现恤刑及加强皇帝对司法审判的控制，确立了（　　）。
   A. 律博士　　　　　　　　　　B. 登闻鼓制度
   C. 死刑复奏制度　　　　　　　D. 准五服以治罪

4. （　　）时期为了增强法典的科学性，将《晋律》的《刑名》、《法例》合并为一篇，名为《名例》，冠于律首。
   A. 北齐　　　　B. 北魏　　　　C. 北周　　　　D. 东魏

5. （　　）时期成立了以侍中为主管长官的门下省。
   A. 晋　　　　　B. 北魏　　　　C. 北周　　　　D. 北齐

6. 晋代沿袭南朝，规定如因买卖田宅牛马发生纠纷，官府可依（　　）进行裁决。
   A. 文书　　　　B. 乞鞫　　　　C. 契约　　　　D. 契税

7. 三国两晋南北朝时期，开创性地将"准五服以治罪"列入律典的是（　　）。
   A. 《晋律》　　B. 《北齐律》　C. 《梁律》　　D. 《新律》

8. "留养制度"在（　　）时期已入律，并为后世所沿袭。

A. 北齐　　　　B. 北魏　　　　C. 北周　　　　D. 西魏

9. （　　）时期，"八议"成为刑律的主要内容。

A. 东汉　　　　B. 曹魏　　　　C. 北齐　　　　D. 北魏

10. 北齐时期（　　）是当时最高的司法机关，是改"九卿"之一的"廷尉"而来。

A. 大理寺　　　B. 尚书省　　　C. 中书省　　　D. 御史台

11. 第一次将"服制"列入律典中，作为定罪量刑原则的是（　　）。

A.《新律》　　B.《大律》　　C.《北魏律》　　D.《晋律》

## 二　多项选择题

1. 三国两晋南北朝时期，法律的主要形式有（　　）。

A. 律　　B. 令　　C. 格　　D. 式　　E. 科

2. 三国两晋南北朝时期，礼法结合体现在关于（　　）的规定。

A. 八议　　B. 官当　　C. 服制定罪　　D. 重罪十条　　E. 五刑

3. 以下说法叙述错误的是（　　）。

A.《北齐律》以"纳礼入律，礼律并重"为其突出特色

B.《晋律》是魏晋南北朝时期立法水平最高、影响最大、施行最久的一部法典

C.《北魏律》以"法令明审，科条简要"而著称

D.《陈律》以"官当"入律

E.《北齐律》最早确立法典的十二篇结构

4.《晋律》所规定的法定刑包括（　　）。

A. 死　　B. 髡　　C. 赎　　D. 杂抵罪　　E. 罚金

5. 魏晋南北朝时期法律发生了许多发展变化，对后世法律具有重要影响。下列哪些表述正确揭示了这些发展变化（　　）。

A.《北齐律》共12篇，首先将刑名与法例律合为名例律一篇

B.《魏律》以《周礼》"八辟"为依据，正式规定了"八议"制度

C.《北周律》首次规定了"重罪十条"

D.《北魏律》与《陈律》正式确立了"官当"制度

E.《晋律》是魏晋南北朝时期立法水平最高、影响最大、施行最久的一部法典

## 三 名词解释

1. 《晋律》  2. 重罪十条  3. 测罚  4. 九品中正制  5. 登闻鼓  6. "八议"制度  7. 留养制度  8. 服制定罪  9. "官当"制度

## 四 简答题

1. 简述三国两晋南北朝时期法律形式的发展变化。
2. 与汉、魏律相比，《晋律》有哪些特点？
3. 简述《北齐律》的特点及其历史地位。
4. 简述"重罪十条"的由来及其影响。
5. 简述三国两晋南北朝时期诉讼制度的变化。

## 五 论述题

1. 试述三国两晋南北朝时期刑罚制度改革的主要内容。
2. 试述三国两晋南北朝时期法典内容的发展变化。

## 参考答案

### 一 单项选择题

1. B  2. B  3. C  4. A  5. A  6. D  7. A  8. B  9. B  10. A  11. D

### 二 多项选择题

1. ABCD  2. ABCD  3. ABC  4. ABCDE  5. ABD

### 三 名词解释

1. 曹魏末年，晋王司马昭命贾充、杜预等人以汉魏律为基础，修订律令。历时四年,至晋武帝司马炎泰始三年完成,次年颁行全国,史称《晋律》或《泰始律》。该律经张斐、杜预作注释,为武帝首肯"诏颁天下"与吕文同具法律效力,故又称《晋律》为"张杜律"。这一形式成为以《唐律疏议》为代表的律疏并行的先河。《晋律》共20篇,620条,98643字。《晋律》为东晋、宋、齐沿用,至南朝梁武帝改律共235年。它是两晋南北朝时期行世最久远的一部法典,对后世的立法影响深远,促进了封建法律和法学的发展。

2. 北齐统治者将危害国家利益和封建礼教的犯罪行为,概括为反逆、大逆、叛、降、恶逆、不道、不敬、不孝、不义、内乱十种不得减免的重罪,称为"重罪十条"。"重罪十条"进一步强化了对君权、父权、夫权的维护。"重罪十条"被后世所继承发展,隋唐律在此基础上发展为"十恶"定制,并为宋、元、明、清历代所承袭。

3. 《梁律》首定"测罚"之制。凡在押人犯,不招供者均施以"测罚"之刑。具体做法是"断食三日,听家人进粥二升,女及老小,一百五十刻与粥,满千刻止"。《陈律》在此基础上创立"测立"之制。

4. 九品中正制,亦称九品官人法,是曹魏初年创立、三国两晋南北朝时期长期沿用的一项为选拔官吏而品评人物的行政法律制度。规定郡设小中正官,州设大中正官。中正官的职责是依照家世、才能、德行,将辖区内的士分成上上、上中、上下、中上、中中、中下、下上、下中、下下九等;由下中正将品评结果申报大中正,再经大中正申报司徒,最后由中央按品第高下任官。这一制度的施行巩固了大土地所有制基础上建立起来的士族制度,保障了士族垄断政治统治权的特殊地位。但由于九品之分标准不确定,凭中正官的主观臆断,再加上请托、权势、裙带关系等的影响,不但造成了"上品无寒门,下品无世族"的局面,使士族与庶族相隔天壤,矛盾愈益加深,且弊端丛生,贿赂公行,加速了士族、官员的腐化。这种现象在两晋时期发展到顶点,对南北朝时期也产生了很大影响。因此,九品中正制实为官僚贵族势力,尤其是士族门阀集团垄断官职权位、巩固等级特权的政治法律工具。

5. 晋武帝始设"登闻鼓",悬于朝廷或都城之内,百姓可以击鼓鸣冤,有司闻声录状上奏。这种不以诉讼管辖等级,直接诉于皇帝或钦差大臣的直诉制度,是诉讼中的特别程序。上诉直诉制度加强了上级司法机关对下级司法机关的检查监督,有利于发现或纠正冤假错案,同时也促进了司法制度的集权化。

6. "八议"是对八种特殊的人物,在他们犯罪以后,在审判上给予特殊的照顾,所谓"大者必议,小者必赦",官府不得专断。这八类人是"亲"、"故"、

"贤"、"能"、"功"、"贵"、"勤"、"宾"。"八议"之说源于《周礼》"八辟",周有"刑不上大夫",汉有"先请"之制,但未形成完整的体系,曹魏总结前代经验,制定魏律时,"八议"成为封建法典的内容。"八议"正式入律,使一部分贵族取得凌驾于国家法律之上的司法特权,充分体现了同罪异罚的贵贱尊卑的等级秩序。这项制度对后世特权法的发展影响极大,它在中国历史上曾沿用1680余年,直到清朝末年才正式废止。

7. 也称"存留养亲",指犯人直系尊亲属年老应侍而家无成丁,死罪非十恶允许上请,流刑可免发遣,徒刑可缓期将犯人留下以照料老人,老人去世后再实际执行。留养制度在北魏时已入律,并为后世所沿袭。

8. 依服制定罪是《晋律》的首创,目的在于"峻礼教之防"。他是指亲属间的犯罪,依据五等丧服所规定的亲等来定罪量刑。尊长杀伤卑幼,关系愈近则定罪愈轻,反之加重,但有些犯罪,如卑幼盗窃尊长财物,则恰恰相反。这被以后历代法典沿用,明代更将丧服图列于律首。

9. 继曹魏时期"八议"制度正式入律以后,两晋南北朝法律又创立了"官当"制度。所谓"官当",原指某些官僚犯罪后,允许以其官职抵罪即折当徒刑。北魏以后,一些贵族犯罪也可用其爵位抵罪并折当刑罚。"官当"制度是典型的官僚贵族特权法,集中反映了统治阶级以法律维护自身利益的意志和要求。自两晋南北朝时期形成以来,它一直为隋、唐、宋各代政权所继承沿袭。

## 四 简答题

1. 魏、晋、南北朝时期对先朝的法律形式有所改进。其时律令已有别,科为格取代、式的出现、比的沿用等成为变化的主要内容,特别是刑名法例的出现意义尤为深远。

(1) 律的发展与法典结构的变化。这一时期律仍是法律的主要形式,其变化较大的是律典的篇章体例和逻辑结构。

首先是《名例律》的形成。魏律把汉《九章律》的第六篇《具律》改为《刑名》篇,置于全律之首;《晋律》分《刑名》为《刑名》、《法例》两篇,至北齐将《晋律》的《刑名》、《法例》合并为一篇,名为《名例》,冠于律首。《名例律》集中规定了封建法典的重要原则,类似于近代法典的总则。

其次是律典的篇目趋于简约。魏《新律》在汉《九章律》的基础上删繁就简,全律十八篇;《晋律》、《北魏律》均为二十篇;《北齐律》最后确立了十二篇的体例，完成了自汉律以来，我国封建法典由繁至简的改革历程。

（2）令的发展与变化。三国两晋南北朝时期，令和律一样，仍是法律的主要形式，但其内涵已开始有别于秦汉时代。魏时除律的编修外，也有令，但区分仍不明显。至晋明确区分律令。有所谓"律以正刑名，令以存事制"的说法。律为固定性规范，令是暂时性法律，违令有罪者，依律定罪处刑。

（3）以格代科。曹魏时期，科是当时主要的法律形式。至魏明帝制定《新律》，将科按性质分列为律令，科作为一种独立的法律形式走向衰落。北魏中期，开始以格代科，格成为一种辅律而行的法律形式。北魏后期至北齐初期，格取代律成为当时主要的法律形式，《北齐律》的颁行，使律重新获得主要法律形式的地位，而格与律并行，又成为律的补充形式。

（4）式的出现。式，西魏文帝时编定《大统式》，成为隋唐以后律令格式四种基本法律样式之一的"式"的先声。

2.《晋律》又称《泰始律》，是由贾充、杜预、裴楷等律学家以汉、魏律为基础修订而成的。颁行之后又经张斐、杜预作注释，律文与释文合为一体。晋律为东晋、宋、齐沿用，是两晋、南北朝时期行世最久远的一部法典，对后世影响深远。与汉、魏律相比较，《晋律》具有以下特点：

（1）篇章体例更加合理。《晋律》改《具律》第六为《刑名》第一，置于全篇之首，突出了法典总则的性质与地位，使之名副其实，是我国古代法典篇章体例结构方面的重大创新。

（2）礼法合流进一步完善。《晋律》首创服制定罪，以"峻礼教之防"。在沿用八议的同时，还规定官吏可以通过除名或免官来抵罪。

（3）改革刑罚制度。《晋律》将法定刑简化为死、髡、赎、杂抵罪和罚金五种，每一种又细分为数等。这些改革促进了刑罚制度的发展进步。

（4）删繁就简，增加篇目。经过"删繁就简，增加篇目"的改革，大大扩充了法典内容，使之既丰富全面又简明扼要，突出了国家基本法典的主导地位，也使其篇目分类更加系统、条理、规范，推动了立法技术的进步。

3.《北齐律》于公元564年（武成帝河清三年）由封述等人主持编纂完成，他们全面总结历代立法经验，在法典体例、篇章结构、律文内容等各个方面都有所创新，使《北齐律》成为代表当时最高立法水平的一部成文法典，在中国古代立法史上占据重要地位。其制订历时十余年，主要特点有：

（1）《北齐律》形成了十二篇的法典体例。《北齐律》分为十二篇，较六十篇的汉律，十八篇的魏《新律》，二十篇的《晋律》、《北魏律》都大为简略。

(2) 进一步改革法典体例，省并篇目。将《晋律》的《刑名》、《法例》合并为一篇，名为《名例》，冠于律首，进一步突出了法典总则的性质和地位，也使法典体例结构更加规范。

(3) 在内容上锐意创新，推行礼法结合。《北齐律》所创之"重罪十条"强化了对封建三纲的维护；还确立了死、流、徒、鞭、杖五刑制度。《北齐律》条文简明，篇章合理，完成了自汉代以来封建法典由繁至简的改革过程。隋《开皇律》和后来的唐律，都采用十二篇的体例，并以《名例律》为开篇；《北齐律》的五刑制度为隋唐封建五刑制度的定型奠定了基础；其"重罪十条"被稍加变革，改为"十恶"，为隋唐以后历代所沿袭。而后世的宋元明清各代立法仍效仿唐律，周边亚洲国家的立法也受到唐律的重要影响。

4. 为加强镇压危害封建专制统治和违反伦理纲常的行为，"重罪十条"正式入律，始于北齐时代。此时形成的重罪十条，也就是后世称的"十恶"。北齐时，在法律上将直接危害国家根本利益的最严重的十种犯罪置于律首，"一曰反逆，二曰大逆，三曰叛，四曰降，五曰恶逆，六曰不道，七曰不敬，八曰不孝，九曰不义，十曰内乱"。早在汉代，已有"不道"、"不孝"等罪名，其他如"作上"、"犯上"、"大不敬"、"大逆"、"降叛"、"禽兽行"等罪名，亦见于秦汉以来律令之中。晋律有不孝罪弃市，南北朝时进一步罗列罪名，《北魏律》规定"大逆不道腰斩"，南梁律规定"其谋反、降、叛、大逆以上皆斩"。可以看出，为了镇压危害专制统治和违反伦理纲常的行为，晋律以及南北朝时的"重罪十条"远不及北齐时规定得明确、具体。《北齐律》所定"重罪十条"，从更广泛的意义上维护了封建宗法制度化的各个方面，进一步把礼法结合起来，强化了对于君权、父权、夫权的保护。隋唐律在此基础上发展为"十恶"定制，也为后世的宋元明清所效仿。"重罪十条"将儒家纲常礼教内容引入刑律，促进了礼与律的进一步融合，加剧了法律制度的儒家化。

5. 三国两晋南北朝时期诉讼制度的发展变化，主要体现在以下几个方面。

(1) 限制诉讼权利。秦汉时不许未决犯告发犯罪。晋律规定囚徒诬告人犯，罪及家属；北魏律规定"诸告事不实者，以其罪罪之"。北齐法律规定禁止囚犯告诉。

(2) 皇帝参与审判录囚。如魏明帝改"平望观"为"听讼观"；北周武帝常常亲自听讼。这样就加强了上级对下级、中央对地方、专制君主对各级机关司法审判工作的检查监督的案验制度。

(3) 改进上诉直诉制度。直诉讼作为制度形成于西晋，即不依诉讼等级直接诉于皇帝或钦差大臣，晋武帝始设登闻鼓，悬于朝堂或都城内，百姓可击鼓鸣冤，有司闻声录状上奏。这种不依诉讼等级直接诉于皇帝或钦差大臣的直诉制度，是诉讼中的特别程序。这项制度有利于加强上级司法机关对下级司法机关的检查监督，有利于发现和纠正冤假错案，同时也促进了司法制度的集权化。

（4）刑讯用测立法。《梁律》首定"测罚"之制。凡在押人犯，不招供者均施以"测罚"之刑。具体做法是："断食三日，听家人进粥二升，女及老小，一百五十刻与粥，满千刻止"。《陈律》在此基础上创立"测立"之制。

（5）完善死刑复奏制度。魏明帝曾下令死罪"有乞恩者，使与奏"；北魏律规定"当死者，部案奏闻"。这一死刑复奏制度，直接影响到后世的司法审判与刑罚执行制度，并发展为隋唐时期的死刑三复奏与五复奏制度。

（6）上诉制度的变化。曹魏时期即改革汉代的上诉制度，防止当事人漫无限制地上诉；北魏律规定，虽然允许受理上诉，但是可以对上诉人实行刑讯，以防止上诉不实。

（7）加强自上而下的司法监督。为加强司法监督，至曹魏及晋代，县令的审判权受到限制，凡重囚，县审判官须报郡，由郡派出督邮验案。各朝还普遍施行特使察囚制度，加强对地方审判的监督。

（8）妇女犯罪行刑上享有特殊规定。对妇女实行体罚，减鞭、杖之半数执行，并可以以赎金代之。对孕妇不得实行体罚，须处死刑者，产后百日才可以执行。

（9）盛行刑讯逼供酷法。三国两晋南北朝时期，在"刑乱国用重典"的指导思想下，司法制度带有明显的军事化、军法化倾向，并且盛行重枷、测罚、测立等一些刑讯逼供酷法。刑讯逼供酷法反映了当时司法制度的腐败黑暗，也反映出三国两晋南北朝时期复杂严峻的社会问题。

## 五　论述题

1. 三国两晋南北朝时期的刑罚制度改革，主要涉及几方面：

第一方面是法定刑的规范化。魏《新律》将法定刑分为死、髡、完、作、赎、罚金、杂抵罪数种。晋律定刑为五种：死、髡、赎、杂抵罪和罚金。《北魏律》定刑为六，计：死、流、宫、徒、鞭、杖。《北齐律》承其后，最终确立死、流、徒、鞭、杖五刑。

第二方面是刑罚更加宽缓，具体体现在：首先，免除宫刑，进一步废除肉刑。自汉文帝改革刑制以来，宫刑时用时废。《北魏律》还把宫刑作为一种法定刑。西魏文帝大统十三年、北齐后主天流五年，先后诏令废除宫刑，从此宫刑不复作为一种法定刑。其次，连坐的范围有所缩小。曹魏时期所定《新律》缩小了连坐的范围，并开连坐不及出嫁女的先例。南朝《梁律》进一步缩小连坐的范围，创连坐妇女免处死刑的先例。北魏孝文帝以诏令缩小连坐范围：非干名犯义之重罪者，连坐处死皆止自身。再次，定流刑为减死之刑。北魏、北齐均按"降死从流"原则，将流刑降为法定刑，从而填补了自汉文帝改革刑罚以来死、徒二刑之间的空白。

2. 三国两晋南北朝时期随着社会政治经济关系的变化，法律内容也有所发展，主要表现在礼法结合进一步发展。也就是说，在汉代中期以后的法律儒家化的基础上，更广泛、更直接的将儒家的伦理规范上升为法律规范，使礼、法更大程度上实现融合。具体表现在以下几个方面：

(1) "八议"入律与"官当"制度确立。魏明帝在制定《魏律》时，以《周礼》"八辟"为依据，正式规定了"八议"制度。"八议"制度是对封建特权人物犯罪实行减免处罚的法律规定。它包括议亲（皇帝亲戚）、议故（皇帝故旧）、议贤（有传统德行与影响的人）、议能（有大才能）、议功（有大功勋）、议贵（贵族官僚）、议勤（为朝廷勤劳服务）、议宾（前朝皇室宗亲）。此后，"八议"成为各代刑律的重要内容。唐律中的名例律在五刑、十恶之后即规定了"八议"制度。"官当"制度是封建社会允许官吏以官职爵位折抵徒罪的特权制度。它正式出现在《北魏律》与《陈律》中，《北魏律·法例篇》规定：每一爵级抵折徒罪2年。南朝《陈律》的规定更细，凡以官抵折徒刑，同赎刑结合使用。如官吏犯罪应判4～5年徒刑，许当徒2年，其余年限服劳役。若判处3年徒刑，准许以官当徒2年，剩余1年可以赎罪。表明当时封建特权法有进一步发展。

(2) "重罪十条"的产生。北齐为维护封建国家根本利益，在《北齐律》中首次规定"重罪十条"，是对危害统治阶级根本利益的十种重罪的总称。把"重罪十条"置于律首，作为严厉打击的对象，增强了法律的威慑力量。"重罪十条"分别为：反逆（造反）；大逆（毁坏皇帝宗庙、山陵与宫殿）；叛（叛变）；降（投降）；恶逆（殴打谋杀尊亲属）；不道（凶残杀人）；不敬（盗用皇室器物及对皇帝不尊重）；不孝（不侍奉父母，不按礼制服丧）；不义（杀本府长官与授业老师）；内乱（亲属间的乱伦行为）。《北齐律》规定："其犯此十者，不在八议论赎之限。"

(3) 刑罚制度改革。一是规定绞、斩等死刑制度。二是规定流刑，把流刑作为死刑的一种宽贷措施。北周时规定流刑分5等，每等以500里为基数，以距都城

2500 里为第一等,至 4500 里为限,同时还要施加鞭刑。三是规定鞭刑与杖刑。北魏时期开始改革以往五刑制度,增加鞭刑与杖刑,北齐、北周相继采用。四是废除宫刑制度,北朝与南朝相继宣布废除宫刑,自此结束了使用宫刑的历史。

(4)"准五服制罪"的确立。《晋律》与《北齐律》中相继确立"准五服制罪"的制度。服制是中国封建社会以丧服为标志,区分亲属的范围和等级的制度。按服制依亲属远近关系分为五等:斩衰、齐衰、大功、小功、缌麻。服制不但确定继承与赡养等权利义务关系,同时也是亲属相犯时确定刑罚轻重的依据。如斩衰服制最高,尊长犯卑幼减免处罚,卑幼犯尊长加重处罚。袒免亲为服外远亲,尊长犯卑幼处罚相对从重,卑幼犯尊长处罚相对从轻。依五服制罪成为封建法律制度的重要内容,影响广泛,直到明清。

(5)死刑复奏制度。死刑复奏制度是指奏请皇帝批准执行死刑判的制度,北魏太武帝时正式确立这一制度,为唐代的死刑三复奏打下了基础,这一制度的建立既加强了皇帝对司法审判的控制,又体现了皇帝对民众的体恤。

# 第七章 隋唐的法律制度

（公元 581～907 年）

## 一 单项选择题

1. （　　）是我国现存的一部最古老的行政法典。
   A.《开皇律》　　　　　　B.《贞观政要》
   C.《唐六典》　　　　　　D.《永徽律疏》

2. （　　）是指盗窃御用物品，因过失而导致皇帝的人身安全受到威胁等罪行。
   A. 大逆　　　B. 谋大逆　　　C. 恶逆　　　D. 大不敬

3. 唐高宗时制定的（　　）是我国历史上迄今保存下来的最完整最具有社会影响的封建法典。
   A.《永徽律疏》　B.《武德律》　C.《贞观律》　D.《开皇律》

4. 唐朝在婚姻解除上与前代不同的是（　　）。
   A."七出"　　B."三不去"　　C."义绝"　　D."和离"

5. 御史台（　　）专掌纠察朝仪、巡视京都以及朝会、郊祀等。
   A. 殿院　　　B. 察院　　　C. 台院　　　D. 刑部

6. 第一次以法典的形式肯定了法官回避制度的法典是（　　）。
   A.《开皇律》　B.《唐六典》　C.《永徽律疏》　D.《唐律疏议》

7. 唐律规定徒、流刑案件的判决，须移交（　　）复核。
   A. 皇帝　　　B. 刑部　　　C. 御史台　　　D. 大理寺

8. 唐代的（　　）是中央最高审判机关。
   A. 大理寺　　B. 刑部　　　C. 尚书省　　　D. 御史台

9. "诸断罪而无正条，其应出罪者，则举重以明轻；其应入罪者，则举轻以明重"是唐律中（　　）原则的规定。

A. 类推　　　　B. 自由裁量　　　　C. 法律解释　　　　D. 法律适用

10. 唐宣宗时颁布的（　　）在编纂体例、篇章结构等方面影响了五代及宋的立法体系。

　　A.《同光刑律统类》　　　　　　B.《大中刑律统类》

　　C.《大统式》　　　　　　　　　D.《大周刑统》

11. 唐律对涉外案件处理原则的规定，两个不同国籍的外国人在唐朝发生诉讼时，则按（　　）。

　　A. 依其中一国法律　　　　　　B. 两国法律

　　C. 唐朝法律　　　　　　　　　D. 双方指定的法律

## 二　多项选择题

1. 唐代法律的主要形式有（　　）。

　　A. 律　　　B. 令　　　C. 格　　　D. 式　　　E. 比

2. 唐太宗时期的《贞观律》，在（　　）几方面出现了重大的变化。

　　A. 创设"重罪十条"

　　B. 规定"创设加役流刑，作为减死之罚"

　　C. 规定同居相隐不为罪

　　D. 明确了比附类推所应遵循的法律原则

　　E. 改革"兄弟分居，连坐俱死"之法

3. 唐朝时期，由三司组成中央临时最高法庭实行"三司推事"，其中"三司"包括（　　）。

　　A. 大理寺卿　　B. 尚书令　　C. 刑部侍郎　　D. 中书侍郎　　E. 御史中丞

4. 唐律关于刑讯的规定包括（　　）。

　　A. 刑讯必须用常行杖　　　　　　B. 中间不得换人行刑

　　C. 总数不得过三百　　　　　　　D. 拷囚不得超过三度

　　E. 对享有"议"、"请"、"减"等特权人物及老、少、废疾者，禁止使用刑讯

5. "十恶"中规定危害国家安全的是（　　）。

　　A. 内乱　　　B. 谋反　　　C. 谋叛　　　D. 恶逆　　　E. 大不敬

6. 唐律规定对于官僚犯罪，可用（　　）等方法抵罪。

　　A. 当　　　B. 议　　　C. 减　　　D. 赎　　　E. 请

7. 关于离婚，唐律所规定的"三不去"原则包括（　　）。

A. 恶疾      B. 有所受而无所归      C. 娶时贱而后贵

D. 存留养亲      E. 经持舅姑之丧

8. 唐代的"六赃罪"仅限于身份犯的有（　　）。

A. 坐赃罪      B. 窃盗赃      C. 不枉法赃

D. 枉法赃      E. 受所监临赃

9. 唐朝规定的"六杀"是依犯罪人的主观意图所作的分类，下列选项中，因主观上过失而构成犯罪的有（　　）。

A. 谋杀      B. 斗杀      C. 故杀      D. 过失杀      E. 戏杀

10. 唐律规定"请"的规格低于"议"，它主要适用于（　　）。

A. 皇太子妃大功以上亲      B. 应议者期以上亲及孙

C. 官爵五品以上      D. 官爵三品以上

E. 皇后缌麻以上亲

11. 唐代永徽年间，唐高宗的妹夫房某谋反触犯"十恶"之罪，则对房某：

A. 应判处死刑      B. 可以适用"八议"免予死刑

C. 可以赦免      D. 不适用自首

12. 唐律"十恶"中的"不孝"罪主要包括（　　）。

A. 殴打或谋杀祖父母、父母      B. 妻殴打或告发丈夫

C. 祖父母、父母在而"别籍异财"      D. 告发或咒骂祖父母、父母

## 三　名词解释

1.《开皇律》　2."请"　3."三法司"　4."七出"、"三不去"　5.《贞观律》　6.《永徽律疏》　7."十恶"　8."六杀"　9. 死刑复奏制度　10."三师"与"三公"　11. 谏官制度　12."五监"　13. 御史台　14. 三省六部　15."格"　16."加役流"

## 四　简答题

1. 简述唐朝的经济立法。

2. 唐代的主要立法活动与法律形式主要有哪些？

3. 简述唐初立法的指导思想。

4. 简述唐律关于类推以及"化外人"原则的规定。

5. 简述唐律关于自首原则的规定。
6. 简述唐律共犯原则的内容。
7. 简述唐律关于维护贵族官僚特权内容的规定。
8. 简述《永徽律疏》的内容及地位。

## 五 论述题

1. 试论《开皇律》的法律地位。
2. 试论《唐律疏议》与以往律典相比有哪些新的发展。
3. 试论唐律的特点、历史地位及影响。

## 六 分析题

唐律规定："诸共犯罪者，以造意为首，随从者减一等。若家人共犯止坐尊长；侵损于人者，以凡人首从论，即其监临主守为犯，虽造意，仍以监主为首，几人以常从论。"

该材料体现了唐朝刑律中的哪种原则，并详细分析之。

## 参考答案

### 一 单项选择题

1. C  2. D  3. A  4. D  5. A  6. B  7. B  8. A  9. A  10. B  11. C

### 二 多项选择题

1. ABCD  2. BDE  3. ACE  4. ABDE  5. BC  6. ABCDE  7. BCE  8. CDE
9. BDE  10. ABC  11. AD  12. CD

### 三 名词解释

1. 开皇元年（公元581年）到开皇三年修订颁布的《开皇律》，是隋文帝时期立法上的重大成就，也是当时法律改革的主要成果。隋文帝为高颍、裴政等官僚规定了"取适于时，故有损益"的法律原则，主要参详魏、晋以来各朝刑律，而多采"后齐之制"。开皇三年，鉴于当时"律尚严密"，"人多陷罪"的局面，隋文帝又令苏威、牛弘等更定新律，"除死罪八十一条，流罪一百五十四条，徒杖等千余条"。《开皇律》十二篇标志着中国古代刑法典篇目体例从简到繁、从繁到简的发展过程的完成，显示了中国古代立法技术的进步和成熟。

2. "请"的规格低于"议"，它主要适用于"皇太子妃大功以上亲"，"应议者期以上亲及孙"，"官爵五品以上犯死罪者"。对于这类人犯罪，官吏有权条陈其罪，如是死罪，则依律确定应斩或绞，奏明皇帝听候发落；流刑以下，自然减刑一等。"请"的限制条款比"议"多，除犯"十恶"外，不用"请"条。

3. 唐朝时期，中央或地方如发生特别重大的案件，往往由大理寺卿、刑部侍郎、御史中丞在京组成中央临时最高法庭，加以审理，时称"三司使鞠审"，亦叫"三司推事"。唐代三大司法机构既有所分工，又彼此互相监督，有效地加强了封建司法统治，以及皇帝对中央司法权的控制。

4. 在婚姻制度上，唐律规定了"七出"与"三不去"等制度。凡妻子无子、淫佚、不事姑舅、口舌、盗窃、妒忌、恶疾，都可以作为丈夫"出妻"的理由。与此同时，唐律又规定了"三不去"的原则，是指"经持舅姑之丧"，"娶时贱而后贵"，以及"有所受而无所归"，具备其中一个条件，丈夫就不得休妻。

5. 自贞观元年（公元627年）春到贞观十一年（公元637年），前后耗时11年之久，终于修订了著名的《贞观律》。《贞观律》总共12篇，500条。经过全面修订的《贞观律》，内容上有重大变化：第一，创设"加役流"，作为减死之罚；第二，改革"兄弟分居，连坐俱死"之法；第三，以大法的形式，明确了比附类推所应遵循的法律原则。《贞观律》不仅具有完善的内容，而且构筑了唐律的基本模式，以至成为唐代世代相袭的定制，奠定了唐律的基础。

6. 唐高宗永徽元年，敕令太尉长孙无忌等共同编制律、令、格、式，次年九月，长孙无忌等编成《永徽律》，共12篇，502条，绝大部分是沿袭《贞观律》。其后，长孙无忌、李绩、于志宁等承旨领导此项工作。依照"网罗训诂，研核丘坟"的原则，并继承汉晋以来，特别是晋代张斐、杜预的注释律文的已有成果，历时一年，终于完成了《永徽律》的疏议工作。永徽四年（公元653年），经高宗批准，颁行天下，时称《永徽律疏》，后世又称之为《唐律疏议》。永徽年间将律文与疏议有机地合为一体，提供了封建刑律的新形式，并为后世封建立法所继承。《永徽律疏》的疏议部分同律文本身一样，具有同样的法律效力。又由于疏议对全篇律文作了权威的统一的法律解释，所以给司法实际工作带来了便利，可见疏议的作用相当显著。《唐律疏议》是唐朝立法的杰出成果，是我国历史上迄今保存下来的最完整、最具有社会影响的封建法典。

7. 唐律的"十恶"是危及封建皇权和封建国家的十种重罪的总称。"十恶"自汉制《九章律》便有某些罪名；北齐、北周时期则汇总为"重罪十条"；隋制《开皇律》时，才完备了"十恶"之目。这些奠定了唐律"十恶"的基础。唐律"十恶"是指：一是谋反，二是谋大逆，三是谋叛，四是恶逆，五是不道，六是大不敬，七是不孝，八是不睦，九是不义，十是内乱。

8. 关于杀人罪，唐代对封建刑法理论的最大发展，就是在《斗讼律》中区分了"六杀"，即"谋杀"、"故杀"、"斗杀"、"误杀"、"过失杀"、"戏杀"等。唐律的"谋杀"指预谋杀人；"故杀"指事先虽无预谋，但情急杀人时已有杀人的意念；"斗杀"是指在斗殴中出于激愤失手将人杀死；"误杀"指由于种种原因错置了杀人对象；"过失杀"指"耳目所不及，思虑所不至"，即出于过失杀人；"戏杀"指"以力共戏"，而导致杀人。基于上述区别，唐律规定了不同的处罚。谋杀人，一般减杀人罪数等处罚，但奴婢谋杀主人、子孙谋杀尊亲属则处以死刑，体现了维护封建礼教的原则。故意杀人，一般处以死刑。误杀则减杀人罪一等处罚。斗杀也同样减杀人罪一等处罚。戏杀则减杀人罪二等处罚。过失杀一般"以赎论"，即允许以铜赎罪。"六杀"理论的出现，反映了唐代刑法的完备和立法技术的发展。

9. 唐代刑事案件，通常先由中央有关部门复查，然后报请皇帝裁定，但又规定死刑执行前必须进行复奏。贞观初年，唐太宗以"人命之重，一死不可再生"为据，改为在京死刑三复奏为五复奏，各州的死刑案件仍实行三复奏。但犯"谋反"等重罪及奴婢犯杀主罪的，一复奏即可。到《永徽律疏》制定时，又法定为三复奏，即所谓"奏画已讫，应行刑者，皆三复奏讫，然始下决"。死刑复奏制度反映了初唐统治者"慎刑省罚"的思想，以及唐代死刑制度的完善，同时说明唐代皇帝对死刑权的控制又有明显的加强。

10. 唐代中央设有"三师"（太师、太傅、太保）与"三公"（太尉、司徒、司空）等顾问军国大计的高级官僚的名誉职称。

11. 唐代谏官隶属于中央政府的中书、门下两省，成为正式的司谏职官。其名号很多，主要有：左右散骑常侍，左右谏议大夫，左右补阙、拾遗、起居郎等。唐代谏官的执掌主要有以下几方面：第一，谏议，以皇帝为对象，皇帝的个人生活直至皇宫大政都在谏议之列。第二，封驳。即还封皇帝失宜的诏命，驳正臣下有违误的奏章。第三，知起居事。即通过掌记天子言行，与宰臣入阁记事，掌故记事，对皇帝及左右近臣进行监督。第四，知匦事。武则天时期于朝堂设置匦四枚，接受臣民有关劝农、谏论时政、自陈冤屈、治国谋略方面的投书。这种制度是封建国家进行自我补救的一种手段，具有约束皇帝的恣意妄为、保证正常的统治秩序的双重作用。

12. "五监"是指国子、少府、将作、军器、都水五监，也是国家行政的具体执行机构，分掌教育、手工业生产、工程营建、军器监造以及水利、航运、堤防、桥梁的管理工作。因五监主管的工作往往与尚书六部重叠，又有六部权力的膨胀，因此五监在实际上成为六部中央行政管理机关的附属机构。

13. 唐代中央设置相对独立的监察机构。御史台以御史大夫为长官，以御史中丞二人为辅佐。御史台下设台院、察院、殿院三院，从而完善了从中央到地方的行政监察与司法检察。台院地位比较显赫，设侍御史若干人，负责监察中央百官，参与大理寺的审判与皇帝直接交办的案件。殿院设殿中侍御史若干人，专掌纠察朝仪、媵京都以及朝会、郊祀等，以维护皇帝的尊严为其基本职责。察院，设监察御史若干人，执掌地方州县官吏的监察工作（包括行政与司法）。

14. 唐代实行三省六部制，其中中书、门下省是天子之下最高的行政立法与审核机构。中书省以中书令为长官，以中书侍郎为副职，其下设有众多的属吏。门下省以侍中为长官，门下侍郎为副职，并设有若干属吏。中书省立法，门下省审察，就形成了比较完整的立法程序。尚书省以尚书令或左右仆射为长官，下设左右丞等官吏。尚书省之下设有吏、户、礼、兵、刑、工六部。六部以尚书为长官，侍郎为副职，并设有若干属吏。六部分掌官吏、财政、教育、仪礼、军事、司法行政、审判、水利与营造等项工作。总之，尚书省是国家行政的最高执行机构，它负责具体实行皇帝及中书省、门下省的命令或决议的法令，行使行政管理大权。

15. "格"是由皇帝发布的、国家机关必须遵行的各类单行敕令与指示的汇编。汇编后的格，唐时称之为"永格"，使单行的敕令上升为普遍性和经常性的法律，也有"百官有司所常行"的定制。唐代重要的格有《武德格》、《贞观格》、《开元格》等。格涉及范围广，灵活具体，效力最高，成为系统法律的重要补充。

16. 贞观初，魏征等大臣以律令苛重为由，提议绞刑之属五十条，"免死罪"更为"断其右趾"罪。唐太宗认为，以"断右趾"作为减死之罪仍然过重，徒增犯人苦楚，没有同意。后交付臣下重议。其后，弘献、房玄龄等反复与"八座"集议，终于创设了流三千里、居作三年的"加役流"制度，取代了断右趾等残酷的肉刑，为封建统治阶级提供了替代死刑的比较适当的手段。其后，又成为封建后世固定不变的制度。

## 四 简答题

1. 唐朝的经济立法主要有：（1）土地立法——"均田令"。武德年间颁布。规定：丁男和18岁以上中男受田100亩，其中80亩为"口分田"，20亩为"永业田"；"永业田"归私人所有，可以继承和在一定条件下买卖。"口分田"则归国家所有，不准买卖，身死后由国家收回。（2）财政立法——"租庸调法"。武德年间颁布。规定：租——每丁每年向国家缴纳粟二石；庸——每丁岁役20日，若不役则收其庸；调——每丁岁输绢二丈、绵三两等。"两税法"。建元年间颁行。第一，中央根据财政支出定出总税额，各地依照中央分配的数目向当地人户征收；第二，土著户和客居户都编入现居州县的户籍，依照丁壮和财产（包括土地和杂资财）的多少定户等；第三，两税分夏秋两次征收；第四，租庸调和一切杂徭、杂税全都取消，唯丁额不废；第五，两税依户等纳钱，依田亩纳粟；第六，没有固定住所的商人，所在州县依照其收入征收三分之一的税。（3）工商立法——唐律对手工业的主要产品布帛的规格作了统一的规定。为了保证手工业产品的质量，还规定了责任制。唐王朝为管理商业，专门设置了主管市场的官吏——"市司"。商业所使用的度量衡器（斛、斗、秤、度），每年八月由官府"平校"并印署，然后听用。

2. 首先，主要立法活动：（1）《武德律》。唐高祖在位期间，以《开皇律》为基础，增加"五十三条新格"内容，开始制定唐律，武德七年（624年）颁布，史称《武德律》。

（2）《贞观律》。唐太宗在位期间，命长孙无忌、房玄龄等人以《武德律》为基础，对唐律进行全面修订，贞观十一年（637年）颁行，史称《贞观律》，共12篇500条。它的修订完成，标志着唐朝基本法典的初步定型。

（3）《永徽律疏》。唐朝立法的高峰出现在高宗时期。永徽元年（650年），长孙无忌等人奉诏撰定律令。次年，下诏颁行新律，史称《永徽律》，仍为12篇500条。永徽三年，长孙无忌等人又对律文进行注释疏议，经高宗批准，于永徽四年颁行，称为《永徽律疏》。它是中国古代的代表性法典，元朝以后定名为《唐律疏议》。由于后世都以它为修律的蓝本，历代不断翻印，故保留至今1300多年，成为现存最早最完整的封建成文法典。

（4）《开元律疏》。唐玄宗开元年间，又下诏修订《永徽律疏》，删除不合时宜的条款与称谓，于开元二十五年（737年）颁行天下，称为《开元律疏》。

（5）《唐六典》。唐玄宗开元年间，经过十余年的反复修订，编成《唐六典》30卷。玄宗下诏编撰《唐六典》时，原本是想按《周礼》"六官"的职责分工进行分类，并亲自题写过"六典"的纲目。所谓"六典"，即《周礼·天官·大宰》所说的治、教、礼、政、刑、事六典，分别掌管行政内务、民政教化、礼乐祭祀、军政武备、刑狱治安、工艺管理等六大方面的国家事务。但在实际编纂过程中，《唐六典》采取了"以官统典"，"官领其属、事归于职"的原则，将全文分为正文和注文两部分，前者规定了国家各级机关的设置、职掌及各级官员的考核、奖惩、俸禄等内容，后者则叙述了各级机构及官职的源流和演变。《唐六典》是中国历史上第一部较为系统的典章制度方面的行政立法，对后世产生了重大影响。所以，学术界也有人认为，它是中国历史上第一部比较系统的行政法典。

其次，主要法律形式：唐朝法律形式主要有律、令、格、式、典五种。"律"是国家最主要的法律表现形式，是国家的基本法典，如《永徽律疏》。"令"是国家政权组织方面的制度规定，涉及范围较为广泛。"格"是禁违止邪的官吏守则，带有行政法律的性质，不同于前代格的含义。唐朝把皇帝临时单行制敕加以汇编，称为"永格"，具有普遍的法律效力。"式"是国家各级行政组织活动的规则以及上下级之间公文程式的法律规定。唐朝经过汇编的式称为"永式"，也具有普遍的法律效力。"典"是行政法律的汇编，主要是《唐六典》。

3. 唐初封建法制的建设，不仅为唐代的法制奠定了基础，而且在整个封建法制史上也是辉煌的一页。唐朝在推行轻徭薄赋、选用良吏等等措施的同时，提出了一系列的法律思想。这些思想涉及立法精神、立法技术、执法、守信等方方面面，与前人比较，更为深刻、系统和广泛。正是在这些思想的指导下，唐前期形成了中国历史上比较好的法治状态。

（1）"明法慎刑"、"宽仁治天下"思想。唐初君臣都亲身经历了隋帝国由盛转衰，终于在农民起义中顷刻覆亡的过程。他们认真总结了隋朝覆亡的历史教训，深刻体会到缓和社会矛盾，稳定社会秩序对于延续政权、维持统治的重要性。因此唐代统治者在统一全国以后，实行一系列政治、经济改革，十分重视典章法制的创制，强调法是治理国家的准绳。唐太宗李世民在立法上提出了"以宽仁治天下，而于刑法尤慎"的思想。对于死刑的审判，实行九卿会审，对于死刑的执行，实行"三复奏"，后又改为"五复奏"。同时还严惩贪官，防止官吏贪财坏法。对于司法官吏在审判中失于出入者，规定"各以其罪罪之"。

（2）"礼刑并用"思想，重视以法律为治理国家的主要手段，建立完备的法律体系。礼刑并用的思想在中国古代是由来已久的，经过两汉的充实和发展，至唐代达到了一个新的阶段。李世民采纳魏征建议，推行"以德礼为本、刑罚为用"的政策。他们剔除了春秋战国时期儒法两家各持一端、互相辩驳的偏见，综合了汉以来运用礼刑进行统治的经验，并以最高统治者——皇帝的权威身份，宣布德礼与刑罚不是对立的、不能割裂二者之间的统一关系，这对当时立法与司法都有重大影响。《贞观律》中，许多原属礼的规范，被赋予法的形式。

（3）强调法律简约、稳定，以利于执行和遵守。针对隋末法令滋彰，任意废法的亡国之弊，从唐高祖李渊起便强调立法要宽简，使人易知。李世民多次指出："死者不可复生，用法务在宽简"。在他主持下制定的《贞观律》是封建法典中较为简约宽平，明白易知的一部法典。太宗李世民不仅要求法律简明，还强调保持稳定。他还说"法令不可数变。数变则烦……吏得以为奸"。在这种思想指导下，终太宗一世，律、令、格、式"无所变改"《永徽律》继续贯彻了上述思想。

（4）严明法制，一断以律。在封建时代，官吏奉法守法是维系封建法制的重要环节，要做到这一点取决于至高无上的皇帝是否遵法守法。贞观时期法治秩序的建立，是和唐太宗以身作则、率先垂范分不开的。关于唐太宗守法的事例不胜枚举。为了监督鼓励官吏们奉法守法，唐在中央和地方都设置了监察机构，监督法律的贯彻执行。

综上所述，唐初统治者的立法指导思想，是围绕着恢复和整顿封建的法律秩序，限制某些特权者的恣意横行行为为基点的，这是从隋亡的历史教训中总结出来的，有其深刻的历史背景。贞观时期正是由于积极制定和大力贯彻法律，才或多或少地缓和了社会矛盾，稳定了全国的形势，为经济文化的发展创造了有利条件。在中国历史上，兴盛的王朝总是和统治者重视法律分不开的，"贞观之治"也给我们提供了许多值得借鉴的经验教训。

4.（1）《名例律》规定：在法律没有明确规定的情况下，允许以类推的办法定罪量刑。"诸断罪而无正条，其应出罪者，则举重以明轻；其应入罪者，则举轻以明重。"即类推首先是律文没有明确规定，且必须是同类案件；对于应当从轻处理的罪，法律列举条款，轻者通过类推可以自明；对于应当从重处理的罪，法律列举轻款，重者通过类推可以自明。《唐律疏议》举律文说，谋杀尊亲处斩，但无已伤已杀重罪的条文，在处理已伤已杀尊亲的案件时，通过类推就可以知道应处以斩刑了。唐代的类推原则已经相当完善和严密，反映了唐代的立法技术已达到很高的水平。

（2）唐代国际交往频繁，境内有大量的外国人。唐律对涉及外国人的案件，区分不同情况,来决定所应适应的法律。《名例律》规定:"诸化外人,同类自相犯者,各依本俗法;异类相犯者,以法律论。"所谓"化外人"是指"藩夷之国"的人,即外国人。按照唐律规定,同属一国的侨民之间的犯罪,由唐代按其本国的法律处断;不同国籍的侨民犯罪,由唐代按照唐律处理。这种将刑法的属人主义与属地主义的巧妙结合,在当时世界各国还是罕见的。唐律的这一原则既给予外国法律主权以应有的尊重,又维护了中国国家的主权和尊严,可称得上是历史上最早的国际私法原则。

5. 唐代继承历代自首减免刑罚的原则,并使之进一步完备。主要体现在以下几个方面:

第一,明确了构成自首的法定条件:必须是在罪犯案件未发,官府或他人未发觉之前,犯罪人自动向官府投案的行为。如果犯罪事实已被他人告发,或被官府查知,再去投案认罪者,只能认为"自新",而不能构成自首。自新是被迫的,与自首性质不同。唐代对自新采取减轻刑事处罚的原则。

第二,自首在原则上要求本人亲自向官府交代所犯罪行,但也允许本人委托他人代为自首;依法得相容隐的亲属,在未经犯人委托的情况下代犯人自首或告发,也可以视同自首;犯盗窃与诈骗罪者,因悔悟而向被害人承认罪行的"首露",视同向官府的自首。

第三,自首可以免罪,但必须如数退还赃物,以防止犯罪人利用自首得到非法利益。

第四,对自首不实不尽者,即没有彻底交代犯罪性质和犯罪情节的罪犯,分别按不实、不尽的情节予以惩罚。

第五,对某些后果无法挽回的犯罪,不能适用自首减免的规定,如伤害、强奸罪,损坏官文书、官印、旌旗、私渡关津、私习天文等等。

6. 唐律规定,共同犯罪区分首、从的原则。唐律规定:"诸共犯,以造意为首,随从减一等。若家人共犯,止坐尊长;侵损于人者,以凡人首从论,即其监临主守为主犯,虽造意,仍以监主为首,凡人以常从论"。唐律明确二人以上故意犯罪即为共同犯罪,区分首、从的方法,一是"以造意为首,随从者减一等"。二是家人共犯,不论何人造意,以尊长为首、卑幼不坐,体现了封建家长制的原则。三是外人与主管的官员共同犯罪,即使由外人造意,仍以主管官员为首犯,其余人为从犯处理,加重主管官员的刑事责任。唐代的共犯,强调的是二人以上共同犯罪而不问主观上是否有共同的故意,有别于现今刑法的"二人以上共同故意犯罪"的概念。唐代共犯理论的中心,是在区别主犯与从犯的关系。在一般情况下,

"倡首先言"的"造意者",要作为共犯罪的"首犯"处理,反映了封建刑法注重惩治犯意及扼杀犯罪于谋划阶段的特点。

7. 为了保护官僚、贵族的特殊地位,唐律确定了对于犯罪的贵族、官僚给予特别减免或适用特殊审理程序的制度。

(1)"议",即"八议",是对八种特权人物犯死罪,在审判处罚时适用特殊程序。"八议"一指"议亲",即皇帝的亲戚;二指"议故",指皇帝的故旧;三指"议贤",即品行达到封建道德最高水准的人;四指"议能",即有大才干的人;五指"议功",即功勋卓著者,六指"议贵",即封建大贵族大官僚;七指"议勤",即勤于为封建国家服务的人;八指"议宾",即前朝皇室后代被尊为国宾者。按照唐律规定,上述八类人犯罪,如是死罪,官吏必先奏明皇帝,并"议其所犯",由皇帝裁处。按照通例,一般死罪可以降为流罪,流罪以下自然减刑一等。但犯有"十恶"罪的,不包括在此范围。

(2)"请",是奏请皇帝、进行裁决的特殊程序,适用于皇太子妃大功以上亲、八议之人期以上亲和官爵五品以上犯死罪之人。司法机关不能直接审判,只能将有关情况直接奏报皇帝,听由皇帝裁决。应"请"之人如犯流刑以下,自然减刑一等。"请"的限制条款比"议"多,除犯"十恶"外,"反逆缘坐,杀人、监守内奸、盗、略人、受财枉法者",不在请减之列。

(3)"减",是减一等刑罚,规格低于"请",它适用于应"请"者的亲属和七品以上官。如有犯罪,又在流罪以下,可以自然减刑一等。

(4)"赎",是以铜赎罪,"赎"的规格低于"减",适用于九品以上官、七品以下官吏的亲属。上述人犯罪在流刑以下,听凭以铜赎罪。犯流刑以上罪的,不在减赎之列,为官的,要除名,配流依法照办。

(5)"官当",即以官品或爵位折抵徒、流两种刑罚。按以官当徒原则,公罪比私罪抵当为多,官品高的比官品低的抵当为多。

(6)"免官",即以指通过免官来抵当刑罪。凡免官者"比徒一年,免所居官者,比徒一年"。此外唐律还规定,免所居官者,一年后,降原级一等叙用;免官者,三年后,降原级二等叙用。免官之外,唐代还规定"除名","除名"可以"比徒三年",六年以后续用。

唐代统治者通过"议"、"请"、"减"、"赎"、"官当"、"免官"等制度所确定的法律特权由大到小,构成了一套前所未有的系统、完密的特权保障体系,将贵族官僚的特权法律化,用以维护封建官僚体制,巩固专制统治的基础。清人薛允升说:"(唐律)优礼臣下,可谓无微不至矣。"但必须指出,在封建君主专制条件下的唐代，任何贵族官僚的特权都只有相对的意义，以不触犯皇权及地主阶级的根本利益为限度。

8.《永徽律疏》又称《唐律疏议》，是唐高宗永徽年间完成的一部极为重要的法典，是对唐前期唐律制定工作的总结，是这一时期标志性的成就。高宗永徽二年（651年），长孙无忌、李绩等在《武德律》、《贞观律》基础上修订，并作郑重说明："旧律云言理切害，今改为情理切害者，盖欲原其本情，广思慎罚故也。"最终，奏上新撰律12卷，是为《永徽律》。唐高宗在永徽三年下令召集律师学通才和一些重要臣僚对《永徽律》进行逐条逐句的解释，"条义疏奏以闻"，继承汉晋以来，特别是晋代张斐、杜预注释律文的已有成果，历时一年，撰《律疏》30卷奏上，与《永徽律》合编在一起，于永徽四年十月经高宗批准，将疏议分附于律文之后颁行，称为《永徽律疏》。至元代后，人们以疏文皆以"议曰"二字始，故又称为《唐律疏议》。

《永徽律疏》共12篇，502条。它的篇目设置、体例安排基本上仿照《开皇律》，把类似于现代刑法总则的名例律置于律首，有关具体犯罪及其惩罚的卫禁、职制、户婚、厩库、擅兴、贼盗、斗讼、诈伪、杂律、捕亡、断狱等11篇类似于现代刑罚的分则置于其后。《永徽律疏》结构严谨，律文与疏议有机地结合于一体，是中国古代立法史上的一个里程碑。它总结了汉魏晋以来立法和注律的经验，不仅对主要的法律原则和制度作了精确的解释与说明，而且尽可能引用儒家经典作为律文的理论五刑、十恶、八议、请章、减章、赎章、官当、划分公罪与私罪依据。它为科举考试提供了统一的依据，更重要的是弥补了法律条文的疏漏，为司法实践提供了统一的标准，它既是一部法典，又是一部教科书，向后人展示了这一时期法学理论水平，极大地推动了中华法系理论化的进展。《唐律疏议》这种律疏同文的立法方法，被后来的封建朝代所仿效，也对当时周边一些亚洲国家的立法产生了深刻的影响。

## 五　论述题

1.《开皇律》是一部承前启后的法律。

隋文帝在开皇元年命高颖、杨素等人总结魏晋南北朝以来的立法经验，最后主要以《北齐律》为蓝本制定完成《开皇律》。开皇三年，隋文帝又命苏威、牛弘等人本着去重就轻、删繁为简的原则修订《开皇律》，废除死罪八十余条、流一百多罪条、徒杖等罪一千多条。

开皇三年议定的《开皇律》，在继承《北齐律》立法成果的基础上又有所改进：(1) 全律分为12篇500条，比《北齐律》的12篇949条更为简要。(2) 系统地规定了封建官僚、权贵享有的法律特权，不仅保留完并善了以前的八议、官当制度，还新增加了请、减、赎等特权。(3) 在《北齐律》"重罪十条"的基础上，于《名例律》中特设"十恶"之条，并在量刑及法定减免条款方面加以特别规定。(4) 废除了前朝的许多酷刑，以北朝的五刑制度为基础，在名称、刑等方面稍作变化尤其是基于减少重刑种等级的原则，对刑等作了适当调整，使其进一步趋于合理。最终确立了封建五刑制度：死刑，分为绞斩二等；流刑分为三等，并明定里程数；徒刑仍为五等，但是各等年限均已缩短；杖刑、笞刑各为五等，各等级之间相互衔接。

《开皇律》又成为制定唐律的蓝本，它的上述内容基本为后来的唐律所接受。由此可以看出，《开皇律》上承魏晋南北朝之立法，下启唐律的议定，在我国历史上是一部承前启后的法典。

2.《唐律疏议》把法典条文和律学疏议密切结合在一起，律条与疏议具有同等的法律效力。其中疏议是对汉晋律学的继承和发展，其成就主要表现在三个方面：

其一，通过疏议对法典条文的阐发，使立法意图完整、清晰地体现出来。(1) 自西汉中期以来，儒家"法令宽简"、"约法省刑"的法律思想取代了法家务求法网严密的思想。随着正统法律思想的变迁，法典编纂也发生了重大变化，法典逐渐趋于简化、条文越来越简省；至唐代，唐律仅有500条。"疏议"在法典正条之外以较大的篇幅，阐发律意，弥补了法典条文简约的不足。(2) 疏议把儒家区别亲疏嫡庶的伦理原则阐述得极为全面，补充了法典条文的不足。(3) 疏议引用儒家经典系统地阐述了身份等级思想，为唐律依据身份来设定权利义务作出了学理解释。(4) 疏议以儒家思想为主导，但为了建立一套能够有效调节各种社会关系的法律规范，还吸收了法家、阴阳家等其他学派的思想，并将其制度化、法律化。

其二，通过以疏议注律，使得法律体系在一定程度上协调一致。(1) 唐代法律形式主要有律、令、格、式，不同的法律形式在内容上各有侧重，在调整方法上互有区别，但就其调整对象而言，不同形式的法律所涉及的社会关系有一些交叉和重复。疏议以律条为中心，就具体的法律关系，协调律、令、格、式之间的规定，建立起统一的法律适用标准。(2) 作为法典的律，在制定的时候总是力求简约，必然使得一些规定过于概括，不利于统一执行。疏议以大量的篇幅援引令、格、式，把律文中概括规定的问题具体化，增强了律条的可操作性，又使法律规范整体上有了统一标准。（3）唐律本身其各篇、各条之间也有相互不一致的情况，但是律文不能更改，只有通过疏议予以统一解释。

其三，《唐律疏议》吸收了以往的注律方法，又发展了一些新的方法。（1）疏议引用大量儒家道德训诫，以解释律条的立法宗旨。在某些情况下，律条并没有体现儒家精神，通过疏议的阐释，使得律文进一步儒家化。（2）《唐律疏议》沿用了汉代以来就开始流行的对法律术语的训诂解释，通过对字词含义的说明以及历史源流的考辨，准确把握法律术语的含义。（3）为了清楚地解释法律规范，疏议引用了一些典型的司法判例。这些司法判例或是律条没有直接规定的特殊法律关系，或是上级司法机关对疑难问题的处理决定，它们可以作为处理同类案件的参照。（4）疏议采用了问答式的解释方法。对于律条没有直接规定而实际生活中却时有发生的法律问题，疏议以一问一答的方式加以释义。（5）疏议在解释法律问题过程中，运用了多种语言表达方式，口语花的解释语言是疏议常用的表达方式之一。

3.唐律的特点：第一，礼法高度融合，"一准乎礼"，完全以儒家礼教为指导思想。自西汉以来，统治者不断积累治国经验，在总结法家"法治"、"重刑"思想的基础上，重点吸收儒家怀柔策略，使法律制度不断儒家化。经过几百年的努力，至唐律"一准乎礼"，即以儒家的礼为法律取舍的唯一标准，真正实现了礼与法的高度统一和有机融合。唐代统治者把封建伦理道德的精神力量与国家法律的统治力量紧密糅合在一起，用法的强制力加强了礼的束缚作用，礼的约束力又增强了法的威慑力，从而构筑了严密的统治法网，有力地维护了唐朝的封建统治。

第二，科条简要，宽简适中。唐律继承魏晋以来法律条文力求简约的立法原则，自制定《贞观律》时起，"凡削繁去蠹变重为轻者，不可胜纪"，形成了科条简要、宽简适中的立法特点，取得了古代立法的突出成就。

第三，用刑持平，反对重刑，强调宽仁慎刑。在中国古代社会中，无论是同以前还是以后的历代相比，唐律规定的刑罚都是最为宽平的。笞杖徒流刑罚的适用相对较轻，无附加刑，且行刑规范，死刑执行方式固定为绞、斩两种，比较文明，而且适用于死刑的条款也大为减少，因此，唐律反映了唐前期立法的执法是比较清明和审慎的。

第四，语言精练明确，立法技术高超。唐律虽然仅有502条，但它内容丰富，逻辑清晰严密，语言精练明确，立法技术高超，不仅基本能调整当时各种纷繁复杂的社会关系，而且许多律条的原则、标准比较周密，可操作性强。如自首、化外人有犯、类推等原则的确立，公罪与私罪、故意与过失等概念的明确，各种量刑标准的规定等。

唐律的地位与影响：唐律集封建法律之大成，居于承前启后的重要地位，无论是立法思想、法律原则、法典体例，还是法律内容，都承袭了以往各代立法的成果，同时又有发展和创新，成为完备的封建法律形态，是中华法系的代表作，标志着中华法系走向成熟。在中国及东南亚法制史上具有深远影响，唐律的完备，以中国封建时代的唐律为内涵，以周边国家法律为外延，构建了区域性的法律体系。中华法系与世界其他四大法系并称为五大法系，中华法系与其他法系既有共能之处，又有自身固有的特点，它以自己独特的风采影响着亚洲的与其有交往的各地，在世界法制史上占有重要的地位。在中国法制史上，唐律居于承前启后的重要地位，使唐律融封建法律之共性与自身发展完善于一体，以"一准乎礼，得古今之平"著称于世，成为完备的封建法律形态，为后世封建法制的典范。唐律的影响远播到东亚和东南亚地区，被日本、朝鲜和越南等国家接受和援用，由此而形成了为世界所公认的中华法系。唐律是人类历史上封建法制形态的代表之作，就如同《法国民法典》是资本主义法律之经典一样。

## 六　分析题

材料体现的是唐律的共同犯罪区分首、从的原则。唐律明确规定二人以上故意犯罪即为共同犯罪。材料表明，唐代的共犯，强调的是二人以上共同犯罪，区别于现今刑法的"二人以上共同故意犯罪"的概念。唐律共犯理论的中心环节在于区别主犯与从犯的关系。在一般情况下，"倡首先言"的"造意者"，要作为共犯的"首犯"处理，反映了封建刑法注重惩办犯意及扼杀犯罪于谋划阶段的特点。在家人共犯的情况下，不论何人造意，以尊长为首，卑幼不坐，体现了封建家长制原则。如果是外人与主管的官员共同犯罪，即使由外人造意，仍以主管官员为首犯，其余人为从犯处理，加重官员的刑事责任，以防止官员内外勾结、上下一气，进而维护国家的统治。唐代共犯原则体现着维护封建君主专制主义的要求。

# 第八章 宋辽金元时期的法律制度

（公元 960~1368 年）

## 一 单项选择题

1. 编敕作为一种重要的立法活动和立法形式形成于（    ）。
   A. 秦朝　　　　B. 唐朝　　　　C. 宋朝　　　　D. 明朝

2. （    ）是我国古代第一部法医学专著。
   A.《洗冤集录》　　　　　　　　B.《淳熙条法事类》
   C.《庆元条法事类》　　　　　　D.《折狱龟鉴》

3. 宋朝以有无不动产为标准，将户口分为（    ）。
   A. 主户与客户　　　　　　　　B. 主户与农民
   C. 客户与佃户　　　　　　　　D. 农户与客户

4. 宋朝的基本法典不称律，而是称（    ）。
   A. 通制　　　　B. 条法事类　　　C. 条格　　　　D. 刑统

5.《宋刑统》在内容上沿袭哪部法典（    ）。
   A.《武德律》　B.《唐律疏议》　C.《大周刑统》　D.《贞观律》

6. 宋代设置了（    ），凌驾于三法司之上，以加强皇帝对司法权的控制。
   A. 审刑院　　　B. 军机处　　　C. 大宗正府　　D. 宣政院

7.《治契丹及诸夷之法》是（    ）制定的。
   A. 辽太祖耶律阿保机　　　　　B. 成吉思汗
   C. 元世祖忽必烈　　　　　　　D. 宋太祖赵匡胤

8. 宋太祖赵匡胤创设的（    ）改变了封建制五刑的执行方法。
   A. 绞刑　　　　B. 鞭笞　　　　C. 折杖法　　　D. 具五刑

9. 金朝法制建设中最具成就的一部法典是（    ）。
   A.《大札撒》　B.《大金律》　　C.《泰始律》　　D.《泰和律义》

205

10. 西夏最具有代表性的法典是（　　），其详细程度为中古法律之罪。

A.《皇统制》　　　　　　　　B.《天盛改旧新定律令》

C.《贞观玉镜统》　　　　　　D.《新法》

11. 宋朝把犯人推翻原来的口供称为（　　）。

A. 翻供　　　B. 悔供　　　C. 翻异　　　D. 异供

12. 在元朝建立前后的立法活动中，被《新元史·刑法志》称为元朝"一代法制之始"的是（　　）。

A.《风宪宏纲》　B.《条画五章》　C.《大元通制》　D.《至元新格》

13. 元代死刑定制为（　　）。

A. 绞、凌迟二等　　　　　　B. 斩、凌迟二等

C. 绞、斩、枭首三等　　　　D. 绞、斩、枭首、凌迟四等

14. 元代的（　　）自成系统，是全国最高的宗教管理机关与宗教审判机关。

A. 军机处　　B. 理藩院　　C. 宣政院　　D. 大理寺

15. 元代地方官吏自行编制的一部法律汇编是（　　）。

A.《元典章》　B.《至元新格》　C.《大元通制》　D.《风宪宏纲》

16. 元代的笞杖数尾数为（　　）。

A. 五　　　B. 七　　　C. 零　　　D. 九

## 二　多项选择题

1. 宋朝的主要立法活动有（　　）。

A. 编敕　　　B. 编例　　　C. 制定宋刑统

D. 编纂条法事类　E. 制定问刑条例

2. 宋朝的法律形式主要有（　　）。

A. 编敕　　B. 断例　　C. 条文　　D. 刑统　　E. 指挥

3. 宋朝的商事活动频繁，这一时期的商事立法主要有（　　）。

A. 市易法　　　B. 市舶条法　　　C. 禁榷法

D. 重法地法　　E. 钞法

4. 南宋规定户绝指家无男子继承，若出现户绝，立继承人的方式有哪些（　　）。

A. 立继　　　B. 父继　　　C. 嗣继

D. 命继　　　E. 妻继

5. 以下属于宋朝刑制中正式入律的有（　　）。
   A. 刺配　　　　B. 折杖刑　　　　C. 拘留
   D. 凌迟　　　　E. 具五刑
6. 元朝的主要立法成果是蒙古旧制与汉法的混合物，主要有（　　）。
   A. 《元典章》　　B. 《大元通制》　　C. 《至正条格》
   D. 《大札撒》　　E. 《风宪宏纲》
7. 元朝的四等人是指（　　）。
   A. 汉人　　B. 蒙古人　　C. 西人　　D. 色目人　　E. 南人
8. 元代中央司法机构具有自己的特点，这些机构主要有（　　）。
   A. 大理寺　　B. 军机处　　C. 大宗正府　　D. 宣政院　　E. 刑部
9. 元朝先后颁布的法典或编纂的法律文献有（　　）。
   A. 《至元新格》　　B. 《风宪宏纲》　　C. 《大元通制》
   D. 《元典章》　　　E. 《至正条格》

## 三　名词解释

1. 《宋刑统》　2. 《洗冤集录》　3. 折杖法　4. 刺配　5. 凌迟　6. 编敕　7. 断例和事例　8. 《庆元条法事类》　9. 翻异别勘制　10. 《治契丹及诸夷之法》　11. 市易法　12. 市舶条法　13. 条法事类　14. 提点刑狱司　15. 《泰和律义》　16. 《大札撒》　17. 《至元新格》　18. 《大元通制》　19. 《元典章》　20. 《至正条格》　21. 行御史台　22. 警迹人

## 四　简答题

1. 宋朝的立法思想主要有哪些？
2. 简述宋朝法制的特色。
3. 宋朝职官管理法主要有哪些制度？
4. 简述宋代的商事立法的内容。
5. 简述宋朝的契约制度。
6. 简述辽代的立法概况。
7. 元代的立法指导思想是什么？
8. 简述元代的五刑体制有何变化？

## 五 论述题

1. 试述《宋刑统》与前朝法律相比，有哪些发展变化？
2. 元朝的监察机构与往代相比有哪些特点？
3. 试述元代的主要立法活动及特点。
4. 试述元代的法律制度是如何体现出民族歧视与压迫的。

## 六 分析题

1. 据《续资治通鉴长编》卷六记载：宋太祖开宝二年（公元969年）九月诏："初令民典卖土地者，输钱印契"。
试分析这句话说明的关于宋朝民事类法规的发展变化。

2. 王拜驴等于贺二地内掘得埋藏之物，拟令得物之人与地主停分。案经中书省批准，并定例：今后若有于官地内掘得埋藏之物，于所得物内一半没官，一半付得物之人。于他人地内得物者，依上与地主停分。若租佃官私田宅者，例同业主。如得古器珍宝奇异之物，随即审官进献，约量给价。如有诈伪隐匿其物，全追没官，更得断罪。
请对该案进行分析，并说明中书省如此定例的目的何在。

## 参考答案

### 一 单项选择题

1. C  2. A  3. A  4. D  5. B  6. A  7. A  8. C  9. D  10. B  11. C  12. B  13. B  14. C  15. A  16. B

### 二 多项选择题

1. ABCD  2. ABDE  3. ABC  4. AD  5. ABD  6. ABCE  7. ABDE  8. CDE  9. ABCDE

## 三 名词解释

1. 宋代的基本法律,即《建隆重详定刑统》。宋初沿用后周《显德刑统》,后诏令窦仪等人重新修订,建隆四年完成。《宋刑统》在体制上模仿了唐末《大中刑律统类》和后周《显德刑律统类》,采取律敕并重,令格式合编的体例,是秦汉隋唐以来法典编制体例上的一大变化。《宋刑统》共 31 卷,分为 213 门,一门所收都是同一性质的条文。其中律有 12 篇,502 条,律文之后加以疏议,再附以有关的敕、令、格、式,达 177 条。在相关的令敕之后,新增起请条 32 条。《宋刑统》与唐律相比,在形式上的变化主要是其称刑统而不称律,编制体例上分门,新增了起请条,并在名例律后附有"余奈准此"的类推性质条文。就内容而言,一是创建了"折杖法",二是有关民商立法比唐律更加完善。《宋刑统》开创了中国古代刑律编纂的新体例,后世的法典如《大明律例》、《大清律例》等的体制皆源于此。

2. 《洗冤集录》在总结前人办案经验的基础上,把实践中获得的药理、人体解剖、外科、骨科、检验等多方面的知识汇集成书,是宋代著名法医学家宋慈所著的一部法医学专著。《洗冤集录》是我国古代第一部有关法医学方面的专著,实践性很强,具有立竿见影的效果。它不仅指导了宋朝及其后世的司法实践,同时还对世界各国产生了深远影响。数百年来,该书被译成荷、英、法、德等国文字,被中外奉为法医学的经典。

3. "折杖法"是宋朝创立的新的刑罚,用决杖来代替笞、杖、徒、流四刑。宋太祖赵匡胤为"洗五代之苛",于建隆四年(公元 963 年)定折杖之制:流刑四等自加役流至流三千里、流两千五百里、流两千里,分别决脊杖二十,配役三年,或决脊杖二十、十八、十七,均配役一年,免去流远;徒刑五等自徒三年至徒一年,分别决脊杖二十、十八、十七、十五、十三后释放;笞刑五等自笞五十至笞十,分别决臀杖十下、八下、七下后释放。折杖法具有"流罪得免远徙,徒罪得免役年,笞杖得减决数"的好处,体现了行刑从轻的精神。

4. 为了弥补折杖法轻重悬殊的缺陷,宽贷杂犯死罪,宋太祖立刺配之法。刺面、配流且脊杖,是对特予免死人犯的一种代用刑。但后来则成了常用刑种之一,太宗以后有关刺配的编敕逐渐增多,南宋孝宗时达"五百七十余条",不仅盗贼徒以上罪要刺配,军士犯罪也要刺配。

5. 凌迟,也作"陵迟",俗称"千刀万剐",是宋代后来增加的一种死刑。

《宋史·刑法志》："凌迟者，先断其支体，乃抉其吭，当时之极法也。"它先起于五代，法定于辽。北宋仁宗时首开凌迟之例，北宋中期盛行，南宋《庆远条法事类》将凌迟与斩、绞并列，成为法定刑种。元、明、清三代凌迟之刑沿袭不变。

6. 敕是皇帝在特定的时间，针对特定的人和事所发布的命令。因其不具有普遍和长期的适用性，故而需要整理、删定、分门别类汇编在一起，颁行于天下，使之成为具有稳定性和普遍适应性的法律形式，这种活动就叫编敕。宋承唐五代编敕以应时势变化的余续，并将其大加利用，编敕地位上升，用以损益和补充成法；编敕数量大幅增长，每次修敕皆在千条以上。编敕成为自宋太宗以后的主要立法活动和立法形式。宋代编敕，不仅有通行全国者，也有适用于省院寺监及各部等中央机构者，以及用于一路一州一县者。既有各类散敕通编者，又有专门编辑有关刑名敕者，后者便形成与《宋刑统》并行的系统的刑事法源。

7. 断例和事例是宋代另一个足以征引的法源。编例，是重要的法律形式和立法活动，例，即断例，是由中央司法机关或皇帝审断的案例，被相继沿用，成为惯例。宋代编例、断例起自仁宗赵祯庆历时命"刑部、大理寺以前后所断狱及定夺公事编为例"之诏，附在编敕之后；神宗熙宁时又将"熙宁以来得旨改例为断，或自定夺，或因比附辨定、结断公案堪为典型者，编为例"，形成《熙宁法寺断例》12卷；后又有神宗《元丰断例》6卷、哲宗赵煦《元符刑名断例》3卷、徽宗赵佶《崇宁断例》、南宋《绍兴编修刑名疑难断例》22卷、《乾道新编特旨断例》20卷、《开禧刑名断例》10卷。事例则是以皇帝"特旨"和尚书省等官署发给下级指令的"指挥"编类为例。神宗以后，"御笔手诏"等特旨和指挥的地位渐高。

8. 《庆元条法事类》是南宋的宁宗嘉泰二年（1202年）谢深甫等所撰，次年7月颁布。因其奉诏于庆元年间而颁行于嘉泰年间，故兼称《庆元条法事类》、《嘉泰条法事类》，凡437卷。所收为南宋初年（1127年）至庆元年间（1195~1120年）的敕、令、格、式和随敕申明，分职制、选举、文书、榷禁、财用、库务、赋役、农桑、道释、公吏、刑狱、当赎、服制、蛮夷、畜产、杂门共16门。

9. 翻异别勘制是为防止冤假错案而规定的复审制度。起源于唐末五代，是指犯人如在录问或行刑时提出申诉，案件必须重新审理。翻异，指的是犯人推翻原来的口供；别勘，又称别推、别鞫、移推，指改换审判官重新审理。宋代，当犯人不服判决临刑称冤，或家属代为申冤时，则改由另一个司法机关重审或监司另派官员复审；凡州县死刑犯人或犯罪品官，虽已结案，但未经本路提刑司录问而推翻原来的口供，或其家属诉冤，则移送提刑司重新审判；如果已经本路提刑司录问而翻供、诉冤，则由提刑司审查，改换审判官重审；如果死刑犯人临赴刑时喊冤，由本路无干碍监司重审，或者移送临路提刑司审理。这种制度实质上说，是司法机关自动复审，虽有时因多次翻异会影响司法机关的审判效率，但从总体上来说能够在一定程度上杜绝冤假错案的发生，同时也是宋朝统治者"慎刑"精神的表现。宋代的"翻异别勘"分为原审机关的"移司别堪"和上级机关的"差官别推"两种形式。

10. 《治契丹及诸夷之法》为辽太祖耶律阿保机时期制定，是契丹人制定的第一部成文法，它是将契丹诸部落的习惯法进行了统一的编纂及整理。该法反映了辽代初期的一些基本的法制特征：一是指导思想上"因俗而治"；二是法律中有未规定之处，则依照唐律处断，这表明契丹社会正在向文化先进的中原汉人学习；三是实行民族间的不平等，法律规定的不确定性及同罪异罚现象极为明显。

11. 王安石变法时，为打破富商巨贾垄断市场，于神宗熙宁五年（公元1072年）三月颁行实施。具体内容是：成立市易务，设置提举等官，并招募行人、牙人，"平价"收购滞销货物；国家拨出一百万贯作本钱，借贷或赊给务官、行人、牙人及一般商贩，但须"以地产为抵押"或以"金银作抵押"，半年或一年内还清；外来商人可将难以脱手的货物卖给市易务，或折合换取市易务其他货物。

12. 宋代在东南沿海各港口设市舶司，管理商旅出海外与蕃国贩易其来华外商贸易诸事。其内容主要是：第一，无论官府、私人进入海外贸易，都必须报请朝廷批准。第二，海外贸易应遵守官府的有关禁令。第三，外商靠岸后，必须先由市舶司进行检查，市舶司负责发给舶商出海"公凭"，检验其货物有无禁止出海物。扣留其中的榷禁物品，对其他货物抽取十分之一的税金，然后允许其上岸交易。第四，以礼优待前来贸易的外商，市舶司于外商到来和离开之际，设宴慰劳、送别成为常例。第五，对所有在对外贸易中的有功人员实行物质奖励或晋升官职。第六，禁止官员利用职权妨碍正常的贸易活动，法律允许外商越级投诉，犯者计赃坐罪。

13. 条法事类是根据法律的内容、性质、功用，分门别类，依事编排，便于检索使用。条法事类产生于南宋孝宗淳熙年间，当时因敕令格式合编为一典，内容庞杂，缺少条理，不便检索，于是出现了条法事类。南宋所颁布的条法事类至今只保留下一部《庆元条法事类》残卷，余皆散佚。《庆元条法事类》原有80卷，残存48卷，共16门，是研究宋代法律制度的珍贵文献。

14. 提点刑狱司为中央派出的代表中央监督所辖州县司法审判活动的机构，负责复查地方审断案件，拥有诸州大辟案的复核权。各州的死刑案件必须经提点刑狱司复审，核准后方可执行。通过提点刑狱司的活动，中央加强了对于死刑判决权的控制及一般审判活动的监督。

15. 《泰和律义》是金朝法制建设中最具成就的一部法典。它是金章宗时期制定的，以《唐律疏议》为蓝本，并取《宋刑统》的疏议加以诠释，其篇目与唐律相同，共十二篇三十卷，但内容有所不同。它是金代常行的法典，但由于金代战事频繁，法律在实际生活中并未切实地贯彻执行。

16. "札撒"是古代蒙古部落对众人发布的命令。它来源于蒙古社会长期历史发展过程中形成的种种社会习惯或行为规范。为适应开疆拓土的需要，成吉思汗十分重视法律风纪的作用。《大札撒》即是成吉思汗召集制定的，其内容主要为成吉思汗的训言及蒙古社会习惯，如关于不同身份人之间的关系、行为规范、蒙古族自己的民族习惯和迷信禁忌等，其中有一些游牧经济和社会秩序的条款。作为蒙古部族初创期的法律规范，它既不完备也不系统。《大札撒》的特点之一是刑罚严酷，大量使用死刑，二是具有原始性，生活习惯与迷信禁忌在法律中占有重要地位。《大札撒》原文今已佚失，其部落条文散见于中外各种史籍。

17. 《至元新格》是元世祖忽必烈至元年间颁布的一部综合性法典，至元二十八年（1291年），中书右丞何容祖以公规、治民、御盗、理财等十事编为一书，名曰《至元新格》，被元世祖采纳而刻板颁行。今已不存，仅有近百条收录于《通制条格》与《元典章》中。它以当时陆续颁行的各种条格、成例为依据，内容兼有行政法和刑事法律。它是元代统一中国后所颁布的第一部较为系统的成文法律。

18. 《大元通制》是元英宗至治年间成书的一部法律集成，是在《至元新格》等法规法令的基础上，汇编世祖以来历朝的条格、诏令、断例而成。《大元通制》共2539条，由诏制（相当于编敕）、条格（由皇帝裁定，或中枢机关颁布发至下属机关的政令）、断例（因事立法，断一事而立一例）、别类四部组成，共20篇，其篇目体系和条文的具体内容都沿袭了唐宋法典，也承袭了唐宋法典的基本精神，但在行文体裁上缺乏一般法典所具有的系统划一的形式。

19. 《元典章》是元代地方官吏自行编制的一部法律汇编，全称为《大元圣政国朝典章》。它是元朝圣旨条画、律令格例以及司法部门所判案例等资料的汇编。《元典章》分《前集》与《新集》。《前集》六十卷，列诏令、圣政、朝纲、台纲、吏部、户部、礼部、兵部、刑部、工部十项。其下还有分目。《新集》不分卷，列国典，朝纲、吏、户、礼、兵、刑、工八大项，其下亦分各门目。这种以六部划分法规的体例，是《明律》以六部分篇的滥觞。

20. 《至正条格》是在对《大元通制》进行删修的基础上制定的。自《大元通制》颁布以后，由于朝廷仍继降诏令，加之司法引用格例，官吏任意解释与取舍，致使法令前后抵牾。故元顺帝四年，对旧条格重新整理，对《大元通制》进行删修制典，到至正六年（1346年）编成《至元新格》，颁行于世。其内容包括制诏150条，条格1700条，断例1059条，共2909条。

21. 行御史台为元朝官署名。为加强监察力度，元在离中央较远的江南和陕西两地设置御史台的派出机构——行御史台。行御史台虽为区域性监察机构，但设官品秩与职权皆与御史台相同，其职权是加强对肃政廉访使的领导，即对监察官员进行监督。

22. 元朝规定盗窃犯在服刑完毕后，发付原籍充"警迹人"。在其家门首立红泥粉壁，在其上开具姓名、犯事情由，由邻居监督其行止，且每半个月面见官府接受督察。五年不犯者除籍，再犯者终身拘籍。

## 四 简答题

1. 北宋王朝建立后，面临着削弱割据势力、巩固国家统一、恢复社会稳定、重建封建经济等一系列问题，赵普提出了"削夺其权，制其钱谷，收其精兵"，进而强干弱枝，达到集权中央的目的。它的立法思想主要是强化中央集权。

（1）从严肃立法到宽仁立法，实行儒家的中庸之道。宋初在立法与司法上的宽严并不一致，即以重典治理为立法导向，但皇帝在亲自折狱虑囚时，在司法上又以宽仁为治。太祖、太宗两朝之后，在立法上大抵以宽猛得中为准则。尽管有这个变化，宋代的立法也呈现出复杂情形。太祖虽用重典，但开国之初就制定了减轻刑罚的折杖法，后来强调"法用中典"，但在法律的某些方面一直是重典治理，如在惩治盗贼方面就严惩不贷。

（2）加强中央集权和皇帝控制权，并在各部门之间形成牵制与制约，消除造成封建割据和威胁皇权的种种因素，这种思想是整个宋代法律创制的指导思想。宋太祖赵匡胤时，收回了节镇兵权、敛其财权和司法上的刑杀权。太宗时设置提点刑狱公事监督州县司法，设审刑院以加强自己对司法的控制，同时，编敕地位的提高、参知政事与宰相分割相权、枢密院与"三衙"分掌发兵与领兵权、三司共掌财权、台谏合一的监察体制、通判监督知州的连署制等，都是这种思路的展开。

（3）强调政绩，善于理财，实行"通商惠工"的政策。宋朝统治者重视国家的政绩，强调治国必须要理好财，有了这种认识，宋朝的经济立法得到了空前的发展。以"通商惠工"为宗旨，宋朝出台了一系列开放市场和禁止勒索商人的法律条规，如王安石变法期间颁布的《市易法》及专门调整海外贸易的《市舶条法》等。宋代也十分重视农民的利益，北宋至南宋逐渐增多的允许"越诉"的法条，基本上都是小民受到官吏侵渔，求生无门，以及应得到的民事利益，由于官府的原因而得不到补偿和恢复而被允许提起的。

2. 援法而治是我国古代法律很重要的一种传统。《宋刑统》不仅完全继承了唐律援法而治的精神与规定，而且根据当时社会和现实的实际情况进行了修改和完善，具有自身鲜明的特点。

第一，在审理刑事案件中实行鞫谳分司制度，这是宋代的创新。根据当时律敕并存、数量庞杂的情况，宋规定州府以上的审判机构，要分设不同的官员或机构负责审理犯罪真实和检法议刑，使之互相监督，保证援法断罪的准确无误。鞫谳分司制度的实行，不仅有助于减少冤狱，防止官吏作弊，而且为援法断罪提供了重要的保证，提高了适用法律的准确性。而职司其事的官员，也因工作关系而不得不熟悉浩如烟海的各种法条，以确保情得其实、法当其罪。

第二，宋代的民事立法较前代有了大规模的发展，司法官严格依法做出民事判决，内容广泛，条文细密。在发给当事人的"断由"中，要包括适用法律条文的内容，以证明断案有根有据。虽然宋朝建立了促进和保障援法断罪的制度，但是在封建专制统治之下，援法断罪只能是相对的。民事法律规范立足于保护私有财产，但是在儒家礼义观念的深刻影响下，使司法官在判断民事案件时不得不兼顾法意与人情，由于皇权始终凌驾在法律之上，使援法而治在某种意义上成为援例而治、援敕而治，并为官吏随意出入人罪提供了便利。

3. 宋朝对职官的管理非常严格，有一整套的制度，主要有以下三个方面：

（1）职官的任用。科举和恩荫是宋代选任官吏的两个途径。宋代科举的特点有：录取和任用的范围很广，而且不限制应试者的出身；皇帝三年一次亲自殿试考选被制度化；创造了"糊名"等考试方法和规则；考试内容虽仍侧重诗赋、经义，但切近国家实际治理的策论受到重视。选任方式按官阶品类分属于四选，即尚书左选、尚书右选、侍郎左选、侍郎右选。高级文武官员不参加常选，单独由中书省及枢密院选授。选任标准重视年资与考核结果。

（2）官员的考课。宋代出于强化中央集权、控制中央与地方各级官吏的目的，非常重视考课。第一，专设机构主管考课官员，考课的程序由上级负责考课下级。第二，考课制度固定化和法律化。第三，考课的方法有二，一是磨勘制，一是历纸制。第四，对各级官吏规定了不同的考课标准和内容，尤其是对地方官的考课标准最具体和明确。

（3）职官监察制度。宋朝的监察机关仿唐制，中央设御史台，其下有台院、察院和殿院。仁宗明道年间还专门设立了谏院，设左右谏议大夫，与御史台共同承担监察职责。察院的监察御史职责尤为重要，掌分察六曹及百司之事，纠其谬误。地方监察，主要靠设于各路的监司（转运使和提点刑狱使等）兼管，负责巡按州县。

4. 宋代商事立法的内容主要包括以下三个方面：

（1）扩大市场规模，促进商品流通。①唐代法令对市场贸易的规模、贸易的时间、贸易的地点有很多限制。宋代则打破了城市的坊市制度，并以法令保证夜市。②除了城市贸易之外，随着村镇贸易的发展，出现了众多的草市、镇市，宋政府对其依法进行管理、征收商税。③发行纸币和票据，促进商品流通和经济繁荣。北宋时期的纸币称"交子"，南宋时期称"会子"，政府设置专门机构，负责印行和管理纸币，对于伪造纸币者科以刑罚；宋代的票据有便钱、帖子、盐钞等。

（2）保护商人合法权益，促进海外贸易的发展。①宋代的商人被编入坊廓户中，有了正式的户籍；并允许工商子弟参加科举考试；当商人的合法权益受到侵害时，酌情允许越级申诉。②为促进海外贸易，特颁敕令，严禁留难邀阻商人；还制定、颁行《市舶条法》，对国内商船出海的手续、市舶机构的设置、市舶税的征收加以规定；为鼓励外商来华贸易，对他们以礼优待。

（3）严格市场管理，保证产品质量。宋代不仅在《宋刑统》中规定了生产者的责任，而且还以敕令严禁出售不合格的产品。

5. 其一，债的发生。宋代因契约所生之债占多数，当然还有其他形式引发的债权，《宋刑统》与《庆元条法事类》在买卖之债的发生的法律规定上，强调双方的"合意"性，对强行签约违背当事人意愿的，要"重置典宪"。同时维护家长的财产支配权，即"应典卖物业，或指名质举，须是家主尊长对钱主或钱主亲信人，当面署押契约，或妇女难于面对者，须隔帘亲问商量，方可成交易"。

其二，买卖契约。宋代买卖契约分为绝卖、活卖与赊卖三种。绝卖为一般买卖。活卖为附条件的买卖，当所附条件完成，买卖才算最终成立。赊卖是采取类似商业信用或预付方法，而后收取出卖的价金。这些重要的交易活动，都须订立书面契约，取得官府承认，才能视为合法有效。

其三，租赁契约。宋代对房宅的租赁称为"租"、"赁"或"借"。对人畜车马的租赁称为庸、雇。以房屋租赁为例，宋代法律规定很详细，即所谓"假每人户赁房，免五日为修移之限，以第六日起掠（收房租），并分舍屋间椽、地段、钱数,分月掠,立限送纳"。

其四,租佃契约。宋代租佃土地活动十分普遍。地主与佃农签订租佃土地契约中,必须明定纳租与纳税的条款,或按收成比例收租(分成租),或实行定额租。地主同时要向国家缴纳田赋。若佃农过期不交地租,地主可于每年十月初一到正月三十日向官府投诉,由官府代为索取。

其五,典卖契约。宋代典卖又称"活卖",即通过让渡物的使用权收取部分利益而保留回赎权的一种交易方式。因典卖田宅者多为贫困的人,他们过期无力回赎时,就使得有钱人以低廉的代价获得田宅的所有权,而使自己蒙受损失。

其六,借贷契约。宋代法律因袭唐制,对借与贷作了区分。借指使用借贷,而贷则指消费借贷。当时把不付息的使用借贷称为负债,把付息的消费借贷称为出举。并规定:"(出举者)不得还利为本",不得超过规定实行高利贷盘剥。

6. 契丹人源自辽河流域,"渔猎以食,车马为家",没有成文法律,沿用民族习惯法。辽太祖执政之初,仍然适用习惯法,对一般犯罪"量轻重决之",对重大案件则"权宜立法"。随着辽政权的不断扩张,渐受宋朝法制影响,开始采用"以国制治契丹,以汉制待汉人"的分治原则。在加速汉化的进程中,辽代不断扩大汉法的适用范围。圣宗即位后,着手改革辽法,组织大臣翻译南京(今北京)所进唐宋律文,作为法律改革的基础。这次改革的重点,是解决契丹人与汉人发生冲突而适用法律轻重不均的问题。

辽代大规模地编纂法典,开始于兴宗时期。重熙五年(1036年),参照唐律修订太祖以来法令,正式编定《新定条例》547条,又称《重熙条制》,颁行全国,成为辽代基本法典。道宗咸雍六年(1070年),又以"契丹、汉人风俗不同,国法不可异施"为由,对《重熙条制》进行删修增补,编成《咸雍重定条例》789条,简称《咸雍条制》。这部法典对契丹人、汉人同样适用,是辽代法律进一步汉化的标志。大康以后,又对新律续补过两次,分别增加36条和67条。至大安五年(1089年),道宗以新律繁杂,"典者不能遍习,愚民莫知所避,犯法者众,吏得因缘为奸",下令恢复行用《重熙条制》。

7. 元朝统治者在法律方面实行了强烈民族压迫与阶级压迫倾向的政策,元世祖忽必烈建立元朝后,面对空前广阔的统治疆域和众多复杂的人口,接受了汉儒的建议,明确提出了"祖述变通"、"附会汉法"、"参照唐宋之制"的法制指导思想,即要考稽成吉思汗以来蒙古汗国的制度,特别是参用汉法对法律制度进行变通。因此而形成的元代法律是蒙古旧制与汉法的混合物。二是提出了"因俗而治"的立法思想,实行蒙汉异制。元代仿照辽代"因俗而治"的办法,在婚姻立法等方面明确规定蒙古人适用汉法规范。蒙汉异制也更有利于保护蒙古人的各项特权，如在司法上，蒙古人、色目人犯罪案件由大宗正府掌理。蒙古人在任官、刑罚等方面亦享有一系列特权，并得到法律的保护。

8. 元代刑名与前期一样，也以笞、杖、徒、流、死五刑为基础，基本沿用宋金以来的汉法五刑，反映了其民族压迫的色彩经历了一个由蒙古旧制逐步向汉法转变的过程。成吉思汗时，采用斩决、流放和柳条责打等刑罚方式。忽必烈即位后，刑罚制度逐步向汉法的笞、杖、徒、流、死五刑体系转变。但是元代的五刑与唐宋五刑相比有所变发展。笞刑形成自笞七至笞五十七共六等，笞七本为减三下，但笞五十七使笞刑变为六等（而非唐宋制之中的五等）；杖刑形成自杖六十七至杖一百零七共五等的体系，最高决杖数高于唐宋制中的一百；徒刑自一年至三年五等（每半年为一等）皆加杖，分别杖六十七至一百零七；流刑实行"南人迁于辽阳迤北之地，北人迁于南方湖广之乡"，三等仍分为二千里、二千五百里和三千里三等；死刑有斩、凌迟二等，而无绞刑。

## 五 论述题

1. 首先，在体例上，《宋刑统》沿用了唐末《大中刑律统类》和后周《显德刑统》的编纂体例，采取律敕并重，令格式合编的体例，在律文之后增加敕、令、格、式、起请条等，开创了中国古代刑律编纂的新体例。改变后的编排方式便于司法人员查阅。其次，《宋刑统》在内容上也与前代有很大的不同。一是在刑罚制度上创建了"折杖法"，二是有关民商立法比唐律更加完善。而其在形式上的变化则极为显著，主要有四个方面：其一是法典不称"律"，而称"刑统"。其二是分门类编。《宋刑统》在每卷中标明门类，将律文12篇分为213门。其三是新增"臣等起请"32条，所谓"臣等起请"，指窦仪等修律者为适应宋时形势发展的需要，对前朝行用的敕令格式经过审核详虑后，向朝廷提出的变动建议。其四是总括"余条准此"，列于名例律后。所谓"余条准此"，是指具有类推适用性质的条文。

2. 元朝政府很重视监察机构的工作，因为作为统治集团的蒙古、色目贵族毕竟在人数上占少数，要统治以汉族为主体的中国，统治阶层不能不吸收汉族地主官员，但出于少数民族的弱势心理，又需要对汉族官员予以监督，以防止他们拥权自重，这就构成了元朝监察机构权限大、机构众多的特点。

（1）机构设置。元朝政府的监察机构，中央一级为御史台，它与中书省互不隶属，地位相同，官阶一致，均为一品。监察机关的职权为考察官员、监督司法、参与司法审判。元朝共设22道监察区,设置肃政廉访使常驻地方,主管监察工作。其工作主要是纠察地方官员邪恶,政绩得失,巡复、按复各路已结案件。遇到重大案件则当面复审查实,然后移文本路结案,申报刑部。如果遇到六品官吏犯轻罪,则可以当即处断。它有权复审地方已断的有关死刑的案件。元政府在江南、陕西两地方设置御史台的派出机构——行御史台,以加强对肃政廉访使的领导,对监察官员进行监督。

(2)民族歧视。作为元代的监察制度中的特点还有一个就是只有国姓即蒙古贵族才能出任御史大夫一职,这反映了元朝执行民族歧视、民族压迫的总体国策。

元政府通过一系列机构设置、法规颁布、权限扩大、明确职能,使得中国的监察制度在元代有了显著的发展,对后世明、清的监察制度均产生了巨大影响。

3.首先,元朝主要立法活动:元朝统一政权建立以后,开始进行大规模立法活动,先后编撰了多部综合性的法律汇编。

第一部是世祖至元二十八年(1291年)颁行的《至元新格》。它汇辑了元朝建立以来的条格、成例等法律法规,内容包括公规、选格、治民、理财、赋役、课程、仓库、造作、防盗、察狱等十个方面。

第二部是仁宗(1312～1320年在位)时编辑的《风宪宏纲》,这是一部关于纲纪、吏治方面的法律汇编。"风宪"原指风纪法度,中国古代常指监察官员整肃吏治。延祐二年(1315年),曾参照元朝历代条格编纂法律,包括诏制、条格、断例三部分。第二年纂成,但未颁行。后将现行格例、条画中有关风纪的内容汇辑成《风宪宏纲》,作为专门的监察条令予以颁行。

第三部是英宗至治三年(1323年)完成的《大元通制》。它汇集世祖以来的条格、诏令和断例编纂而成,是元朝最系统完备的法典,包括诏制94条、条格1151条、断例717条、令类577条,共2539条。

第四部是英宗时期由地方官府编辑的《大元圣政国朝典章》,简称《元典章》。这是一部世祖以来50多年间政治、经济、军事、法律等各方面圣旨、条画的汇编,内容共有60卷,分诏令、圣政、朝纲、台纲、吏部、户部、礼部、兵部、刑部、工部等十类,下分373目,目下又列有条格。《元典章》按六部行政机关分类的体例,直接影响到《明律》的篇目结构,并为《清律》所继续沿袭。

最后一部是元末顺帝至正六年(1346年)颁行的《至正条格》。它基本沿袭了《大元通制》的编辑体例,其内容共2909条,分为诏制150条、条格1700条、断例1059条。

其次,元朝立法特点:元朝立法受两宋编敕、编例的影响较大,经常将皇帝敕令及成例加以整理编辑，具有刑事、民事、经济、行政各种法规汇编的性质，而且其中诏制、条格、断例占有很大比重，往往是一事立一法，因而律条庞杂，结构松散，致使法律内容很不规范。

4. 元朝统治者存在强烈的民族优越感和狭隘的民族偏见，其法律制度具有鲜明的民族歧视和压迫色彩，这主要表现在以下几个方面：

（1）他们将当时中国境内的居民分为蒙古人、色目人、汉人和南人四个等级，蒙古人和色目人在政治、经济及法律上的地位都高过汉人与南人。元代一系列民族歧视和压迫政策正是在区分四个等级的基础上制定的。

（2）在法律指导思想上以原来的旧制为标准，实行民族压迫的政策。这在元朝初年表现得尤为突出。有些原来只适用于蒙古人的习惯也被运用于其他民族，这给其他民族带来很多灾难。

（3）极力保护以蒙古人为首的统治集团牢牢掌握官署的控制权。中书省、枢密院、御史台长官，地方路、府、州、县之正官皆由蒙古人担任，较高级的行政人员，也都排挤汉人、南人出任。

（4）这种民族歧视和压迫政策，反映在刑事法律上，便是对各民族之间的犯罪行为同罪异罚。在刑罚适用上实行公开的不平等。元朝法律规定蒙古人殴打汉人，汉人不能还手，汉人如违反规定还手打了蒙古人，则会被严刑科罪。蒙古人若因争斗及酒醉而殴死汉人，不需要偿命，而只是断罚出征，支付丧葬费。而汉人殴死蒙古人，则会被处死，并"断付正犯人家产，余人并征烧埋银"。蒙古人与色目人还享有多种特权。蒙古人犯罪除死罪外不必拘押。蒙古人和色目人犯奸、诈伪案件由专门的大宗正府掌握。蒙古人、色目人在刑罚的具体执行上也享有特殊待遇。

（5）为了防止汉人反抗，为维护其统治，元代法律为汉人与南人制定了多种禁制，并严惩违禁者。元朝法律禁止汉人、南人藏有兵器盔甲，也不许养马，民间藏弓箭十副、铁甲全副及私造兵器者处死刑。禁止汉人练习武艺，违者杖七十七。汉人聚众集会、结社、集众作佛事、迎赛神社、聚众演唱词话、练习杂戏等活动均在禁止之列。这些禁制无视汉民族的生活习惯与风俗，集中体现了民族压迫与民族歧视。

## 六　分析题

1. 宋朝时期民事类法规的发展变化，从土地政策的变化开始，土地政策的变化影响到了其他方面。材料中的这句话表明，先前颁行的《宋刑统》中所谓"均田制"下不得买卖"口分田"的规定，原本就是具文。只要履行了"输钱印契"的程序，土地买卖就是合法的。时人讥宋朝"田制不立"，"不抑兼并"，是向"切田制"看齐的。实际上，"不抑兼并"本身就是一种"田制"。这是土地私有不受国家政策法律干预的经济规律作用的趋势发展的结果。因而，宋代法律主要是均税，防止的是地多税少、地少税多、有地无税、地去税存的倾向，而重心不在"均田"。因此带来的法律变化是，宋代有关土地买卖和土地租佃的法律规定的完善，以及由此而来的关于地权的更细分化。国家只是关心土地交易税是否缴纳、是否割过了税赋，以及买卖是否正当，有关土地买卖的法律禁约主要是在这方面。因"不抑兼并"而产生大量的无地之人成为佃农，使得土地租佃普遍起来。租佃制的发展，推动了土地所有权、占佃权、使用权的分离。

2. 这一定例不仅解决了单个案件，而且由此及彼，根据发现埋藏物的具体地点来确定埋藏物的归属。第一种情形是在官地内掘得埋藏物，则一半没官，一半给得物之人；第二种情形是在他人地内获得埋藏物，则发现者与地主平分；第三种情形是在租佃的官地或私人土地中获得埋藏物，则与业主一样享有对它的完全的所有权。如果是古器珍宝或奇异之物，则应该呈给官府，由官府付给相应钱财，如果有诈伪隐匿行为，则全部没收，并予以刑事制裁。这一定例对于埋藏物进行了较为完善的规定，并且明确了相应的法律责任。中书省以此定例完善了元代法律对于宿藏物（埋藏物）的制度规定，其内容最终被收入《大元通制·禁令门》。

# 第九章 明代的法律制度

（公元 1368~1644 年）

## 一 单项选择题

1. 明太祖朱元璋主持制定的刑事特别法是（　　）。
   A. 大明令　　　B. 明大诰　　　C. 问刑条例　　　D. 大明律
2. 明太祖朱元璋为巩固帝业打击官僚朋党为奸而增设的一项新罪名是（　　）。
   A. 朋党罪　　　B. 奸党罪　　　C. 左官罪　　　D. 毁谤罪
3. 明朝立法的指导思想是（　　）。
   A. 重典治国　　　B. 一视同仁　　　C. 尚德缓刑　　　D. 德本刑用
4. 每年霜降后，明朝三法司会同公、侯、伯审理重囚的制度称（　　）。
   A. 朝审　　　B. 九卿会审　　　C. 寒审　　　D. 秋审
5. 明代创立的（　　）是清朝秋审制度的前身。
   A. 圆审　　　B. 三司会审　　　C. 会官审录　　　D. 九卿会审
6. 明代具有行政法大全性质的立法是（　　）。
   A.《大明律》　　B.《盗贼重法》　　C.《明实录》　　D.《明会典》
7. 明代三法司中负责主审的机关是（　　）。
   A. 刑部　　　B. 御史台　　　C. 都察院　　　D. 理藩院
8. 明代在最基层的乡一级设置了（　　）以调处民事纠纷。
   A. 州县派驻机构　B. 酋长制度　　C. 什伍制度　　　D. 申明亭制度
9. 在对违律婚姻的处罚上，明律量刑与唐律相比，（　　）。
   A. 明律比唐律重　　　　　　　B. 两者处罚相同
   C. 明律比唐律轻　　　　　　　D. 各有轻重
10. 廷杖是在皇帝决定和监督下，在殿廷前对违抗皇命的大臣直接施以杖刑的法外刑罚，由司礼监刑，（　　）施刑。

A. 锦衣卫 　　　B. 刑部 　　　C. 西厂 　　　D. 东厂

## 二　多项选择题

1. 明代的司法会审主要有（　　）。
   A. 朝审 　　B. 圆审 　　C. 会官审录 　　D. 三司会审 　　E. 寒审
2. 参加圆审又称九卿会审的官员有（　　）。
   A. 左都御史 　B. 大理寺卿 　C. 通政史 　　D. 六部尚书 　　E. 监察史
3. 明代的特务机关是（　　）。
   A. 都察院 　　　　　　B. 东厂 　　　　　　C. 卫
   D. 御史台 　　　　　　E. 西厂
4. 明代很重视严法惩贪，法律规定的官吏贪污受赃罪名有（　　）。
   A. 枉法 　　B. 坐赃 　　C. 监守盗 　　D. 不枉法 　　E. 常人盗
5. 明朝刑罚残酷，除了继续适用封建五刑以外，明朝的司法实践中增设了一些刑种，主要有（　　）。
   A. 枷号 　　B. 廷杖 　　C. 充军 　　D. 折杖法 　　E. 发配

## 三　名词解释

1. 会官审录　2. 圆审　3. 朝审　4. 热审　5. 六赃罪　6. 奸党罪　7. 三司会审　8.《明会典》　9.《大明律》　10.《明大诰》　11. 申明亭制度　12. 充军　13. 枷号　14. 廷杖　15. "轻其轻罪、重其重罪"原则

## 四　简答题

1. 简述《大明律》的编纂过程及其立法成就。
2. 明代是如何通过法律手段对传统商业进行法律调控的？
3. 明代中央司法机关有何发展变化？
4. 明代是如何严法整饬吏治和惩治官吏的？
5. 简述明代特务司法机构的特点。
6. 简述明代刑罚体系的变化。

## 五 论述题

1. 试论明朝"重典治世"、"重典治吏"在法制上的体现。
2. 试论明代厂卫干预司法的表现及对它的评价。

## 六 分析题

朱元璋诏诰,吏有在乡下危害百姓者,许民将其擒拿解官。洪武十年,常熟县陈寿六等擒拿害民官吏顾英,赴京面奏。针对此案,朱元璋决定:朕嘉其能,赏钞二十锭,三人衣各两件。更敕都察院榜谕市村,其陈寿六与免杂泛差使三年,敢有罗织生事扰害者,族诛。若陈寿六因而倚恃,凌辱乡里者,罪亦不赦。设有捏词诬陷陈寿六者,亦族诛。陈寿六倘有过失,不许擅勾,以状来闻,然后京师差人宣至,朕亲问其由。

结合朱元璋重典治吏的思想分析一下这道敕令产生的原因。

## 参考答案

### 一 单项选择题

1. B  2. B  3. A  4. A  5. C  6. D  7. A  8. D  9. C  10. A

### 二 多项选择题

1. ABCD  2. ABCD  3. BCE  4. ABCDE  5. ABC

### 三 名词解释

1. 会官审录,洪武三十年,明太祖令五军都督府、六部、通政司、都察院六科给事中等机关于霜降后共同审录刑部狱在押囚犯,称会官审录。如果有死罪或者冤案,都要奏闻皇帝,请皇帝裁决发落,其余案件则可以依律判决。会官审录制度,有利于皇帝对司法活动进行控制和监督,也有利于避免或纠正冤假错案,是清代秋审制度的前身。

2. 圆审也称九卿会审，是皇帝令三法司长官刑部尚书、大理寺卿和都御史，会同吏、户、礼、兵、工五部尚书和通政使等九卿，对重大、疑难案件进行复审的制度。其适用范围是重大死刑案件，尤其是经过二度审判，案犯仍执异词不肯服判的案件。圆审的结果须报请皇帝审核批准才能执行。

3. 朝审是对已决在押囚犯的会官审理，是古代录囚制度的延续和发展，是明代对死刑案件进行复核的制度之一。明英宗时成为定制。朝审由中央三法司与公、侯、伯等爵高位重者，在每年霜降之后对全国上报的死刑案件重新审理。朝审不仅复核死刑，且带有宽宥之意。对于可予以矜怜或可疑的，改为戍边，囚犯有翻异供词的移调官府再审，符合律令的监候听决。

4. "热审"即每年暑天小满后十余日，由太监和三法司审理囚犯，一般轻罪决罚后立即释放，徒流罪减等发落，重囚可疑及枷号者则请旨定夺。这种制度创制于明成祖永乐二年（1404），主要是由于天气炎热，需要疏通监狱以宽待罪囚。开始，热审决囚只适用于北京，后又实行于南京，并逐渐推行到"其在外审录，亦依此制"。

5. 严惩贪赃枉法的官吏，是明朝立法的重点。明代法律很重视对官吏渎职行为中的贪赃犯罪的刑处。《大明律》把贪赃分为六种：监守盗、常人盗、受财枉法、受财不枉法、窃盗和坐赃，于律首置"六赃图"，依照凡官吏受财枉法者，计赃科断的原则，将各种赃罪的具体量刑详细地加以罗列，以示重惩贪墨之罪，这是中国法律史上的一大变化。严惩贪赃收到了积极的效果，其时官吏奉公守法，但是这种方法只能一时扼制贪赃枉法现象，而不能从根本上彻底铲除它。

6. 鉴于历代臣下结党造成皇权削弱，统治集团内部矛盾导致国亡民乱的教训，朱元璋称帝后，为了巩固自己的帝位，防止臣下结党营私、内外勾结，危害自己的统治，在《大明律》中增设了汉唐宋元刑法中所没有的奸党罪。罗列了奸党罪的表现和相应刑罚：第一，"凡奸邪进谗言，左使杀人者，斩"；第二，"若犯罪律该处死，其大臣小官，巧言谏免，暗邀人心者，亦斩"；第三，"若在朝官员，交结朋党，紊乱朝政者，皆斩，妻子为奴，财产入官"；第四，"若刑部及大小各衙门官吏，不执法律，听从上司，使出入人罪者，罪亦如之。若有不避权势，明具实迹，亲赴御前，执法陈诉者。罪坐奸臣，言告之人于免本罪，仍将犯人财产均给充赏，有官者升二等，无官者量于一官，或赏银二千两"。

7. 明朝继承唐代"三司推事"制，凡遇重大、疑难案件，均由三法司长官刑部尚书、大理寺卿和都御史共同审理，称"三司会审"，最后由皇帝裁决。

8. 《明会典》又称《大明会典》，是明代官修的一部以行政法为内容的法典。于明孝宗正统年间开始编纂，至明孝宗弘治十五年初编制完成，又经过明武宗正德年间的参校补正，正式颁行。《明会典》共180卷，规模浩大，内容详尽，汇集了有关行政律令典章的内容。《明会典》基本上是仿照《唐六朝》的编纂体例，以六部官制为纲，分述各行政机构的职掌、建制、沿革、管理制度以及礼仪、礼制及其他制度，汇集了明代的典章制度和行政法令，对《清会典》的制定具有重大影响。与其他单行法令一起，形成了明代的行政法律体系。

9. 明太祖朱元璋十分重视法律的作用，所以，立国伊始先立法度、正纲纪。早在建立统一的明朝之前，朱元璋就已着手开始议定律令。经过前后30年的努力，最终制定完成了《大明律》，它自颁布之日至明末通行不改，始终是明王朝的基本大法。《大明律》分为《名例律》、《吏律》、《户律》、《礼律》、《兵律》、《刑律》、《工律》7篇，共460条。《名例律》是统帅以下六律的总纲，其余六律的主要内容分别是关于对官吏公务、民事和经济、维护礼制、军事、诉讼和处罚、工程兴造和水利交通等方面的法律规定。《大明律》标志着明代基本法律的最后定型，是明代的立法成就的最高体现。它不仅直接影响了清代立法的格局，而且还对朝鲜、日本、越南等国的立法产生了重要影响。

10. 明太祖于洪武十八年至二十年间，亲自主持编定了《御制大诰》，即《明大诰》。包括洪武十八年颁布的《大诰一编》74条、洪武十九年颁布的《大诰续编》87条，《大诰三编》43条，和洪武二十年颁布的《大诰武臣》32条，共四编，236条。用以严惩臣民犯罪，弥补律文的不足。《明大诰》巧立罪名，采用酷刑，刑法苛重。在内容上，以严刑惩吏为重点。《明大诰》不仅是明朝重典治国思想的具体体现，而且将这一思想推行至极端，因其刑酷法严，故在朱元璋死后，终被废止。

11. 明代为贯彻法律在社会中的实际效用，很重视基层单位的司法建设，在最基层的乡一级设置申明亭制度。这种制度赋予乡间长老与地方保甲长调处民事案件与处理轻微刑事案件的权力。凡是在本乡有犯罪经历的人员，均在申明亭中标明其罪名及所受刑罚，以警戒其他人员。如果这些人员改正悔过，则可予以勾销。

12. 充军刑在明代得到广泛的使用。它是强制犯人到边远地区屯种或充实军伍的刑罚，次于死刑而重于流刑。宋、元时代已经存在。明初由于边境卫所需要充实士兵，于是将罪人发遣充军，后来逐渐成为经常使用的刑罚。并"定制，分极边、烟瘴、边远、边卫、沿海、附近。军有终身，有永远"。定制后的五等充军刑称为"五军"。充军远近不等，从四千里到一千里，凡充军者均行杖刑一百。充军分为"终身"、"永远"两种,终身充军是指本人充军到死,死后刑罚执行完毕;永远充军是指本人死后,还要罚及子孙,由子孙后代接替继续充军,直至"丁尽户绝为止"。《明史·刑法志》曰:"明制充军之律严犯者亦最苦。"

13. 明代在五刑之外,又增加了枷号刑,将犯人颈套木枷,置于监狱门口或指定的官府衙门门口示众羞辱。明代的枷号有断趾枷令、常枷号令、枷项游历之分。枷号的执行时间有一至三个月、半年,甚至还有永远枷号。枷号重量有十多斤至几十斤不等,最重者达到150斤之重。宦官擅权的明武帝时期,刘瑾就设置过150斤重的枷号,往往几天内便置犯人于死地。

14. 廷杖是明朝皇帝处罚大臣的一种特殊刑罚。明律中并无廷杖的规定,但从朱元璋开始,经常于殿廷之上,由太监监刑、锦衣卫行刑,对冒犯帝后的大臣施以笞杖。轻者血肉模糊,重者立毙杖下。洪武六年之后,廷杖已成为定制,廷杖的范围也逐渐扩大。明武宗和明世宗时曾一次廷杖160多人和130多人,毙命者分别是15人和16人。如此残忍的刑责来羞辱朝臣的做法,在中国历史上前所未闻。

15. 基于重典治乱世的立法指导思想,明朝的刑法以打击反逆重罪、惩治官吏犯罪为重点。清人薛允升比较唐、明律后指出,明律承袭了唐律的很多内容,但"重其重罪,轻其轻罪",突出了刑法的打击对象。明代与唐宋法律相比起来,显现出来的鲜明特点为"唐律犹近古,明律则颇尚严刻矣"。在事关礼典及风俗教化等事情上,唐律均比明律严格苛刻,在盗贼及有关钱粮等事,明律则又比唐律严格苛刻。这就是明律相对唐律而言的"轻其所轻、重其所重"的刑罚原则。所谓"轻其所轻"的原则,即在涉及"礼典及风俗教化"等一般性犯罪方面,比较唐律,明律处罚较轻。如"闻父母丧匿不举哀",唐律判为流刑二千里,明律却改为杖六十,徒一年。所谓"重其所重"的原则,即明律和唐律相比较,在某些事项上如果唐律处罚严厉,那么《大明律》则规定得更加残酷。这些事项主要是涉及盗贼及贪污挪用官府钱财粮物、谋反、谋大逆等严重政治性犯罪。

## 四 简答题

1. (1)《大明律》是明朝基本法典,它"草创于吴元年,更定于洪武六年,整齐于洪武二十二年,至洪武三十年始颁示于天下",前后经过四个阶段,共历时三十年。

第一阶段是吴元年的草创阶段。1367年,朱元璋称吴王后,令左丞相李善长等制定律令,当年十二月完成。这次编定律285条,令145条,合称吴元年律令。

其中律承袭《元典章》体例，依六部顺序编排，引起刑律体例的变化。吴元年律令颁布后，又编撰《律令直解》为其注释，以便于百姓周知通晓。

第二阶段是洪武六年的更订阶段。洪武元年（1368年），朱元璋称帝后，命令儒臣四人会同刑部官员，每天给他讲解唐律20条，作为修订明律的参考。洪武六年冬，下令刑部尚书刘惟谦等草拟《大明律》，至洪武七年二月成书，编目仍依唐律12篇，但将《名例律》放在最后，律文也增至606条，这是《大明律》的正式制定。

第三阶段是洪武二十二年的整理阶段。洪武九年以后，《大明律》又经过数次修改。至洪武二十二年，朱元璋命令大臣进行全面整理修订，将《大明律》改定为7篇、30卷、460条，又改《名例律》为首篇。经过这次整理修订，《大明律》基本篇章体例内容基本定型。

第四阶段是洪武三十年的正式颁行阶段。历经三十年的更定和修改，至洪武三十年，《大明律》最终完成并颁行全国。作为明朝的一代大法，朱元璋曾下诏"令子孙守之。群臣有稍议更改，即坐以变乱祖制之罪"。因此《大明律》经这次正式颁行以后，继任各代未再对律文内容进行修改。

（2）《大明律》历经三十年的反复修改补充，扭转了元朝落后的立法习俗，重新确立了中华法系的立法传统，成为我国君主专制社会后期一部具有代表性的成文法典。其主要变化和特点：一是简明扼要。《大明律》全律共7篇、30卷、460条，是此前历代法典中最简明扼要的一部。二是变更体例。《大明律》按吏、户、礼、兵、刑、工六部的国家机关分工编目，改变了以往法典分立篇目的原则和传统，是中国古代立法制度史上的一大变化，同时也体现了朱元璋废除宰相制后，利用立法手段强化君主专制中央集权的意图。《大明律》的反复修订，反映出明初统治者非常重视立法，也代表了当时较高的立法水平。因此，《大明律》直接影响了清朝和东南亚各国的封建立法。

2. 明朝政权建立后，为了巩固统治的基础，采取了一系列恢复、发展经济的措施，因此，经济立法活动频繁。虽然商品生产在明代已经发达商业也十分发达，但是明代仍实行传统的抑商政策，并通过法律的规定，对传统商业进行有力的法律调控，其中最有影响的是关于茶盐的专卖立法以及商税立法。

（1）茶法。明代茶专卖的方法有几种：一是"茶税法"。茶商在产茶地购茶时，须向官府按一定比例纳茶税，官府发给茶引作为运销茶叶的凭证。二是"官茶法"。即官府向茶农课征茶叶实物，用以与境外换取马匹。三是"茶引法"。即茶商向官府缴纳布、粮等物，以换取运销茶叶的凭证——茶引。对于违反规定贩私茶者，按贩私盐律治罪。由于茶马交易事关军事国防，所以对贩私茶的实际处理远远重于私盐犯罪。

（2）盐法。明代盐专卖实行盐引制。灶户专门负责煮盐，官府收购，商人向官府缴纳相应的钱、粮，取得运输、销售的许可证——盐引，凭"盐引"到产盐地领盐后，将盐贩至指定地区销售。对于无引而私贩者，洪武元年制定的《盐引条例》中规定处以绞刑，有军器则斩。《大明律》有"盐法"12条，并附有7条盐法条例。12条盐法规定对有贩私盐者、买食私盐者、贩卖官盐盐引不符者，均要处杖刑和徒刑。监临官吏和权势之人纳钱请卖盐引，侵夺民利的杖一百，徒三年，盐货没官。客商买盐引后，中途增价转卖、阻坏盐法者，买主卖主各杖八十。7条盐法条例的刑罚规定比盐法为重，对各项私盐行为处刑多为充军刑。

（3）商税立法。明代商业发达，经历了由开始任意征税到重视以法征税的过程。明代的商税主要有关税、市税和舶税三种。关税又称通过税，是指在商人必经之处设关立卡，征收通过税。明宣德年间开始在水道上设立关卡，征收船料税，按船之大小长阔，规定税额。神宗万历以后，关卡增多，税目繁多，商税大增，使商业受到严重破坏。市税基本上按三十取一和"凡物不鬻于市者勿税"的原则征收，但到明仁宗时施行钞法，商法从门摊向市肆发展，才课税于门肆门摊。明宣宗时，市税增加五倍，以后税率杂派不断增加。舶税，明隆庆年间开始对各国舶货征收舶税。征税方法分三种：一为水饷，以船的长宽计算征税，由船商承担；二为陆饷，按货物的多少来计值征税，由铺商承担；三是加增饷，对从吕宋贸易回来且只载白银的船只，每船加征白银150两。法律还对各种匿税行为进行严厉处罚。凡是民间对于茶盐商税年终不按时足额缴纳者，以不足之数额多少处以笞杖刑，罪止杖八十，仍要追课纳官。税务官员如果有不用心办课、有亏兑者要处以笞刑。

3. 明代中央司法机关的名称、职掌均与唐宋有所不同，发生了较大的变化，明朝的中央司法机关由刑部、大理寺和都察院组成，合成为三法司。

（1）刑部主掌审判，大理寺负责复核与驳正，是与原先"唐宋旧制适相反"的一大变化。在废除宰相制度后，刑部提高成为中央审判机关，原设四司，后扩充为十三清吏司，分别受理地方上诉案件和中央百官案件及审核地方上的重案。

（2）大理寺由原来的主审机关变为复核机关，掌驳正、审谳平反，一般不掌审判。

（3）都察院即原来的御史台，是中央监察机关，有权监督刑部的审判和大理寺的复核、驳正。主管中央与地方的司法监督，同时经常受皇帝派遣巡察各地，拥有"大事奏裁，小事立断"的权力。

三法司的设置和运作方式，体现出职权分离和相互牵制的特点。刑部审理判决案件（死刑除外），并定罪后，将罪犯连同案卷报送大理寺进行复核。之后，再由刑部具奏行刑，但是死刑案件要奏请皇帝批准，对于刑部的审判和大理寺的复核，都察院均有权进行监督。

4. 基于重典治乱的立法指导思想，明朝的刑法以打击反逆重罪、惩治官吏犯罪为重点，突出了刑法的打击对象，加大了刑罚的力度。

首先，为了强化吏治，明朝通过了一系列行政法规明确官吏的职责权限，对于不能尽职尽责的官吏给予行政处罚。在失职罪方面，《大明律》规定军官有应请旨而不请旨者处绞，在临军征讨时，如未按时准备好军器和粮草者，杖一百。因各种原因而构成失误军事者，一律处斩。文官有应奏请而不奏请者，杖一百；在选拔考核官吏方面，有贡举非其人罪和举用有过官吏罪；在值宿方面，有擅离职役罪等等。在渎职罪方面，明代尤重对贪赃枉法罪的处罚。《大明律》把贪赃分为六种：监守盗、常人盗、受财枉法、受财不枉法、窃盗和坐赃，于律首置"六赃图"，依照凡官吏受财枉法者，计赃科断的原则，将各种赃罪的具体量刑详细地加以罗列，以示重惩贪墨之罪，这是中国法律史上的一大变化。严惩贪赃收到了积极的效果，其时官吏多奉公守法，但是这种方法只能一时扼制贪赃枉法现象，而不能从根本上彻底铲除它。

一些法外的措施也被用来整顿吏治。如在府、州、县及乡里设立申明亭，将官吏犯法之事予以公布，以示惩罚。另在府、州、县、卫设皮场庙（剥皮之所）。贪官被剥皮实草后，悬于官府左右，以提醒在任官员勿犯贪赃罪。

其次，创设奸党罪，严禁臣下朋党。朱元璋称帝后，在《大明律》中增设了汉唐宋元刑法中所没有的奸党罪。罗列了奸党罪的表现和相应刑罚：第一，"凡奸邪进谗言，左使杀人者，斩"；第二，"若犯罪律该处死，其大臣小官，巧言谏免，暗邀人心者，亦斩"；第三，"若在朝官员，交结朋党，紊乱朝政者，皆斩，妻子为奴，财产入官"；第四，"若刑部及大小各衙门官吏，不执法律，听从上司，使出入人罪者，罪亦如之。若有不避权势，明具实迹，亲赴御前，执法陈诉者。罪坐奸臣，言告之人于免本罪，仍将犯人财产均给充赏，有官者升二等，无官者量于一官，或赏银两千两"。从上述规定看，对奸党罪的刑处是很严厉的，目的在于"以示重绝奸党之意也"。

总之，明初惩治贪官污吏，有利于君主专制的巩固，对一些官吏的奉公守法也起了一定的积极作用。但也带来了巨大的消极作用，刑罚残酷造成统治阶级内部众叛亲离，人心惶惶，影响了国家机器的正常运行。

5. 厂卫干预司法活动，是明朝司法制度的一个重要特点，也是极端君主专制在法律制度上的表现。明代特设特务司法机构厂卫组织。厂是东厂、西厂、内行厂，是由太监组成的特务机关。卫是锦衣卫，合称厂卫。它们在正式的司法体制之外，受到皇帝的特许，兼管刑狱，并有巡察缉捕、专理诏狱和审判之权，它由宦官操纵，直接听命于皇帝。

锦衣卫，主要掌管皇帝出入仪仗和警卫事宜，后来权力日益扩大，兼管刑狱并有巡察缉捕的权力，下设南镇抚司掌本卫刑名，后又设北镇抚司专治诏狱，直接取旨行事。锦衣卫设有法庭和监狱，审理大案，其用刑以残酷著称。

东厂设立于明成祖永乐年间，一般由亲信宦官掌管，直属皇帝。它专门负责监视百官的一切言行，缉访谋逆等重大案件。西厂设立于明宪宗成化年间，由太监汪直带领，也直属皇帝，专事侦缉和刑狱。它的人员比东厂多一倍，权势也因此在锦衣卫之上，活动范围从京师遍及全国各地。在明武宗之时，又设内行厂，由宦官刘瑾自领，主要负责监督东厂和西厂，参与司法审判活动，比东厂西厂的活动更为猖獗酷烈。

明代厂卫特务组织是前所未有的不受法律约束的特务司法机构，是君主专制极端发展的表现，它完全破坏了封建社会正常的法制状态，加速了明王朝的灭亡。

6. 明律仍规定五刑制度，但徒刑五等分别附加杖六十至一百，流刑三等分别附加杖一百。此外，又增加凌迟、充军、枷号等律外酷刑。凌迟刑是最重的死刑，也叫脔割、寸磔，俗称"千刀万剐"。凌迟作为一种刑罚始于五代，宋元时期继续沿用。明律五刑虽未列入这一刑名，但律文规定中却有13项罪名适用凌迟刑，它已是明朝广泛适用的一种酷刑。充军刑源于宋朝刺配刑，明初只是把犯人送到边疆开荒种地，后来逐渐成为常刑。充军刑发配地点远近不等，从四千里到一千里，各等均附加杖一百。充军分为终身与永远两种，终身是指本人充军到死，人死刑罚执行完毕；永远是指子孙世代充军，直至"丁尽户绝"为止。枷号是强制罪犯在监狱外或官衙前戴大枷示众，以对其进行羞辱折磨的一种刑罚。它起始于唐末，宋元时广泛使用。明朝枷号的刑期为一、二、三、六个月及永远五种，大枷重量从十几斤至几十斤不等。该刑原本用来处罚轻微犯罪，但有些权宦如武宗时的太监刘瑾，为了对付政敌，往往用重达150斤的大枷把人折磨致死，受害者多达数千人。

## 五 论述题

1. 明朝开国君主朱元璋确立了强化封建中央集权的"重典治世"政策,"刑新国用轻典,刑平国用中典,刑乱国用重典",朱元璋认定明初是乱世,因为北方的蒙古军事贵族仍虎视中原,抗元农民起义余波未平,各地起义时有发生,而受两宋及元朝吏治失之过宽的影响,明初官僚队伍纪律松弛,贪赃枉法行为不断发生,在统治集团内部又有不同派系的争权夺利、皇权与相权的斗争。朱元璋接受"明君治吏不治民"的思想,认定要用"重典"来"治吏"就可达到"重典治世"的目的,"乱国"的局面就可扭转。这种政策给明朝的法律制度带来了深远的影响,主要表现在以下几个方面。

(1) 明代的基本法典《大明律》确定从新从重主义的刑罚适用原则,处罚法律颁布前的犯罪行为。

明朝为强化对社会严重犯罪的行使镇压,放弃了唐宋时代的从轻主义的原则,而改用从重主义。按《大明律·名例律》规定:"凡律自颁降日为始,若犯在以前者,并依新律拟断。"同条律注解释说:"此书言犯罪在先,颁律后事发,并依新定律条拟断,盖尊王之制,不得复用旧律也。"由于朱元璋主持制定《大明律》时,实施"刑用重典"的原则。同时规定对《大明律》不得有任何更改,违者重罚。《大明律》与唐宋时代的法律相比,在处罚刑事犯罪方面明显加重。它改变了以往封建王朝刑罚适用的从轻主义原则,公开推行从新从重主义的刑罚原则,反映出中国后期封建社会统治阶级立法指导原则的变化,以及社会刑事犯罪的复杂性与严重性。

(2)《大明律》对谋反谋大逆等政治性犯罪及官员贪赃犯罪方面,刑罚处罚远比《唐律》为重,是"重其所重"原则的具体体现。

对诸如谋反谋大逆等严重政治性犯罪,侵害统治阶级与一般社会成员生命安全的犯罪,以及偷窃抢劫财产与贪污挪用官府钱财粮物等严重的财产型犯罪,《大明律》遵循"重其所重"的原则,与唐律相比,一律加重刑事处罚。如"诸谋反大逆者",《唐律》"不分首从,一律皆斩",而《大明律》则是"凌迟处死";"盗窃四十五匹者",《唐律》为"加役流刑",《大明律》规定为三犯盗窃者处绞。在法定刑上增加了刺臂刑、充军刑、凌迟刑。对某些严重犯罪,恢复了如枭首示众的酷刑。《大明律》重点打击的严重犯罪有:"杀一家三人罪""采生折割人罪""肢解人罪""强盗罪""白昼抢夺罪""窃盗罪"等。

(3) 创设、增设了一些防止官僚"朋比为奸"的罪行。

"奸党罪":其为前代所未设,是明太祖朱元璋洪武年间为打击官僚"朋党为奸"而增设的一项新罪名。目的是为了加强封建中央集权的君主专制,防止臣下谋反作乱。

"交结近侍官员"与"上言大臣德政":是朱元璋制定《大明律》时增设的罪名。从其内容上来看,是"奸党罪"的延伸和发展。在处罚上,一般本人处斩,妻、子流两千里安置或没为奴隶,财产入官。

(4) 严厉打击官员贪污、失职、渎职犯罪。

明代法律将贪污受赃归纳为六种形式:监守赃、常人赃、窃盗罪、枉法赃、不枉法赃、坐赃。《大明律》将这六种贪赃罪绘制成图标于律文之首,以示重惩贪墨之赃。在处罚力度上,《大明律》规定;吏受财"枉法赃一百二十贯绞";官受财"枉法赃八十贯绞"。官职不同,相应的责任也不同,对长官处罚更严厉一些。但如果是官吏不枉法赃,则一律赃满一百二十贯,杖一百,流三千里,即不分官职大小,责任轻重,实行相同的处罚。

对失职、渎职罪,明朝法律以维护皇帝独揽行政大权为宗旨,对有损皇权统治的任何行政失职行为,主张严厉打击。《大明律》规定只因不请示皇帝就处罚或奖励军官的军政长官,就应被处以死刑。另外,明朝法律为保障国家机器的长期运转正常,提高行政机构的效率,《大明律》中对各级官吏职责作了明确的规定,凡有违反均给予惩罚。其中,对官吏"漏失印信"的失职行为处罚最严,对这种行为一般处"斩"。

(5) 朱元璋手定明《大诰》,用以严惩臣民犯罪,弥补《大明律》律文规定的不足。

明《大诰》共四编,相比较《大明律》,不但增加了许多法外之刑,而且在某些犯罪,诸如惩治盗贼与贪污挪用国家财产的犯罪方面,处罚远超出《大明律》的规定,体现出极为残酷的色彩。例如,像枭首、斩示、弃市以下罪万余种。"民不纳粮"罪,《大明律》罪止杖一百,而《大诰》则"全家迁出化外"。

(6) 加强监察机构的职能,强化"重典治吏"。

明朝将御史台改名为都察院,扩大了机构的设置与权力的行使。在中央一级,都察院直接向皇帝负责,不受其他部门的干预。在地方上,明朝设置十三道监察御史,作为中央行政监督机构的派出单位,主管辖区内的监察工作。为强化行政监督,防止地方官吏擅权违法,明朝特别设置御史巡按制度,由皇帝钦派大臣巡察地方,纠举百官。明朝还在中央六部设立给事中,作为皇帝派往六部实施监督的代表。

明代"重典治世"政策在法律制度上的表现还有在司法机构上设立特务司法机构——厂卫组织，以监督、制约普通官僚体系，插手司法事务。在审判制度上，设立廷杖制度，在朝堂上杖责大臣，以强化皇权。

2.（1）明朝司法制度的突出特点是"厂卫"干预司法。厂指东厂、西厂、内行厂，卫指锦衣卫，合称厂卫，是明朝统治者为了强化君主专制统治，在普通常设司法机关之外设立的特务司法机构。

锦衣卫由保卫皇帝安全的侍卫亲军组成，是皇帝最亲信的贴身禁卫军，主要负责皇宫警卫及皇帝出行仪仗事宜。洪武十五年（1382年），朱元璋为了有效控制臣民，赋予锦衣卫侦查、逮捕、审讯等司法权，并直接对皇帝负责，大理寺和刑部不得过问其审判活动。锦衣卫下设南北镇抚司，南镇抚司主管本卫军、匠人员纪律，北镇抚司专理诏狱，设有专门监狱。洪武二十年，朱元璋又明令禁止锦衣卫干预司法。但到永乐年间，又恢复了锦衣卫干预司法的职能，并一直延续到明末。

东厂、西厂、内行厂是由宦官指挥组织的特务司法机构。永乐十八年（1420年），成祖依靠宦官设立东厂，专门从事侦缉活动，并行使审判权。由于东厂直接听命于皇帝，事无大小一律向皇帝奏报，甚至夜间遇有急事也可面见皇帝，就连锦衣卫也在东厂侦查的范围之内，而且东厂人数众多，形成了以京师为中心的全国性的特务网，权力很大。宪宗成化年间，社会治安进一步恶化，原有的厂卫机构已不能满足需要，于是又设立西厂。其四处刺探民间反叛行为，权力和人数又大大超过东厂，进一步发展了特务司法机构。武宗正德年间，为强化镇压职能，又在东西厂之外设立内行厂。其不仅侦缉官民，而且还操纵、控制、监视东西厂，权力更在东西厂之上。

（2）厂卫制度是明朝始创并独有的，是受皇帝指使的法外司法机关，具有独立的侦查、缉捕、审讯权。厂卫不受法律和司法程序约束，而有一套特殊的手段和程序，可监视各类会审，可随意到各级官府或各地侦缉、查讯，可自设法庭随时随地对犯人进行刑讯问罪，可制造口供、迫害异己、严刑定案、任意杀戮。这些做法严重破坏了正常的司法制度，加深了统治阶级的内部矛盾，官僚与厂卫之间的冲突也日益激烈，成为明朝中后期的一大政治弊端。厂卫干预司法，导致封建法制的紊乱，反映了司法制度的畸形发展，也表现出君主专制制度的腐朽、没落和残酷。

## 六 分析题

朱元璋强调"重典治吏"的方针，不仅在基本法典《大明律》中重惩官吏犯罪，而且还通过《明大诰》这一刑事特别法对之予以重惩，不仅如此，为将重典治吏的方针贯彻落实，他还发布了民人擒拿害民之官的诏诰。这一诏诰也成为制定法的重要内容。在本案中，陈寿六等人擒拿顾英的行为就是以该诏诰为依据的。朱元璋对该行为一方面给予奖励，另一方面从制度上对其予以法律保护，使其免受打击和迫害，完善了此前制定法关于民拿官吏的具体制度，而且从保护擒拿害民官吏的人身安全上，强化了制度法的实施。

# 第十章 清代的法律制度

（公元 1644~1840 年）

## 一 单项选择题

1. 清初统治者在立法上确立了（　　）原则。

   A. 参汉酌金　　　　　　　　B. 重典治国

   C. 无为而治　　　　　　　　D. 一准乎礼

2. 我国最后一部封建成文法典是（　　）。

   A.《大清律集解》　　　　　　B.《大清律例》

   C.《大清会典》　　　　　　　D.《康熙会典》

3. 清代继承了明代三法司体制，中央三法司是（　　）。

   A. 刑部、大理寺、都察院　　B. 刑部、大理院、理藩院

   C. 刑部、大理寺、大理院　　D. 工部、大理院、都察院

4. 清代负责主持律例修订工作的是（　　）。

   A. 理藩院　　B. 御史台　　C. 刑部　　D. 军机处

5. 清代秋审、朝审的案件是（　　）。

   A. 绞立决　　　　　　　　　B. 徒以下

   C. 斩监候、绞监候　　　　　D. 流以下

6. 清代涉及旗人的案件由特定机构审理，其中兼理地方旗人民刑案件的机构是（　　）。

   A. 律政司　　B. 布政司　　C. 理事厅　　D. 州县衙门

7. 在清朝，负责少数民族事务的机关是（　　）。

   A. 大理寺　　B. 理藩院　　C. 户部　　D. 军机处

8. 康熙时，为解决律与例之间轻重互异的矛盾，编制完成（　　）。

   A.《刑部现行则例》　　　　　B.《问刑条例》

C. 《大清会典》　　　　　　　　D. 《理藩院则例》

9. 太平天国后期具有资本主义性质的革命纲领是（　　）。

　A. 旧约　　　　　　　　　　　B. 天朝田亩制度

　C. 资政新篇　　　　　　　　　D. 太平纲领

10. 太平天国时，结婚一般由乡官发放的结婚证书称为（　　）。

　A. 合挥　　　　B. 婚媒　　　　C. 婚证　　　　D. 婚约

11. 清朝将罪犯发配到边远地区，为驻防官兵充当奴隶，仅次于死刑的重刑是（　　）。

　A. 廷杖　　　　B. 凌迟　　　　C. 流放　　　　D. 发遣

## 二　多项选择题

1. 《大清会典》包括（　　）。

　A. 《康熙会典》　　　　B. 《乾隆会典》　　　　C. 《雍正会典》
　D. 《嘉庆会典》　　　　E. 《光绪会典》

2. 清律有关化外人的法律规定适用于（　　）。

　A. 旅游的外侨　　　　　B. 访问的外侨　　　　　C. 来降者
　D. 归化者　　　　　　　E. 经商的外侨

3. 清初顽固坚持压抑限制工商业，扼制资本主义经济因素发展的政策颁布了（　　），完全阻绝了海外贸易。

　A. 《迁海令》　　　　　B. 《禁海令》　　　　　C. 《盐法》
　D. 《钞法》　　　　　　E. 《五口通商章程》

4. 下列哪些法典属于七篇体例（　　）。

　A. 《武德律》　　　　　B. 洪武六年《大明律》
　C. 洪武二十二年《大明律》
　D. 《康熙会典》　　　　E. 《大清律例》

5. 清朝地方司法机关中，第二审级为（　　）。

　A. 都察院　　　B. 直隶厅　　　C. 府　　　D. 州　　　E. 省

6. 属于清代死刑执行方式的有（　　）。

　A. 斩立决　　　B. 绞立决　　　C. 斩监候　　　D. 绞监候　　　E. 充军

## 三　名词解释

1. 《大清会典》　2. 理事厅　3. 立决　4. 监候　5. 迁徙　6. 秋审　7. 五城察院　8. 《天朝田亩制度》　9. 《资政新篇》

## 四　简答题

1. 简述明清司法机关的变化。
2. 简述清朝入关后的立法活动。
3. 简述清律在内容上的特点。
4. 简述清朝的会审制度。
5. 简述清朝中央三法司的职权。
6. 简述清律的经济立法特色。

## 五　论述题

1. 试述《大清律例》在刑罚制度上的发展变化。
2. 试述清朝文字狱有哪些特点。
3. 试述清朝的职官管理制度。
4. 与唐明律相比，清律在刑罚适用原则上又取得了哪些成就？
5. 试述清律是如何维护旗人特权的。

## 六　分析题

康熙二年，经刑部议复直督苗澄疏，卢氏等叩阍各款审虚，应将管从福、管从周兄弟二人并拟边戍。缘管从福兄弟有母王氏，年老无人侍养，请将管从福、管从周仍拟充发，奉旨依议在案。康熙五十九年九月内，礼部会奏朝鲜国人杀害上国人等因具题，奉旨：这事情依议前审事章京奏，朝鲜国犯罪内有亲兄弟三四人等语。本朝例，兄弟俱拟正法者，存留一人养亲。将此交部，咨行朝鲜王。钦遵于雍正三年律例馆修，以兄弟俱拟正法应存留养亲，原非止为朝鲜国人定例，因纂如后例，以便遵行：凡犯罪有兄弟俱拟正法者，存留一人养亲，仍照律奏闻，请旨定夺。

请说明这两个案例是如何完善清朝的存留养亲制度的。

## 参考答案

### 一 单项选择题

1. A  2. B  3. A  4. C  5. C  6. C  7. B  8. A  9. C  10. A  11. D

### 二 多项选择题

1. ABCDE  2. CD  3. AB  4. CE  5. BCD  6. ABCD

### 三 名词解释

1. 《大清会典》是清朝行政立法的总汇，又称五朝会典，它是康熙、雍正、乾隆、嘉庆、光绪五个朝代所修会典的统称。其目的是为了规范行政活动，提高行政效能。《康熙会典》仿《明会典》修订，采取以官统事、以事隶官的编纂体例。按照中央各行政机关进行分卷，每个行政机关的职掌、职官设置、处理政务的程序方法等均有明确的规定，这些构成了会典的正文。在正文之后又附有与机关相关的则例，是为正文的补充。《乾隆会典》采取"以典为纲，以则例为目"，分别编辑，成为固定的编纂新体例。改变的原因在于典与例的性质不同，典经久不变，例因时损益。《大清会典》详细记述了清代从开国到清末的行政法规和各项事例，反映了封建行政法制的高度完备。到《光绪会典》编定时，其正文共有100卷，事例1220卷，附图270卷，总计达1590卷。《大清会典》五朝首尾相连，内容翔实繁富，体例严谨，不仅是中国封建时代行政立法的完备形态，也是清朝立法上的重要成就。

2. 理事厅是清朝管理地方旗人民刑案件的机构。它是各府（州）理事同知或通判的办事机构。理事同知（或通判）专门负责联络八旗军与当地政权的关系，对有关旗人事务进行处理，其官职都由旗人担任。理事厅对旗人的司法管辖权，大体上相当于州县对于一般民人的司法管辖权，只是管辖民事案件和笞杖罪的刑事案件，如罪至徒流死，则由该旗都统将军奏请皇帝请旨要求处理。旗人命盗案件，由理事厅同州县一起审理，州县官没有权力对旗人单独作出判决。如果只是民事案件，旗人也可仅向州县官申诉审理，不需要理事厅会审，但地方州县官却不能动用刑具罚责旗人。

3. 清朝在死刑的执行上有立决与监候两种方式。立决包括斩立决与绞立决两种，主要是针对社会危害性较大的严重犯罪，对罪犯处死绝不等时。

4. 清朝在死刑的执行上有立决与监候两种方式。监候包括斩监候与绞监候两种，适用于那些虽构成死罪，但所犯并非罪大恶极，对他们可以先行拘押，等到秋后复核之后，再决定是否执行死刑。故凡被判处监候的案犯在复核程序中有免死的机会。

5. 迁徙刑明代就存在，清代将它进一步规范化，成为法定刑。迁徙就是将罪犯本人及其家属迁出千里之外安置，不得返回原地居住。它类似于流刑，又不同于流刑。

6. 清代刑事审判制度颇为完备的另一重要标志是秋审制度。秋审制度是在每年秋季举行的对各省斩监候、绞监候案件的复审，它发源于明代的朝审制度，康熙十二年正式确立，在清代号称国家大典。依《大清律例》，死刑判决有立决、监候两种，凡判为斩监候或绞监候者，即监押等候复核。因复核例于每年秋八月中下旬举行，故曰秋审。在秋审前，各省须将入于秋审案件整理复核好。此种整理复核自下而上，由州县到省，对在押死囚一一复核，按其犯罪性质、情节，区分为情实、缓决、可矜、留养四类。当秋审日，在天安门前金水桥西，齐集内阁、军机、九卿、詹事、科道及各院寺司监官员，对各省已复核并作区分的案件进行会审。全国上千秋审案件，一日会审完毕，实为"逐一唱名"，由会审官员共签共诺而已。此即秋审或秋谳大典。大典之后，由刑部领衔具题奏报皇上，皇帝作出或实或缓或矜或养的最后裁决。

7. 五城察院是清朝都察院的主要职能机构之一，是清朝京师地方的主要司法机构。京师分为东、西、南、北、中五城，每城均设置衙门，掌管所在城的治安情况。长官为巡城御史，并设有兵马司，设指挥、副指挥、吏目等官，专门治理像"访缉逃盗、稽查奸宄"之类的案件。五城察院审理管界内发生的户婚、田土、钱债、斗讼等案件，杖罪以下由巡城御史自行判决，徒罪以上不能自行审结，要报刑部定夺。凡人命案件，由五城兵马司指挥相验报送巡城御史进行审断。盗窃案件，由副指挥与吏目踏勘别解，情况严重者报巡城御史审理。凡徒罪以上的命盗案均拟判后报刑部定案。

8. 《天朝田亩制度》是以洪秀全为首的农民起义而建立起来的太平天国所制

定的土地法制通则，是以反对封建土地私有制为中心的政治纲领。它把土地制度当做核心，具体规定了土地所有、劳动方式、财产分配等一系列与农民利益息息相关的制度。它的基本思想就是土地平均占有，大家共同参加劳动，财产归圣库所有，实行平均分配的制度。实施这一制度的目的在于彻底废除贫富不均的社会现象，真正实现所有的社会成员"有田同耕，有饭同吃，有钱同使，无处不均匀，无处不饱暖"。它反映了农民对于自给自足生活的向往，但同时也表现了极端的小农意识，由于这一设想明显脱离了当时的生产力实际水平，违背了生产关系适应生产力的发展规律，因而成为空想社会蓝图，不能真正有效地实施。

9.《资政新篇》为太平天国重要领导人洪仁玕所著。它的基本目标和核心思想是健全太平天国的政权体制。内容表达了加强国家与社会的法制化程度，并通过法律的手段，推行具有资本主义性质的商业、贸易和生产。洪仁玕认为，国家的强盛衰弱和法律制度是否健全息息相关。他主张仿效英美的法律体系，使整个社会在法律的准绳下，实现规范化、有序化。在此体系下，国家应建立正常的官民沟通机制，确立新闻官、官员民选制度。在经济上，洪仁玕主张学习西方，兴办实业，发展铁路、公路、轮船，开办银行、矿业，实施专利制度、保险制度。虽然对太平天国来说，《资政新篇》提出的法治方针与经济政策是个空想，是不可能实现的，但其在促进中国社会近代化方面具有重要意义。

## 四　简答题

1. 明清的司法机关，中央仍为大理寺、刑部和都察院。但就其职责而言与唐、宋有所不同：大理寺不主管审判，而专掌复核，凡是刑部、都察院审判的案件，均由大理寺复核，有权驳令更审，或请旨发落；刑部主管审判，受理地方上诉案件和重案，也审理中央百官的案件；都察院为监察机关，监督刑部、大理寺的司法活动，也握有一定的审判权。

地方司法机关仍然是行政长官兼理司法。明代在省专设提刑按察使，清代各省巡抚也有审判权。明清时期要求知县、知州、知府都要亲掌审判。

2. 顺治二年（1645年），清廷设置律例馆负责修律。顺治三年初，修律完成，名为《大清律集解附例》。顺治四年，正式颁行。这是清朝通行全国的第一部成文法典，共有律文459条，附例430余条。但除个别条文有所增删外，其体例、内容基本都是大明律的翻版。

康熙即位后，刑部奏请重新校正律文，于康熙九年（1670年）完成。康熙十八年，为了解决律与例轻重互异的矛盾，刑部奉命重新酌定新旧条例，次年编成《刑部现行则例》。该则例对大清律律文规定以外的各类犯罪，规定了相应的处罚内容。至康熙二十八年，因律和则例并行有矛盾，又交九卿议准，将《刑部现行则例》附入大清律内，删去重复条款，并于每条正文后增加总注解释律文。康熙三十六年，刑部将其奏呈朝廷。由于康熙"留览未发"，该律的修订始终未能完成。

雍正即位后，以大学士朱轼为总裁，本着析异同归、删繁就约、轻重有权、宽严得体的指导原则，于雍正三年（1725年）完成清律的修订，五年正式颁布，名为《大清律集解》。这是清朝颁行全国的第二部成文法典，共有30卷436条，附例824条，其律文部分基本成为大清律的定本。

乾隆即位后，又命大臣王泰为总裁，以详定附例为主要修律内容。乾隆五年（1740年），新律完成，正式刊行，定名《大清律例》。这是清朝颁行全国的一部比较系统完备的成文法典，共有7篇30门47卷436条，附例1049条。至此，前后历时百年的清律修订工作基本完成，其律文部分直至清末未作改变，而附例则定制为"五年一小修，十年一大修"。自乾隆至咸丰初，附例定期修订，条数逐年增加。到乾隆二十六年，增至1456条；同治九年（1870年），又增至1892条。

清朝入关以后的法律活动，以《大清律例》为代表，同时还进行了多种形式的立法活动，如制定五朝会典、各院部则例以及适用于少数民族聚居区的法律等。

3. 清律在内容上有如下特点：（1）以严刑峻法推行政治、思想高压政策。清律扩大反逆罪的范围及其株连范围；以"文字狱"推行文化专制政策——文字狱指因文字著述而被罗织罪名所构成的冤狱。（2）维护满族享有更大特权的封建等级制度。清律实行良贱同罪异罚，保护贵族官僚特权，并赋予满族人更大特权（减等、换刑）。（3）保护满汉地主阶级的财产所有权——如禁止盛京民人典买旗地。（4）反映了封建社会后期经济关系、阶级关系的变化，人身依附关系有所减弱。（5）建立了更加严酷的刑罚制度——迁徙、充军、发遣、凌迟、枭首、戮尸。

4. 清朝继承并发展明朝的会审制度，形成了三司会审、九卿会审、秋审、朝审和热审等。三司会审是由刑部尚书、大理寺卿、都察院左都御史会同审理重大案件，九卿会审是由六部尚书、大理寺卿、都察院左都御史及通政使等九卿会同审理死刑或监候等特别重大案件，其审理结果均须上报皇帝最终裁决。秋审是对各省移送刑部的监候案件的会审制度，每年八月入秋后开始。在秋审以前，各省先将有关案件逐级整理复核，分别对监候案犯提出情实、缓决、可矜、留养承祀等四类定拟意见，上报中央刑部。秋审之日，在天安门前金水桥西朝房，由九卿、詹事、科道官等对上报案件进行会审，最后由刑部领衔具题奏报皇帝裁决。经过秋审，凡奉旨入于情实者，由皇帝勾决执行死刑；列入缓决者，仍打入监候，留待下年秋审；凡三经缓决者，多改为流刑或发遣。在秋审前一天，对京师刑部在押死囚进行会审复核，称为朝审。它与秋审基本相同，但需将囚犯解至现场审录。此外，每年小满后十日至立秋前一日，由大理寺官员会同各道御史及刑部承办司，共同审录关押在京师各狱的笞杖罪囚，或免释，或减等，或保释，称为热审。

5. 清沿明制，以刑部、都察院、大理寺为三法司，成为既听命于皇帝，又互相制衡的中央最高司法机构，但其职权较之明代相去甚远。

（1）刑部作为中央最高司法审判机关，有"刑名总汇"之称，其长官为尚书与侍郎，统称"堂官"。刑部下设十七省清吏司，分别掌管各该省的司法审判事物。刑部的实际权限，具体来说有三个方面：一是在皇帝的统率下行使全国最高审判权，包括核拟死刑，然后奏请皇帝审批。批结全国军流案件，审理发生在京师的笞杖以上现审案件及中央官吏犯罪案件。二是司法行政职权，如造办黄册、狱政管理、赃款罚没之管理等。三是立法方面的职权，主要是负责律例馆的工作，主持修订律例，平时积累例案，开馆时纂修定拟。

（2）大理寺为平反刑狱的机关，其长官为卿、少卿，在清时地位大大下降。清入关后大理寺分别受理复核京内外刑案。其主要职责是平反冤狱，即复核刑部拟判的死刑案件。如发现刑部定拟不当，可以驳回，同时也主持热审案件，不过，大理寺在复核死刑、参与秋审朝审只是陪衬而已。

（3）都察院以左都御史为主官，满汉各一人，主要职能机构为六科、十五道、五城察院，以及宗室御史处和稽查内务府御史处等相关机构。都察院号称风宪衙门，是法纪监督机关，其参与司法事务主要有两个方面：一是参与会谳。即各省死刑案件在刑部核拟后，送都察院，都察院列署其意见转大理寺；二是参加秋审和朝审，执行复奏之职。三法司之中，刑部主审判，都察院监察，大理寺复核，但实际上，刑部权限较重，院寺并无司法审判实权。

6. 清代是我国封建社会的末代王朝，商业有了极大发展，但是清政府极力扼制工商业。主要表现在：

（1）限制对外贸易。清政府长期实行限制对外贸易的法令，这严重桎梏了社会经济的发展。清初即颁布《禁海令》和《迁海令》，从而完全阻绝了海外贸易。康熙五十六年再颁布禁海之令，停止与南洋的贸易，沉重地打击了刚刚兴起的对外贸易和沿海工商业。《大清律》以及相关的法律对进行海外贸易者予以严惩。

（2）限制采矿业的发展。清朝法律对开采矿产严加限制。为控制云南采铜业，清政府规定了官借工本，官收余铜的政策，有私相买卖者，铜没收，人治罪。

（3）重征商税以抑制民间商业。有清一代广设钞关，继续实行重要商品的禁榷制度。如有偷越关卡及偷漏税行为，不仅客商依律严惩，地方官也一并议处。并且在关税外，还征收名目繁多的商税。

（4）实行严格的官营制度。清政府将盐茶等最有利润的商业收归官方垄断经营，禁止民间私自买卖。清代还实行官营的手工业制度，许多日用品只准官营工场作坊生产，由官府统一计划销售。官营制度极大地打击了民间手工业和商业，不利于整个社会经济的发展。

## 五 论述题

1. 刑法是清朝法律体系中的重要组成部分，是封建刑法的集大成者，它以严厉的刑罚维护专制主义中央集权，同是也以公开的形式维护满族特权。

（1）对定型于隋唐的笞杖刑进行了改革。一是将行刑的刑具改为竹板；二是行刑数在原来的基础上"打四折，以五等为等差，除零数"。因此，清的笞杖刑的行刑数为笞四板、五板、十板、十五板、二十板；杖二十板、二十五板、三十板、三十五板、四十板。

（2）迁徙、充军、发遣这三种刑罚已经成为法定刑。迁徙就是将罪犯本人及其家属迁出千里之外，并且不得返回原地，它在某种程度上类似于流刑。充军刑是将罪犯发配到边远地区服苦役，比一般的流刑要严重。它分为附近充军、边卫充军、边远充军、极边充军、烟瘴充军五个等级，故又称为"五军"。发遣是清代独有的一种刑罚，也是法定刑之一。它是将罪犯发配到边远地区，为当地驻防的官兵充当奴隶，是仅次于死刑的一种重刑。

（3）死刑制度有新的变化。清代的死刑分为立决和监候两类。立决分为斩立决与绞立决，即宣判后立即执行。监候分为斩监候和绞监候，是对那些构成死罪，但并非罪大恶极，可以先行拘押，待秋审复核后再决定是否执行死刑。另外，死刑手段还设非法之刑，如凌迟、枭首、戮尸等残酷刑罚。

（4）刺字刑被广泛适用。清朝初年，刺字只适用于少数几种犯罪，后来刺字的使用范围越来越广，刺字的方式也趋于规范化。

（5）满汉异罚，满人拥有特权。满人在触犯刑律时与汉人不同，可以享有减等与换刑的特权。犯轻罪时可不处以笞杖刑，而处以鞭刑。犯较重罪时，徒刑、流刑、充军、发遣可按罪行轻重折换成枷号。这是一种极大的不平等。

2. 清朝专制主义统治的强化还表现为以严刑惩罚异端思想，其突出的表现形式就是"文字狱"。清朝实行军事征服和民族的双重压迫，激化了当时反封建专制主义的启蒙民主思想，这种反清民主意识的存在，汇成了一股社会思潮，被清统治者视为异端邪说。在这种情况下，清政府大兴文字狱，任意苛责，往往一字一语锻炼成狱，惨绝人寰。其特点表现在：

首先，清朝文字狱不需要经过各级司法机关或三法司以常规进行审理，而是由皇帝亲自直接过问，任意判决，实际上往往是未审判而先定案，唯皇帝个人意志为法则。

其次，清朝文字狱是谋反、大逆罪的任意扩大化，不注重实绩，任意扭曲指责，处刑苛重，株连极广。凡涉此类案件，无罪错判、轻罪重判、蒙冤受屈者比比皆是。

再次，清朝文字狱不论具体情况，毫无区别同样对待，甚至对于丧失刑事责任能力的人也不宽恕，不仅同样论罪，而且不免酷刑。

清朝文字狱的迭兴，比之历代有过之无不及，在历史上极其罕见，它是封建专制统治极其腐朽、虚弱、日趋死亡的反映，它制造了无数的惨剧，极端地打击了知识分子的积极性，对传统文化是一个极大的摧残。

3. （1）在职官选任方面，清朝仍以科举取士为正途，每三年一考，分乡试、会试、殿试三级。乡试在省城举行，由取得秀才资格者参加，通过以后成为举人。会试在京城由礼部主持，由取得举人资格者参加，合格后再参加皇帝主持的殿试，通过以后成为进士。科举考试的内容，仍然采取明朝时的八股文，用以禁锢士大夫的思想。取得举人或进士出身者，就取得了做官的资格。清朝规定，满、汉官员均须经过科举考试，但满人做官往往凭借特权。科举考试只是为汉官铺设的一条参加政权的阶梯。正途之外，还有"特简"、"会推"、"捐纳"、"荫生"等制度。"特简"即由皇帝直接任用；"会推"是由大臣互推任用；"捐纳"是捐钱买官；"荫生"又分恩荫、难荫和特荫三种：恩荫主要用于三四品以上高级官员的子孙。早在顺治时便规定：文官在京四品、在外三品，武官二品以上，各送一子入国子监读书，学习期满后，按其父辈的品级授予官职。难荫是指殁于王事的官员可荫一子入国子监读书，期满候选。特荫是指功臣子孙可送吏部引见加恩赐官。在具体适用上，一品官的荫生以五品缺用，二品官的荫生以六品缺用，三品官的荫生以七品缺用，四品官的荫生以八品缺用。至于袭荫的顺序，按嫡长子孙、嫡次子孙、庶长子孙、庶次子孙、弟侄依次进行，"不依次序僭越袭荫者，杖一百、徒三年，仍依次袭荫"。

(2) 在职官考核方面，清初沿用明朝的考满法。康熙四年（1665 年），废除考满法，实行"京察"与"大计"。"京察"是对京官和地方督抚的考核，每三年举行一次。京察结果分为称职、勤职和供职三等，按考核等级实行奖惩。"大计"是对督抚以下外官的考核，也是三年一次。大计分卓异与供职两等，按等予以奖惩。京察与大计的标准是统一的，即"四格六法"。四格是从守（廉、平、贪）、政（勤、平、怠）、才（长、平、短）、年（青、中、老）四个方面对官员作出评价；六法是从"不谨、罢软无为、浮躁、才力不足、年老、有疾"六个方面处理不称职的官员，具体做法是不谨、罢软无为者革职，浮躁、才力不足者降调，年老、有疾者退休。考核优异者可以得到引见、升官、晋级、赏赐、封赠等奖励，考核差劣者则给予罚俸、降级留任、革职等处分。

(3) 在职官监察方面，清朝基本沿袭明制，中央仍以都察院为监察机关，长官为左都御史。康熙二十九年（1690 年），令左都御史为议政大臣，参与朝政决策，充分发挥科道官作为皇帝耳目的作用。地方则由省按察使派出的"分巡道"和省布政使派出的"分守道"分别对府、州、县官员进行监察，同时废除了巡按御史制度。为了集中皇权，雍正元年（1723 年），将六科给事中并于都察院。六科给事中与十五道监察御史合称"科道"，分别负责对京内外官吏的监察和纠察，使监察机构实现了一体化。当时有科道官密折言事制度，将军机处以外的所有机关和官员都纳入监察稽违的范围之内。

4. 清律刑罚适用原则首先是在继承唐明律的基础上形成的，但是在形成过程中，又有变化和完善，有着相当丰富完备的规定，主要表现在以下几个方面：

(1) 自首原则。清律因袭明律，除对自首的各种情形作了严格的规定外，其变化主要在于扩大了自首免罪的适用范围。康熙时《督捕条例》规定逃走三次的"逃人"，如果能自愿自首，仍可免罪。嘉庆年间规定脱逃犯"自行投归"者，照原犯罪名各减一等发落。不但不追究脱逃之罪，反而比原判还要减去一等，比较开明。

(2) 共犯的处理原则。清律关于共犯的基本规定与明律基本相同，但结合司法实践也略有些补充。清律与明律一样，取消了唐律本有的若干规定，对官吏共犯责任有所减轻，对侵犯国家政权的共犯处罚有所加重。对家人共犯，定有专例并有所加重。《名例律》规定家人共犯以尊长为首，而专例则规定凡属家人共犯奸盗杀伤之罪，一律以首犯论处。这也体现了重典治重罪的精神。

(3) 公罪私罪区别对待原则。清承明制，在《大清律》中规定，官吏犯公罪者，罪止杖一百，并降四级调用。犯私罪者，罪止杖一百，并要革职离任，由此看来，对私罪的处罚明显比公罪为重。这种做法的目的是使官吏分清公私的界限，用以提高其行使职权的主动性和创造性，有利于提高封建政权统治的效率。

(4) 依法定刑与有限类推并存。清朝实行自唐律以来的依法定罪、依法量刑原则。清继承明制，规定了比唐律更严格的类推制度。按照唐律，断罪无正条时，官司可以依"出罪者举重明轻，入罪者举轻明重"的原则自行类推适用相近的条文，而明清律规定，这种情况要议定奏闻，上报皇帝审批，不得擅自断决。

(5) "化外人犯罪"的惩处原则。唐律规定"诸化外人，同类自相犯者，各依本俗法，异类相犯者，以法律论"。明清律对此作了重大更改：凡化外来降人犯罪者，并依律拟断。这一规定导致如下三点变化：一是以清律作为处断所有涉外案件的依据，排除了外国法适用的可能；二是化外人仅为"来降者"和归化者，在中国经商求学旅历的外侨不在考虑之列，故该条文在主体适用范围上有所缩小。唐律对外侨犯罪采属人与属地相结合原则，清律则一概采取属地主义原则。

5. (1) 保障满族贵族统治地位。清朝官制形式上标榜满汉一体，中央六部长官设满汉复职，但实权操于满官之手。为了保证满洲贵族统治地位，清朝特设"官缺"制度，所有官职岗位分为满官缺、蒙古官缺、汉军官缺、汉官缺四种，不同官缺只能由本族人出任或补授。作为要害部门的重要职位，如中央理藩院、宗人府及掌握钱粮、火药、兵器的府库全部为满官缺，各省驻防将军、都统、参赞大臣、盛京五部侍郎等也全部是满官缺；而地位卑微的小官职，如迎来送往的驿丞全为汉官缺，不得任命满人担任。地方督抚、司道、总兵、提督等虽满汉兼用，但近畿和要隘多用满官。康熙时汉人督抚"十无二三"，乾隆时巡抚"满汉各半"，但"总督大都是满人"。直到咸丰以后，由于在镇压太平天国的过程中力量得以壮大，汉官在地方大员中才渐居多数。

(2) 保护旗地旗产经济利益。清朝入关之初，满洲贵族及八旗兵丁大肆圈占汉人土地作为私产，得到清廷肯定和法律保护。由于八旗子弟不事生计，奢侈堕落，大量旗地旗产又逐渐流入汉人手中。为了维护旗地旗产等经济利益，清廷多次申令，禁止汉人典买旗地旗产，并由官府出资予以赎回。仅乾隆时期就四次定例，禁止民人典买旗地旗产；如有违反，没收其地产房宅，并按律治罪。这些规定反映了清律对旗人经济利益的特殊保护。

(3) 维护满人司法特权。清朝推行民族歧视和民族压迫政策，赋予满人各种司法特权。凡属满人违法犯罪，一般可享有"减等"、"换刑"等特殊优待。例如：笞杖刑可换折鞭责，变相减等；徒流刑可换折枷号，免予监禁服役或发配远乡；杂犯死罪和仅次于死刑的极边充军，也可换折枷号；死刑斩立决可减为斩监候；

窃盗罪可免予刺字；重罪必须刺字者，则刺臂而不刺面。对满人案件的审理，由特定司法机关管辖；对满人的监禁，也不入普通监所；宗室贵族入宗人府空房，一般旗人入内务府监所。

## 六 分析题

这个题目涉及两个案件：在第一个案件中，兄弟二人均拟边戍，犯罪主体是朝鲜人，所判刑为流刑，留全一人养亲。在第二个案件中，兄弟二人均拟死罪，亦留全一人养亲。馆修时经过综合，将此两案例合二为一，从犯罪主体上将存留养亲制度扩大到了朝鲜国人及其他所有人，适用范围包括流刑与死罪。

# 第十一章 清末法律制度的变化

（公元 1840～1911 年）

## 一 单项选择题

1. 我国历史上第一部仿效资产阶级刑法体例和原则制定的刑法典是（    ）。

    A.《大清会典》　　　　　　　　B.《大清新刑律》

    C.《大清律例》　　　　　　　　D.《大清律集解》

2. 1842 年的（    ）是清朝与列强签订的第一个不平等条约。

    A. 南京条约　　　　　　　　　　B. 马关条约

    C. 望厦条约　　　　　　　　　　D. 北京条约

3. 清政府制定的中国法制史上首部具有近代宪法意义的宪法性文件是（    ）。

    A.《议院法要领》　　　　　　　B.《钦定宪法大纲》

    C.《资政院院章》　　　　　　　D.《大清新刑律》

4. 清末为预备立宪而在地方设立的采集舆论的机构是（    ）。

    A. 咨议局　　　B. 会馆　　　C. 商会　　　D. 报馆

5. 清末颁布的第一部商律是（    ）。

    A.《大清民律草案》　　　　　　B.《大清矿务章程》

    C.《破产法》　　　　　　　　　D.《钦定大清商律》

6. 清末司法改革过程中颁布实施的第一部法律是（    ）。

    A.《民事诉讼》　　　　　　　　B.《各级审判厅试办章程》

    C.《大理院审判编制法》　　　　D.《大清现行刑律》

7. 清末在诉讼程序上实行（    ）制度。

    A. 二级终审制　　　　　　　　　B. 三级终审制

    C. 四级三审制　　　　　　　　　D. 四级二审制

8. 对于刑事案件，（    ）首先规定了以检察官公诉为主的起诉原则。

A.《大理院审判编制法》　　　B.《各级审判厅试办章程》
C.《法院编制法》　　　　　　D.《大清现行刑律》

9. 1864年,清政府与英、美、法三国驻上海领事协议在租界内设立专门审判机构,正式形成了(　　)。
A."势力范围"制度　　　　　B."最惠国待遇"制度
C."会审公廨"制度　　　　　D."观审"制度

10. 清"官制改革"开始于(　　)。
A. 1903年　　　B. 1906年　　　C. 1905年　　　D. 1907年

11. 1910年颁布的《大清现行刑律》确定了新的五刑制,即(　　)。
A. 笞刑、杖刑、流刑、遣刑、死刑
B. 罚金、笞刑、杖刑、徒刑、死刑
C. 罚金、徒刑、流刑、遣刑、死刑
D. 罚金、笞刑、徒刑、流刑、死刑

12. 清末由中国地方官与列强领事官就中国人与外国侨民之间发生的争讼会审的机构是(　　)。
A. 吏部　　　B. 理藩院　　　C. 大理寺　　　D. 会审公廨

## 二　多项选择题

1. 1911年起草的《大清民律草案》由(　　)组成。
A. 物权篇　　　B. 总则　　　C. 亲属篇
D. 债权篇　　　E. 继承篇

2. 清末司法改革过程中颁布实施的法律有(　　)。
A. 法院编制法　　　B. 各级审判厅试办章程
C. 大理院审判编制法　　　D. 刑事诉讼律　　　E. 民事诉讼律

3. 下列有关清末制定的法典表述正确的是(　　)。
A. 清末刑法典修订的成果是《大清会典》和《大清新刑律》
B.《大清新刑律》完成前的过渡性法典为《大清现行刑律》
C.《大清民律草案》的基本思路体现了"中学为体、西学为用"的精神
D.《大清新刑律》结构分总则和分则两篇,后附《暂行章程》
E.《大清律例》是中国历史上第一部近代意义上的专门刑法典

4.《大理院审判编制法》规定,京师地区实行四级三审制,四级审判机构分

别为（　　）。

  A. 京师高等审判厅  B. 乡谳局  C. 城内外地方审判厅

  D. 城谳局  E. 大理院

 5. 清末立法中编纂的诉讼法草案包括（　　）。

  A.《刑事诉讼律草案》  B.《行政诉讼律草案》

  C.《民事诉讼律草案》  D.《刑事民事诉讼律草案》

  E.《刑事行政诉讼律草案》

## 三　名词解释

 1.《钦定宪法大纲》　2.《大清现行刑律》　3. 会审公廨　4. 资政院　5. 咨议局　6. 领事裁判权　7.《各级审判厅试办章程》　8.《重大信条十九条》　9."存留养亲"　10. 模范监狱

## 四　简答题

 1. 简述清末《钦定宪法大纲》颁布的意义。

 2. 简述清末的立宪活动情况。

 3.《大清现行刑律》与《大清律例》相比，其主要内容特点是什么？

 4.《大清新刑律》在结构和内容上有哪些发展变化？

 5. 清末的商事立法活动有哪些特点？

 6. 简述清末的会审公廨制度。

 7. 简述清末司法机构的改革。

 8. 简述清末的诉讼审判制度有哪些新成就。

## 五　论述题

 1. 清末内忧外患的局面强烈冲击了中国的法制观念，试论述这一时期法制观念产生了什么样的转变。

 2. 试论清末修律活动的原因、宗旨与目的。

 3. 试论清末领事裁判权制度的确立对中国产生的影响。

 4. 试论清末制定《大清民律草案》的基本原则及其产生的影响。

## 六 分析题

《中英五口通商章程》中规定:"英人华民交涉词讼,英领事有权'查察'、'听讼'、其人如何科罪,由英国议定章程、法律,发给管事官(即领事)照办。"《虎门条约》中也有类似的规定。

试根据本章内容分析这种现象。

## 参考答案

### 一 单项选择题

1. B  2. A  3. B  4. A  5. D  6. B  7. C  8. B  9. C  10. B  11. C  12. D

### 二 多项选择题

1. ABCDE  2. ABC  3. BCD  4. ACDE  5. ACD

### 三 名词解释

1. 光绪三十四年(1908年)八月初一,颁布了中国历史上第一部宪法性文件——《钦定宪法大纲》。《钦定宪法大纲》由庆宗王奕劻等奏进,慈禧亲自裁定。内容基本抄自1898年日本帝国宪法。《大纲》共计23条,由"君上大权"(14条)和作为附则的"臣民权利义务"(9条)两部分组成。它是中国法制史上首部具有近代宪法意义的法律文件,用资产阶级宪法形式为君主专制制度披上了合法的外衣。宪法的产生,要求其他法律与其相适应,这就必然导致旧有中华法系诸法合体的破裂,从而使清末立宪成为中华法系解体的开端。

2. 刑律的修订是清末修律的核心部分。1904年5月15日,修订法律馆开馆办公,着手对《大清刑律》进行删改、修并、编纂,以此作为一部在新刑律颁行以前的过渡性法律。"预备立宪"诏令颁行后,修订《大清律例》被纳入"钦定逐年筹备事宜清单"。1908年修订完成,定名《大清现行刑律》,共30编,计414条,附例1066条,卷首除奏疏外,有律目、服制图、服制。此外,后附《禁烟条例》

251

12 条，《秋审条例》165 条，于 1910 年 5 月 15 日公布施行。《现行律例》的刑名变化稍大，其余增减都属于局部和枝节。该律虽在《大清律例》的基础上修订而成，篇目、内容仍不脱旧律窠臼，但作为近代社会产物，已具有过渡性法典的性质。

3. 会审公廨是清末中国地方官与列强领事官就中国人与外国侨民之间发生的争讼进行会审的机构。1864 年后，先后于上海、汉口、哈尔滨、厦门鼓浪屿等地设立。根据列强与清政府签订的有关协议，会审公廨设立于租界内，名义上是中国司法机构在租界内的分支机构，由中国政府派员审判，并适用中国法律。但在实质上，不仅直接与外国人有关的华洋案件，外国领事有权参加，就是无约国侨民之间的诉讼以及外国人雇佣中国人的诉讼，外国领事也可参与会审。名为会审，实则由外国领事一手把持，会审公廨的设立使得中国司法主权受到极大损害。

4. 资政院是清政府在清末"预备立宪"过程中设立的中央"咨询机关"，于 1910 年设立。资政院有权议决预算、决算、税法、公债，制定、修改法律（宪法不在此例）和皇帝交议的其他事件；资政院议决事件，军机大臣并各部行政大臣应当执行，如有异议可咨送资政院复议。如资政院仍执前议，可由资政院总裁、军机大臣或各部大臣分别具奏，请旨裁决。资政院的议员分"钦定"和"民选"两部分。所谓"钦定"议员包括以下七类人：宗室王公世爵；满汉世爵；外藩（蒙回藏）王公世爵；宗室觉罗；各部、院衙门官四品以下、七品以上者，但审判官、检察官及巡回官不在此列；硕学通儒；纳税多额者。很显然，"钦定"议员大部分是宗室王公、高官显贵。"民选"议员则是由各省咨议局议员"互选"产生，但最后要由各省督抚"固定"。可见，这种"资政院"只不过是奉旨办事的御用机构，根本不是近现代意义上的国家议会。

5. 咨议局是清末为预备立法而在地方设立的咨议机关，是各地方采集舆论的场所。1908 年，清政府下令各省筹设，同年颁布《各省咨议局章程》和《咨议局议员选举章程》。咨议局的职权主要有：（1）议决本省应兴应革事件；（2）议决本省财政预算与决算、公债；（3）制定、修改本省单行法规、章程；（4）接受本省民众建议、陈情；（5）对本省行政机构实施有限的检查权。咨议局行使职责，始终处于督抚的监督控制之下，虽有某些西方宪政体制中地方议会的功能，但又受到地方行政权力的多种干预，实际上又使咨议局不能行使依法应享有的权力。

6. 领事裁判权在清代是一种非法特权，它是外国侵略者强迫中国缔结的不平等条约中所规定的。主要内容是：凡在中国享有领事裁判权的国家，其在中国的侨民不受中国法律的制约，不论他们发生任何违背中国法律的犯罪行为，或成为民事诉讼或刑事诉讼的当事人时，中国司法机关均无权干涉，只能由该国的领事等人员或设在中国的司法机构依据其本国法律裁判。

7.《各级审判厅试办章程》于1909年颁布实施。在清末法制改革中，《章程》明确了民、刑分立；完备了起诉制度，确立刑事案件以检察官公诉为主，保留了职官、妇女、老幼残疾人可由他人代诉，确立了检察官制度。《各级审判厅试办章程》就法庭用语、判决书的格式都作了具体规定。这部法律的颁布和实施标志着近代审判制度在中国的建立。

8. 1911年10月10日，武昌起义爆发，发生了辛亥革命，各省纷纷响应，宣布独立。立宪派和一些手握重兵的将领上书、兵谏，敦促立即公布宪法、召开国会。在内外压力下，清廷令资政院迅速草拟宪法，仅用三天时间便制定和通过了《宪法重大信条十九条》（简称《十九信条》），于1911年11月3日公布。它是清廷在"大局已几于瓦解"时抛出的"急切挽救之方"。《十九信条》产生于阶级力量对比急剧变化的历史条件下，因而表现出不同于《钦定宪法大纲》的一些特点。一是采用英国式的责任内阁制；二是在形式上限制了皇权，扩大了议会的权力。皇帝继承顺序由宪法规定，宪法由资政院起草决议，皇帝颁行。宪法修正提案权归国会。总理大臣由国会公选，皇帝任命。皇帝直接统领海陆军，但对内使用，必须有国会所决议的特别条件。国际条约非约国会决议，不得缔结。三是它属于临时宪法。《钦定宪法大纲》仅是清廷对立宪要求的一个许诺，而《十九信条》则已成为一种临时宪法，具有宪法性质。《十九信条》最终也没能挽救清廷的厄运。

9. "存留养亲"制度是传统法律中的一项重要制度。它多适用于独子斗殴杀人的案件。在此类案件中，如果在凶犯是家中的独子、父母年老有病、家中又无其他男丁的情况下，经有关部门申请，得到皇帝特许之后，可免除其死罪，施以一定刑罚后，令其回家"孝养其亲"。长期以来，"存留养亲"制度一直被视为仁政的一种表现。沈家本等人认为："古无罪人留养之法"，而且嘉庆六年上谕中也明白表示过："是承祀、留养，非以施仁，实以长奸，转以诱人犯法"。因此，"存留养亲"不编入新刑律草案。礼教派认为，"存留养亲"是宣扬"仁政"、鼓励孝道的重要方式，不能随便就排除在新律之外。

10. 模范监狱是清末进行狱政制度改革时，仿照资本主义国家的监狱模式而建立的示范监狱。1903年，京师模范监狱建立。该监狱建筑新颖，管理严明，并设有监狱办公楼、杂居监、分房监、工场、女监、病监。一改清代狱室鄙陋、囚系惨刻的状况，成为第一个近代式构造的监狱。它因管理体制的改变而受到传统势力的反对，然而终因改善犯人入境，便于监管，所以得到广泛推广，各省纷纷仿效。模范监狱的设立改善了犯人的生活居住条件，对国家监狱设施和管理的近代化也起了很大的促进作用。

## 四 简答题

1. 《钦定宪法大纲》基本抄自日本帝国宪法，但它不仅沿袭其中有关君主大权的规定，而且增加了议会闭会期间君主筹措经费等权力；与此相反，日本宪法中规定的臣民迁徙、宗教信仰、通信、请愿等自由，《钦定宪法大纲》却没有提及。因此，它公布后遭到了人们的反对和抨击。不过，我们也应该看到，《钦定宪法大纲》的制定和颁布，在客观上也有其历史的进步性。

首先，它是中国历史上第一部宪法性文件，开创了中国近代的君主立宪政体。"宪法"一词，我国古已有之。《国语》就有"赏善罚奸，国之宪法"的说法。但在我国古代，"宪法"仅指国家典章制度和普通法律规范。在《钦定宪法大纲》颁布以前，我国没有近代意义的宪法观念和宪法制度。因此，《钦定宪法大纲》的颁布，开始了中国近代立宪政体的历史。

第二，它在一定程度上对漫无边际的君主权力进行了限制，体现了君主立宪国家的有限君权原则。首先，君主要遵守宪法的规定。在宪政编查馆、资政院会奏宪法大纲的奏折中，有"夫宪法者，国家之根本法也，为君民所共守；自天子以至于庶人，皆当率循，不容逾越"的说明；该大纲的前言中，也有"上自朝廷，下自臣庶，均守钦定宪法，以期永远率循，罔有逾越"的规定。其次，在立法方面，君主要受到议院的制约。大纲规定，制定法律须先由议院议决，再由君主批准颁布，否则君主不能颁布法律；"已定之法律，非交议院协赞"，君主也无权"以命令更改废止"。在司法方面，君主的权力也不再是无限的。大纲规定，审判机关遵照已颁布的法律行使权力，君主"不以诏令随时更改"。这表明《钦定宪法大纲》的本质虽然旨在巩固君权，但毕竟把君主权力限制在法定范围内。

第三，尽管它把臣民有限的自由、权利及义务作为附则，但毕竟是第一次以根本法的形式规定了这些宪法基本内容，与君主专制时代相比是一种历史的进步。

2. 首先，清末立宪有其特殊的社会政治背景。从实施主体来看，清政府对立宪政治的采取和接受的程度是有条件的，即必须将有关于立宪的一切操作控制在其手中。从历史背景来看，在立宪派和地方实力派的双重压力下，清政府选择立宪是迫不得已的行为。清政府的立宪及相关改革是出于挽救民族危机和社会危机的结果。鸦片战争后，清政府渐渐认识到中国的国力已处于绝对弱势，通过实施宪政，平息国内动荡，成为世界上的文明国家，使国力振兴强大，是清政府寄予宪政的希望。

其次，尽管清末立宪活动处于清政府的严密控制之中，但君主与国民均需遵守宪法，这就使得最高统治者感到不安、动摇与惶惑，使最高统治者始终处于变革力量的对立面，始终是社会各种矛盾的焦点，不能充分发挥政府在社会变革中的主导作用。

最后从本质上来看，清末立宪是清政府反对革命，拉拢立宪派的一种政治手段，其根本目的是想维系皇权。但从实践效果而言，清政府第一次将宪、议会引进中国政治之中，从而表明，皇帝的权力必须得到宪法的肯定，皇帝的行为必须符合宪法。从此，专制制度在中国失去了存在的合法性，宪法的至高无上性为中国社会所接受。这在中国政治发展史上是一次巨大的飞跃。

3. 《大清现行刑律》是《钦定大清刑律》正式颁布以前，由沈家本等人根据《大清律例》删订而成的一部过渡性法典，共30门398条，宣统二年四月七日（1910年5月15日）颁布施行。其主要内容特点是：

第一，取消吏、户、礼、兵、刑、工六篇律目，从"名例"到"河防"分为30门。

第二，把旧律中的继承、分产、婚姻、田宅、钱债等纯属民事内容的条款分出，不再科刑，以示民刑有别。但是，抢夺婚姻、奸占、违例嫁娶、盗卖强占田宅等属于刑事范围的案件，仍按现行刑律科罪。

第三，删除凌迟、枭首、戮尸、缘坐、刺字等酷刑，改充军为安置，军、流、徒为工艺，笞、杖为罚金，虚拟死罪为徒、流，满汉同一刑制，例缓人犯免于秋审，禁止刑讯，废除奴婢，变通枷号，废止站笼刑罚，将笞、杖、徒、流、死五刑改为罚金、徒刑、遣刑、流刑、死刑。

第四，删除过时的条款，如"良贱相殴"、"良贱相奸"等，并将"奴婢"改为"雇工人"，打破良贱相异的惯例，取消奴婢在法律上的不平等地位，同时废止维护满人特权的有关条款。

第五，增加一些新罪名，如毁坏铁路或电信、私铸银元、妨害国交等罪名。

第六，仍然保留"十恶"的内容，并放在律首，处以重刑。

4. 由日本法学博士冈田朝太郎"帮同考订，易移数四"的《大清新刑律》于1905年起开始制定，历时5年，未及正式施行，清朝即告灭亡。《大清新刑律》分总则、分则两编，共53章421条，另附《暂行章程》5条。它是首部仿效资产阶级刑法原则和体例制定的刑法典，与中国传统律例相比，在结构上和内容上都有重大变化。

(1)《大清新刑律》在结构上特点主要有以下两个方面：①模仿资产阶级刑法体例。一方面"删除比附"，采用西方罪刑法定原则，规定律无正条者不予处罚，提高了刑法的地位，与用刑罚手段调整各种社会关系的封建化法典相比，在一定程度上减轻了司法镇压的残酷性，另一方面，确定了新的刑法体系，在形式上变明清律六部分立的体例，而为近代刑法的总则、分则的体例。刑法典结构上分为总则与分则两部分。②采取资产阶级国家刑罚体系。仿效资产阶级国家刑法，确定了一个以自由刑为中心，由主刑、从刑组成的新体系。废除了以封建乡土观念为基础，同时又有"以邻为壑"作用的统刑，废除了自隋开皇以来一直沿用的笞、杖、徒、流、死法定五刑，更定为主刑五种：死刑、无期徒刑、有期徒刑、拘役、罚金；从刑两种：褫夺公权和没收。死刑条数大大减少，而且规定：死刑用绞，于狱内执行。罪大恶极的才用斩。

(2)《大清新刑律》在内容上的变化主要有以下两个方面：①吸收了资产阶级刑法制度。具体来说，其一是采用罪刑法定原则，否定了罪刑擅断主义。其二是引进缓刑、假释、时效等具有人道主义色彩的制度。其三是对刑事责任年龄以下的犯罪青少年，施以感化教育。其四是创设"妨害选举罪"、"妨害交通罪"、"妨害卫生罪"等客观上有利于维护人民群众正当权益的内容。其五是设"妨害国交罪"，确保列强在华利益。这些规定客观上有利于维护人民群众。②对封建刑法制度做了大量删除，特别是删除了"八议"、"请"、"减"、"赎"、"十恶"、"存留养亲"等封建法律内容，取消了旧律中残酷的刑罚规范及"官秩"、"良贱"、"服制"等规范。

《大清新刑律》是中国第一部独立的资产阶级性质的刑法典，它标志着中国封建法律体系的瓦解和近代法律体系的诞生，是清末修律的代表作。

5. 进入20世纪以后，清政府为振兴工商，加快商业贸易的管理，于光绪二十九年（1903）七月十六日设立商部，这反映了长期以来重农抑商的传统观念与政策的重大变化。为了调整不断发展的商事活动，进行了多方面的立法，清末商事立法的主要特点有以下几点：

(1) 以"模范列强"、"博稽中外"为立法原则。一方面，商事法典的制定从体例到内容，均进行模仿德、日、英等资本主义国家的商法。另一方面，商法在内容上注意吸收和反映中国传统的商事习惯。在《破产律》中，尤其重视对传统商事习惯的采纳，在诸多方面沿袭了中国的习惯。

(2) 在法典编纂结构和立法技术上，以宽为主，充分体现照顾商事活动的简便性及敏捷性的要求。在吸收各国商法和中国商事习惯的基础上，采取了与商为便的一系列规定，如对公司设立采取法定许可制度，允许公司变更其类型等，在客观上有利于鼓励私人投资近代企业。

（3）带有传统社会封建残余和半殖民地法律的烙印，如对妇女经商能力进行了限制，各主要商律对外国公司均无规定等。

6. 会审公廨是清廷在租界内设立的特殊审判机关，会审公廨制度是外国在华领事裁判权制度的延伸。

第二次鸦片战争以后，英国驻上海领事巴夏礼向上海道提出，在租界内组织一个中国法庭，审理除享有领事裁判权国家侨民为被告人以外的一切案件；凡涉及有关享受领事裁判权国家人民利益的案件，有关国家领事得派员陪审。上海道完全接受了这一建议，并报总理衙门审批通过。同治三年（1864年），上海道派人前往英国领事馆，会同英国领事组织法庭，称为"洋泾浜北首理事衙门"，由中国地方官会同英国副领事审理以中国人为被告的各种案件。同治七年，上海道又与英、美领事颁行《上海洋泾浜设官会审章程》，正式确立会审公廨制度。根据这个章程，会审公廨由上海道派一名官员充任委员，主持各项事务；公廨所需人员由委员招募或雇用，所需经费由委员赴上海道领取。公廨依中国法律管辖各国租界内以中国人或无约国人为被告的钱债、斗殴、窃盗、词讼等案件；其中中国人（不为外国人服务或受雇）之间的诉讼，由委员审判；中国人与外国人之间的诉讼，如有外国人出庭，由委员和外国领事会审；如有为外国人服务或受雇的中国人出庭，由委员审判，外国领事观审；如中国人反诉外国人，由委员审判，外国领事陪审；但如该外国人是享有领事裁判权国家的公民，公廨无权处理。从这些规定可以看出，这个由清政府出钱出人设立在租界内的审判机关，实际上是一个维护外国人诉讼权益的工具。

继上海之后，不仅武汉、厦门等地也先后设立了会审公廨，而且外国领事还通过逐步扩大会审、观审、陪审权，最后完全把持了会审公廨的主审大权。因此，会审公廨制度是中国丧失司法主权的又一重要标志。

7. 清末司法机关改革，涉及司法行政管理机关和审判机关，是较为全面的。清末按照西方三权分立模式进行的官制改革，使沿袭几千年的司法行政合一的体制发生了彻底的变化，从中央到地方，按照司法与行政分立的原则进行了一系列的改革。具体表现在：

（1）在中央，按照司法独立原则，进行了机构改革。作为预备立宪重要步骤的官制改革，将原来的刑部改为法部，称为全国最高司法行政机关，不再兼理审判；清朝传统的审判机关，也在官制改革时进行了调整。大理寺改为大理院，为全国最高审判机关，有统一解释法律的权力。在大理院内设总检察厅，作为最高检察机关，独立行使检察权，取代了自明代以来的都察院。

（2）在地方，司法机构的改革与设置按照四级三审制的模式展开。除京师大理院外，地方分别设立高等审判厅、地方审判厅和初级审判厅，后又在城乡设立四处乡谳局，并在各级审判厅内设初级、地方、高等检察厅。另将各省按察使改名为提法司，作为地方司法行政机关。

8. 清末随着司法制度改革的逐步推进，诉讼审判制度也发生了重大的变化，建立了一系列近代司法原则和制度。主要有以下四个方面：

（1）确立了司法独立原则。《大理院审判编制法》首次通过明确大理院及各级审判厅的职权与地位，明确了司法独立的原则。这一原则在《法院编制法》中得到重申。这一原则的确立对皇帝总揽司法权及行政干涉司法进行了完全否定。

（2）区别民事、刑事诉讼。在《各级审判厅试办章程》中，对民事诉讼与刑事诉讼作了基本区分，从而结束了中央审判衙门以审判刑事案件为主，而地方审判衙门刑事诉讼和民事诉讼不分的历史。《大理院审判编制法》确定了各级法院分别设立刑庭和民庭，确立了对刑事、民事案件分别进行审理的制度。

（3）审判权与检察权分立。古代监察机关御史台、都察院的主要职责是"纠弹百官"，同时享有对疑难案件的审判参与权。实质上是监察权、审判权兼有，清末司法改革前的都察院，在职掌监察的同时，也参与疑难案件的审判。《大理院审判编制法》规定在大理院以下审判厅设各级检察厅，负责提起公诉并监督审判。《各级审判厅试办章程》与《法院编制法》还明确了检察机关有权依据刑事诉讼律搜查处分、提起公诉、监察判决执行等权力，依据民事诉讼律，有为民事案件当事人或公益代表人物特定事宜之权。

（4）承认辩护制度。古代刑事审判采用纠问式，没有辩护制度存在的余地，理论上实行有罪推定。清末司法改革之前，刑事案件以纠问式审判为主，没有辩护制度，理论上实行有罪推定。1906年的《大清刑事民事诉讼法》首次确定了辩护制度，但该法未及颁行。1910年在《法院编制法》中承认了律师和律师出庭辩护的制度，是中国律师制度的肇始。

## 五 论述题

1. 1840年鸦片战争以来，西方大批传教士到中国传教，兴办各种学校，进行以强权为后盾的一系列文化渗透活动,使得西方的资产阶级法律文化通过各种渠道和各种传媒输入中国。总括这一时期法观念更新的主要表现如下:

(1) 由盲目排外到中体西用。清末统治集团内顽固派冥顽不化,一味守旧,拒绝任何改革,反对变法维新,而洋务派提出了"中体西用"的主张。洋务派的法律思想实际上就是中体西用论在法律领域的体现。他们虽然强调政令法度必须以纲常为本原,但又与顽固派一切固执成法不同。为了适应中国在鸦片战争后的新情况、新变化,主张在某些方面可以酌取西法而有所变通。清末修律过程中,翻译学习西方法典和法学著作,以西方法典为蓝本,并聘请外国法学家参与修律,积极培养熟悉中外法律的人才,正是中体西用思想的具体体现。

(2) 由固守成法到"师夷"变法。固守成法是中国古代传统法律的重要特征之一。从《法经》到《唐律》以至《清律》,诸法合体的体例形式和礼法结合、民刑不分的主体内容一直没有发生重大变化,"天不变,道亦不变"是统治者的信条。而鸦片战争促使中国人开始对传统法制思想进行了反思,逐步产生了"师夷变法"的新观念。太平天国、洋务派和资产阶级改良派从不同侧面提出了向西方学习、进行改革的主张。向西方先进文化学习本身也经历了从器物到制度两个阶段,从洋务运动到清末变法,中国学习西方文明的步伐越来越深入。

(3) 由维护三纲到批判三纲。受儒家文化的影响,自汉朝以来,三纲一直是国家立法的指导原则和量刑的尺度,因此批判并反对纲常名教,否定了封建法律制度的最重要的准则。近代中国从维护三纲到批判三纲,是19世纪60年代由早期改良派开始的。改良派以切身的经历和敏锐的洞察力,指出封建纲常伦理是造成中国人愚昧贫弱的根源,对君主专制、家庭专制予以彻底的批判。

(4) 由专制神圣到君宪、共和。鸦片战争后,人们逐渐认识到专制制度是导致中国积贫积弱的重要根源。国门洞开之后,人们开始看到西方君主立宪和共和制度的先进性和科学性,于是以制度救国的矛头自然指向封建专制制度,由专制神圣到君宪共和,是中国近代法观念最本质的改变和最丰富的内容。它反映了西方法文化输入中国以后所引起的政治变革及其阶段性。这种阶段性恰恰是西方法文化与中国实际相结合不可超越的过程。

(5) 由以人治国到以法治国。中国古代以人治为国家机器运行的杠杆。近代以后,法治思想作为西方法文化的重要内容渐渐为中国的开明官僚和知识界所理解和接受。不仅如此,以严复、梁启超、孙中山等为代表的资产阶级中的先进分子还大力宣传与鼓吹法治思想,并付诸实践,运用法治来反对封建专制主义的人治。资产阶级的法治思想逐渐取代了传统的人治思想，成为开明思想家崭新的法观念。

（6）由义务本位到权利本位。在中国传统法典中，没有关于庶民权利的明确法律规定，同时，人们更多地考虑的是遵守法律，趋利避害，随着西方法文化的输入，中国人逐渐产生了权利意识，要求法律上的平等与自由。西方启蒙思想家关于天赋人权、自由平等、民主的理论，成为当时人们投身于救亡图存、改革自强的精神动力，权利本位的法观念逐步树立。

（7）由司法与行政不分到司法独立。中国古代在专制制度之下，司法与行政是不分的。西学东渐后，三权分立思想逐渐为中国知识界所接受和倡导。晚清司法改革就是在这个新的法观念的影响下，沿着分权的方向运行的。

（8）由以刑为主到诸法并重。以刑为主、重刑轻民是中华法系的传统之一。随着西方资本主义的法律制度与法律学说传入中国，使得人们开始由以刑为主向着诸法并重的法观念转变。在实践上，清末修律中，商律、民律、诉讼法都被提上制定日程，并以大陆法系国家的法律体系为样本制定了六法的草案。

总括上述，可见在19世纪至20世纪之交，西方法文化的输入，为中国传统法制的转型提供了理论向导，中国人的法制观念发生了重大变化，由于这种变化带有历史的必然性，因而具有旺盛的生命力。

2.（1）清末修律的根本原因，是适应社会经济结构和阶级结构的变化，调整新出现的社会关系，以保护地主官僚买办和外国侵略者的利益。同时，西方列强有条件放弃领事裁判权的虚假许诺，也是促成清廷决定修律的一个重要原因。光绪二十八年（1902年），通商大臣张之洞与外国修订商约时，英日美葡等国为了表示对已彻底投降帝国主义列强的清廷的支持，提出在清廷切实改良立法司法现状以后，将放弃领事裁判权。这本是西方列强所作的一种虚假许诺。因为帝国主义获取领事裁判权，目的就是想借此控制中国的司法主权，为其在华的侵略利益服务，所以，他们是不会轻易地主动放弃这项特权的。但是，清朝统治者以及具有改良愿望的官僚却被这一虚假许诺迷惑，希望通过修律收回领事裁判权。

（2）清末修律的宗旨与目的，主要是通过清廷先后颁发的两道上谕反映出来的。光绪二十八年四月六日（1902年5月13日）上谕指出："现在通商交涉事益繁多，著派沈家本、伍廷芳将一切现行律例，按照交涉情形，参酌各国法律，悉心考订，妥为拟议，务期中外通行，有裨治理。"宣统元年正月二十七日（1909年2月17日）上谕又提出："中国素重纲常，故于干犯名义之条，立法特为严重。良以三纲五常，阐自唐、虞，圣帝明王兢兢保守，实为数千年相传之国粹，立国之大本。今寰海大通，国际每多交涉，故不宜墨守故常，致失通变宜民之意，但只可采彼所长，益我所短。该大臣等务本此意，以为修改宗旨是为至要。"从这两道上谕来看，清末修律确定的宗旨是既要"参酌各国法律"，"采彼所长，益我所短"，又要维护中国"数千年相传"的"三纲五常"，"凡我旧律义关伦常诸条，不可率行变革"，其目的是"务期中外通行，有裨治理"。

3. 鸦片战争以来，西方列强通过和清朝签订一系列不平等条约，在中国建立了领事裁判制度，领事裁判权成为各列强干涉中国内政、操纵中国司法的重要手段，给中国带来了一系列的恶果。

第一，领事裁判权严重破坏了中国的司法主权。鸦片战争前，中国作为一个领土完整、主权独立的国家，从唐时起直至明清，在对外国的司法管辖这一方面一直行使着完整的司法主权。清朝一直都有司法管辖规定外国人在中国境内活动。根据这些规定，来中国的外国人，必须遵守中国政府的法律、法令，同时，他们的合法权益也受中国政府的保护。外国人在中国领土上发生的犯罪行为，或外国人与中国人之间，或外国人之间发生诉讼纠纷时，都必须服从中国司法机关的裁判。而领事裁判制度建立后，中国丧失了完整独立的司法主权，不仅使中国的司法机关对于涉外案件无权管辖，而且在中国领土上允许外国司法机关行使权力，并执行外国法律，结果中国竟出现"外人不受中国之刑章，而华人反就外国之裁判"的怪现象。

第二，领事裁判权是外国侵略者在中国逞凶肆暴、走私贩毒的护身符。由于有了领事裁判权这一保护伞，外国侵略者在中国杀人越货、横行无忌，鸦片商人亦大肆走私，胡作非为，中国法律却不能对之加以制裁。在外国侵略者眼中，中国被看做是冒险家的乐园，这极大地损害了中国人民的利益。

第三，领事裁判权成为列强侵害中国人民生命财产，镇压中国人民革命运动的工具。著名革命家章太炎、邹容就遭到上海租界巡捕房的逮捕、会审公廨的审判和西牢的监禁，邹容被残酷折磨至死。

外国领事裁判权，是帝国主义统治和奴役中国人民的司法工具，是套在中国人民身上的一副沉重的枷锁。

4. 清末民律草案的制定由修订法律馆与礼学馆共同承担。民律的起草原则有以下三个方面：第一，采纳各国通行的民法原则；第二，以最新最合理的法律理论为指导；第三，充分考虑中国特定的国情民风，确定最适合中国风俗习惯的原则，并适应社会演进的需要。

这些原则对民律草案的内容产生了重要的影响，主要表现在以下两个方面：

（1）民律前三编以"模范列强"为主。民律前三编在起草者松冈义正的影响下，这些内容主要以西方各国通行的民法理论和原则为依据，对中国旧有习惯未加参酌，因而体现出明显的资产阶级民法的特征。

（2）民律后两编"以固守国粹为主"。根据民律草案的起草原则，所有涉及亲属关系以及与亲属关系相关联的财产关系，均以中国传统为主。立法者具体提出这两编主要参照现行法律、经义和道德。因此虽然也采纳了一些资产阶级的法律规定，但更多的是注重吸收中国传统社会历代相沿的礼教民俗。

《大清民律草案》从整体上来说，由于急功近利，一味强调对最先进民法理论和立法成果的吸收，故而在许多方面与中国实际严重脱节。就法典本身来说，《大清民律草案》不是一部成熟的法律草案，但作为中国历史上第一部民法典，对以后的民事立法产生了深远的影响。

## 六 分析题

上述材料涉及清末的有关领事裁判权制度。所谓领事裁判权乃是外国侵略者强迫中国缔结的不平等条约中所规定的一种非法特权。即凡在中国享有领事裁判权的国家，其在中国的侨民不受中国法律管辖，不论发生任何违背中国法律的违法犯罪行为以及成为民事诉讼或刑事诉讼当事人时，中国司法机关无权裁判，只能由该国的领事等人员或设在中国的司法机构依据本国法律裁判。领事裁判权是外国列强干涉中国内政，操纵中国司法的重要手段，它严重破坏了中国的司法主权，同时也是庇护外国侵略者在中国逞凶肆暴、走私贩毒的护符。领事裁判权是鸦片战争后外国侵略者强迫中国订立不平等条约的产物，是中国丧失完整独立的司法主权的突出体现。

# 第十二章 中华民国南京临时政府的法律制度

（公元 1912 年 1 月至 1912 年 3 月）

## 一 单项选择题

1. 《中华民国临时政府组织大纲》确立了（    ）。
   A. 责任内阁制　　　　B. 总统制　　　　C. 立宪制　　　　D. 帝制

2. 《临时约法》宣布的日期是（    ）。
   A. 1912 年 1 月 28 日　　　　　　B. 1912 年 2 月 7 日
   C. 1912 年 3 月 8 日　　　　　　D. 1912 年 3 月 11 日

3. 第一次以法律形式宣告废除封建帝制、确立总统共和政体的法律是（    ）。
   A. 《中华民国临时约法》　　　　B. 《中华民国临时政府组织大纲》
   C. 《中华民国宪法》　　　　　　D. 《钦定宪法大纲》

4. 为了发展民族工商业，南京临时政府实业部拟定了（    ）。
   A. 《商业注册章程》　　　　　　B. 《保护人民财产令》
   C. "权利平等令"　　　　　　　　D. "慎重农事令"

5. 南京临时政府革命政权的性质是（    ）。
   A. 民主共和性质　　　　　　　　B. 资产阶级共和性质
   C. 资产阶级民主性质　　　　　　D. 君主立宪性质

6. 标志着中华民国南京国民政府成立的事件是（    ）。
   A. 清政府被推翻
   B. 中华民国临时政府组织大纲的颁布
   C. 《中华民国临时约法》的颁布
   D. 孙中山在南京宣誓就职中华民国临时大总统

## 二 多项选择题

1. 南京临时政府为了振奋民族精神，提倡近代文明，制定了一些社会改革方面的法令，其中包括（    ）。
   A. "禁烟令"    B. "剪辫法令"    C. "劝禁缠足令"    D. "禁赌法令"

2. 《中华民国约法》的特点有（    ）。
   A. 改总统制为责任内阁制         B. 进一步扩大参议院的权力
   C. 规定了严格的修改程序         D. 国会实行两院制

3. 《中华民国临时政府组织大纲》的特点是（    ）。
   A. 采用了总统制共和政体
   B. 按照三权分立的原则对政府机关权利进行分配
   C. 参议院采用了一院制的议会制度
   D. 参议院类似于西方资产阶级国家的立法机关

4. 临时政府行使政权的机构是（    ）。
   A. 参议院                    B. 临时大总统、国务员
   C. 副总统                    D. 军政府

5. 临时约法宣布中华民国人民一律平等，无（    ）。
   A. 种族区别    B. 阶级区别    C. 宗教区别    D. 地域区别

## 三 名词解释

1. 三民主义    2. 权能分治

## 四 简答题

1. 简述孙中山提出的"三民主义"的具体含义。
2. 简述"五权宪法"理论。
3. 简述南京临时政府的革命法令具体包括哪些方面？
4. 简述临时政府采取的保障司法的措施。
5. 简述临时政府进行诉讼审判制度改革的主要措施。

## 五 论述题

1. 与《中华民国临时政府组织大纲》相比，《中华民国临时约法》具有的特点有哪些？
2. 论述《中华民国临时政府组织大纲》的主要内容、特点和地位。
3. 论述《中华民国临时约法》的重要历史意义。

## 参考答案

### 一 单项选择题

1. B　2. D　3. B　4. A　5. B　6. D

### 二 多项选择题

1. ABCD　2. ABC　3. ABCD　4. BC　5. ABCD

### 三 名词解释

1. 三民主义：孙中山的"三民主义"是民族主义、民权主义和民生主义的总称。它是孙中山根据中国当时面临的民族解放、民主革命和社会改革三大历史任务而提出的革命纲领和政治主张，也是革命党人进行法制活动的指导思想。

2. 权能分治：孙中山民权思想最完整的体现。孙中山把国家的权力分为政权与治权两类，政权与治权相分离，一个是管理政府的力量，一个是政府自身的力量，管理政府的力量即民权可以简称为"权"，政府自身的力量可以简称为"能"，政权应该直接放在人民掌握之中，治权则完全交到政府机关之内。要把中国改造成为一个新国家，就必须把权和能分开，就必须以政权制约治权。

### 四 简答题

1. 民族主义是指"驱除鞑虏，恢复中华"，其基本要求是驱除一部分腐朽的满洲贵族统治阶级，建立独立自主的国家，主要解决民族解放的问题，矛头直指清政府，并以推翻这一政府作为奋斗目标。

民权主义以"天赋人权"为基本理念，主张人人生而平等，没有尊卑贵贱之分，君主不能把臣民当做奴隶，其基本要求是推翻封建君主专制制度，建立资产阶级共和国，主要解决民主革命问题。

民生主义是三民主义中最具有特色的部分，它的主要内容是指提倡社会改革，基本要求着眼于解决人民的经济生活等问题，包括社会的生存、国民的生计和群众的生命等。

2. 以"三民主义"为基础，孙中山提出了"五权宪法"这一宪政思想。"五权宪法"是他在研究各国宪法以后，根据中国的传统与现实国情，加以总结产生的思想。所谓五权，是指在行政权、立法权和司法权之外，再加上考试权和监察权。据此，将国家行政分设五院，即行政院、立法院、司法院、考试院和监察院五院，分别行使国家的行政权、立法权、司法权、考试权和监察权五权。这五权分别由国家的机构来行使，立法有国会，行政有大总统，司法有裁判官，弹劾有监察官，考试有考试官，他们既互相独立，又互相制约。以五权分立思想为指导而制定的宪法，就称为"五权宪法"。

3. （1）保护私人财产；（2）振兴实业发展资本主义；（3）发展文化教育；（4）改革旧俗，保障民权；（5）整饬吏治，严格铨选；（6）制定财政法规，建立金融制度；（7）其他行政军事法规。

4. 《临时约法》为保障司法独立，明确规定法官独立审判，不受上级官厅之干涉；法官在任不得减俸或转职，非依法律受刑罚宣告，或应免职之惩戒处分，不得解职；惩戒条规，以法律定之。另外，完全按照西方资本主义国家模式，把国家统治权分为立法权、行政权、司法权，建立了"三权分立"的民主共和政体。这些措施都有效地保护了司法权尽量少受干预甚至不受干预。

同时，临时政府还大力推行律师辩护与法官考试制度。律师辩护制度和法官考试制度的推行对于反对封建君主专制的审判制度、实现司法独立之地位都具有重要意义。

5. （1）禁止刑讯；（2）禁止体罚；（3）罪刑法定，不溯及既往；（4）实行审判公开和陪审制；（5）反对株连。

## 五　论述题

1. 《中华民国临时约法》是辛亥革命的产物，是近代以来资产阶级立宪运动的结晶。与《中华民国临时政府组织大纲》相比，《临时约法》具有以下三个特点：

其一，改总统制为责任内阁制。这是《临时约法》最大的特点。

其二，扩大了参议院的权力。《临时约法》突出了参议院的地位，扩大了参议院的职权，特别表现在同行政权的制衡关系上，参议院对于临时大总统及内阁享有相当大的监督权，包括对行政机关的质询权、对官吏纳贿违法等事件的查办权、对临时大总统和国务员的弹劾权，等等。

其三，确定了约法的最高效力和修改程序。规定宪法未实施以前，约法的效力与宪法等同，必须由参议院议员2/3以上，或临时大总统之提议，经参议员4/5以上出席，出席议员3/4同意，才能对其进行修改调整，以确保对袁世凯等的限制，维护约法的稳定。

2.《中华民国临时政府组织大纲》是资产阶级革命派制定并颁布的第一部具有临时宪法性质的国家权力机构组织法。它以美国国家制度为蓝本，明确新国家采用总统制的共和政体，行政实行"三权分立"。大纲共4章21条，具体内容有：

第一章"临时大总统、副总统"。规定临时大总统、副总统由各省代表选举产生，临时大总统统治全国、统帅海陆军、得参议院同意后的宣战、媾和以及缔结条约之权。临时副总统在大总统因故去职时升任之，于大总统有故障不能视事时，受大总统委托，代行大总统职权。第二章"参议院"。参议院由各省所派的参议员组成。参议院是国家立法机关，除对大总统上述权力行使同意权外，还有议决暂行法律法规、预算、税法、币制、公债等。第三章"行政各部"。第四章"附则"，规定了本大纲的施行期限，至中华民国宪法成立之时结束。

《中华民国临时政府组织大纲》是一部划时代的法律文献，是我国资产阶级制定的第一个全国性的宪法性文献，是临时性的"国家构成之法"。综合起来看，它具有以下特点：

（1）受美国宪法影响，采用了总统制共和政体。

（2）按照西方资产阶级"三权分立"的原则对政府机关权力进行分配，但是由于时间仓促，未就司法独立进行专章设计和体制构建。

（3）参议院采用了一院制的议会制度，是类似于西方资产阶级国家国会的立法机关。其职权主要有立法权和国家重大事件决定权两部分，后者包括外交、人事、政府预算、全国统一之税法币制及发行公债事件等方面。

《中华民国临时政府组织大纲》是在辛亥革命刚刚爆发、全国革命形势尚未稳定的情形下产生的，对于稳定全国形势、巩固革命成果具有重要意义，尤其是为以孙中山为首的革命党人建立新政权提供了法律依据。它实际上是一部具有宪法性内容的国家权力机构组织法，第一次以法律的形式宣告清朝专制统治的灭亡。

3.《中华民国临时约法》是中国法制史上的一个里程碑，是中国法制近代化过程中的一个里程碑，是中国历史上第一部资产阶级民主共和国的宪法性文件，在宪法产生以前，它具有与宪法相等的效力。它体现了资产阶级革命党人的意志和革命理念，代表了中国正在发展中的资产阶级的利益，反映了近代以来中国人民反帝反封建的革命要求，具有重要的历史意义。

第一，它用国家根本大法的形式，确立了"主权在民"、"平等"、"自由"的原则，废除了在中国统治了两千多年的封建君主制度、身份等级制度等，固化了辛亥革命的成果，确立了中华民国是新型的资产阶级民主共和国的国家性质。

第二，它正式宣告了中国是一个主权独立、领土完整、国内各民族团结统一的民主国家，极大地激发起人民反抗帝国主义的热情，有效地反击了各帝国主义国家的侵略。

第三，它在经济上明确保护资本主义生产关系，破除了束缚资本主义发展的封建桎梏，为资本主义发展制定了新的立法，促进了中国民族资本主义的发展。

第四，它明确保护言论、结社、集会、出版等自由和权利，为资产阶级知识分子更多地介绍西方思想文化创造了宽松、有利的环境，促进了文化教育事业的发展，为新文化运动创造了条件。

第五，它在全国人民面前树立起"民主"、"共和"的形象，改变了人民在长期封建统治下被扭曲的观念，使民主、共和等观念从此深入人心。

第六，它在国际上同样具有较高地位和影响，是19世纪末、20世纪初亚洲一部最优秀的资产阶级民权宪章，在亚洲的资产阶级宪政运动史上具有重要的历史地位。

# 第十三章 中华民国北京政府的法律制度

（公元 1912~1928 年）

## 一 单项选择题

1. 中国民族资产阶级制定的第一个具有宪法性质的重要文件是（　　）。
   A.《钦定宪法大纲》　　　　　　　B.《中华民国约法》
   C.《鄂州临时约法》　　　　　　　D.《中华民国临时约法》

2.《中华民国临时政府组织大纲》确立的政权组织形式是（　　）。
   A. 总统制　　　B. 君主制　　　C. 立宪制　　　D. 内阁制

3. 第一次以法律形式规定国家机构采取"三权分立"原则的宪法性文件是（　　）。
   A.《中华民国临时政府组织大纲》　　B.《鄂州临时约法》
   C.《训政纲领》　　　　　　　　　　D.《中华民国宪法草案》

4.《中华民国临时约法》规定的国家政体形式是（　　）。
   A. 君主专制　　B. 责任内阁制　　C. 总统制　　D. 君主立宪制

5.《中华民国临时约法》规定，对于临时大总统的谋叛行为，参议院可依法行使（　　）。
   A. 罢免权　　　B. 驱逐权　　　C. 审判权　　　D. 弹劾权

6. 中国近代史上第一部正式的宪法是由（　　）公布的。
   A. 孙中山政权　B. 袁世凯政权　C. 曹锟政权　　D. 阎锡山政权

7. 南京临时政府的立法机关是（　　）。
   A. 参议院　　　B. 众议院　　　C. 立法院　　　D. 理藩院

8.《中华民国临时约法》规定，临时大总统的产生方式是（　　）。
   A. 由各省推选　　　　　　　　　B. 由人民直接选举
   C. 由参议院选举　　　　　　　　D. 由统治者决定

9. 按照孙中山关于革命程序论和"建国三时期"的宪政学说，实行"约法之治"的是（　　）。

　　A. 宪政时期　　　　B. 训政时期　　　　C. 民主时期　　　　D. 专政时期

10. 中华民国北京政府的立法中能够体现临时约法约束总统和行政机关权力之精神实质的是（　　）。

　　A. 《中华民国临时约法》　　　　B. 《鄂州临时约法》

　　C. 《中华民国国会组织法》　　　D. 《修正大总统选举法》

11. 中华民国北京政府设立的最高司法审判机关是（　　）。

　　A. 最高检察院　　　B. 大理院　　　　C. 司法院　　　　D. 宣政院

12. 中华民国北京政府的普通法院实行（　　）。

　　A. 三级一审制　　　B. 四级二审制　　C. 五级四审制　　D. 四级三审制

13. 中华民国北京政府刑事立法的主要成果是（　　）。

　　A. 《中华民国暂行新刑律》　　　B. 《中华民国约法》

　　C. 《中华民国刑法》　　　　　　D. 《惩治盗匪法》

14. 被人讥称为"贿选宪法"的正式名称是（　　）。

　　A. 《中华民国临时约法》　　　　B. 《修改大总统选举法》

　　C. 《中华民国宪法》　　　　　　D. 《中华民国临时宪法》

## 二　多项选择题

1. 《中华民国临时约法》明确宣告中华民国是一个主权独立统一的多民族国家，其领土范围包括（　　）。

　　A. 22 个行省　　　　B. 外蒙古　　　　C. 内蒙古

　　D. 青海　　　　　　E. 西藏

2. 《中华民国临时约法》规定参议院的主要职权有（　　）。

　　A. 制定全国币制和度量衡之准则　　　B. 议决临时政府预算、决算

　　C. 宣告戒严权　　　　　　　　　　　D. 决定战争权

　　E. 议决一切法律案

3. 南京临时政府在诉讼审判制度方面的主要改革包括（　　）。

　　A. 严禁非法逮捕拘禁　　　B. 禁止体罚　　　　C. 禁止刑讯

　　D. 实行公开审判　　　　　E. 改良监狱

4. 南京临时政府颁布的一系列关于社会改革的法令主要有（　　）。

A. 劝禁缠足令　　　　　　B. 剪辫法令
C. 禁烟法令　　　　　　　D. 禁赌法令
E. 发展普通教育法令

5. 中华民国北京政府的立法思想包括（　　）。

A. 隆礼

B. 重典治国

C. 采用西方资本主义国家的某些立法原则

D. 采用、删改清末新订法律

E. 重刑主义

6. 中华民国北京政府的诉讼审判制度主要特点有（　　）。

A. 县知事兼理司法

B. 行政诉讼相对独立

C. 广泛引用判例和解释例

D. 普通法院实行四级三审制

E. 军事审判的专横武断

7.《中华民国临时约法》规定的关于限制和防范袁世凯临时大总统权力的措施主要有（　　）。

A. 严格的临时约法修改程序　　　B. 宣告人民财产私有
C. 改总统制为责任内阁制　　　　D. 扩大参议院的权力
E. 宣告人民有结社集会自由

8. 中华民国北京政府制定的宪法或宪法性文件主要包括（　　）。

A.《中华民国临时约法》　　　　B.《中华民国宪法》
C.《中华民国国会组织法》　　　D.《中华民国约法》
E.《修改大总统选举法》

## 三　名词解释

1.《中华民国临时政府组织大纲》　2. "权能分治"学说　3. "建国三时期"学说　4. 五权宪法　5.《中华民国约法》　6.《中华民国临时约法》　7.《中华民国国会组织法》　8. "贿选宪法"　9. "天坛宪草"　10.《中华民国暂行新刑律》　11. 大理院　12. 平政院

## 四 简答题

1. 简述《鄂州临时约法》的主要内容及意义。
2. 简述《中华民国临时政府组织大纲》的内容特点。
3. 简述《中华民国临时约法》规定的临时大总统的职权和议会职权及其主要特点。
4. 简述北洋政府刑事立法与司法组织体制有哪些特点。

## 五 论述题

1. 试述《中华民国临时约法》的主要内容及性质。
2. 试论中华民国南京临时政府司法制度改革的主要成就。
3. 试评《中华民国临时约法》。
4. 试述《中华民国约法》的内容及特点。

## 参考答案

### 一 单项选择题

1. C  2. A  3. A  4. B  5. D  6. C  7. B  8. C  9. B  10. C  11. B  12. D  13. A  14. C

### 二 多项选择题

1. ABCDE  2. ABE  3. ABCDE  4. ABCDE  5. ACDE  6. ABCDE  7. ACD  8. BCD

### 三 名词解释

1. 《中华民国临时政府组织大纲》是1911年12月3日通过的关于组织中华民国南京临时政府的重要法律文件。该法设有临时大总统、副总统，参议院，行政各部和附则 4 章，共 21 条。它以法律的形式宣告废除封建帝制，确立了资产阶级总统制共和政体，为以孙中山为首的中华民国南京临时政府的建立提供了法律依据，树立了革命法统。该法是中国资产阶级共和国的第一个宪法性文件，起着临时宪法的作用，成为《中华民国临时约法》的基础。

2. 为解决人民权力与政府权力的矛盾，孙中山提出了权能分治理论。即政治中包含政权和治权两个力量：前者是管理政府的力量，后者是政府自身的力量。权能分治，就是要实现人民有权、政府有能的宪政体制，国家一切重要事项由人民来决断，人民决断的事项由政府来执行。人民有权，政府有能，是孙中山权能区分理论的基本模式。"权能分治"学说是孙中山民主宪政思想的集中体现。

3. 出于对革命形势的判断和对人民智识水平的考虑，孙中山认为，确立宪政体系、实现全民政治，要经历一个渐进的过程。他曾在《建国大纲》中把建立宪政民主国家的过程规划为军政、训政和宪政三个时期，即"建国三时期"。第一，"军政"时期，是为"军政府督率国民扫除旧污之时代"，实行"军法之治"。这个时期各地发动义军起义或争取策动新军反正，使"土地人民新脱满洲之羁绊"，"军队与人民同受于军法之下"。第二，"训政"时期，是为"军政府授地方自治权于人民，而自总揽国事之时代"。解除军法，实行"约法之治"。第三，"宪政"时期，是为"军政府解除权柄，宪法上国家机关分掌国事之时代"，实行"宪法之治"。

4. 根据权能分治理论，孙中山设计出了五权宪法的政府组织方案。孙中山在 1906 年第一次提出了"去五权分立"的共和制度："希望在中国实施的共和政治，是除立法、司法、行政三权外还有考选权和纠察权的五权分立的共和政治。"其关键在于国民大会能够制约政府，政府只能按照人民的意志发挥其职能，形成政权决定治权，职权服务于政权的宪政体制。

5. 《中华民国约法》是 1914 年 5 月由袁世凯公布、实施，正式确立起其独裁政治的宪法性文件。虽然在表面上该约法保留了《中华民国临时约法》中的"主权在民"、"三权分立"和人民政权的基本规定，但它仍然是对民主共和政治的背叛。这表现在内阁制被废除，改行总统制，并且总统权力被极大地扩大，对总统权力的制约变得虚化等方面。《中华民国约法》的制定，标志着中华民国的内涵已经消失，民主共和政体从根本上被独裁制所取代。

6. 《中华民国临时约法》的起草始于 1912 年 1 月初，并交临时大总统孙中山于 1912 年 3 月 11 日公布，它是具有资产阶级共和国宪法性质的文件。由于临时约法是在特殊的历史条件下，即资产阶级革命派即将交出领导权的时候产生的，因而突出地表现出对将要就任临时大总统的袁世凯的权力的限制。其内容为：明确宣示中华民国为统一共和国；规定人民享有广泛的权利及应尽的义务；采取三权分立的政府组织原则；规定严格的修改程序。《中华民国临时约法》是中国近代第一部全面的资产阶级宪法文件，但是其制定具有因人立法的局限，体现了中国民族资产阶级民主派的软弱性。

7. 按照《中华民国临时约法》规定，该约法实施后，由临时大总统召集国会。国会组织法由临时参议院制定。4月29日自南京北迁而来，内部结构已有一些变化的临时参议院，加快了国会组建工作。5月7日议决未来国会采取两院制。参议院议决通过《中华民国国会组织法》、《参议院议员选举法》、《众议院议员选举法》。10月由袁世凯临时大总统公布实施。

《中华民国国会组织法》共22条。其主要内容为：（1）确定国会由参议院和众议院组成。参议员由各省议会选举，计有274名。众议员则从各地按人1：7比例选举，计有596名。共计870名。（2）规定国会职权分单独行使和共同行使两类。单独行使是向政府建议、质询、请求查办违法官吏，答复政府咨询，受理人民请愿等职权。共同行使国是决议法律案，议决预算、决算法案，议决税法、度量衡、币制及公债与其他国库负担契约法案，弹劾大总统、内阁和国务员，约束大总统任命国务员与大使（公使），宣战、媾和、缔约条约职权以及大赦令的宣布。（3）规定宪法实施之前，两院同时行使，临时参议院职权，并特别规定由两院合议，非两院各有总议员2/3以上之出席，不得开会，非出席议员3/4以上同意，不得决议。可见，国会对总统和行政机关颇有束缚力。在一定程度上保证了实现责任内阁制的必要措施，充分反映了《中华民国临时约法》的精神实质，保留了辛亥革命的成果。

8. "贿选宪法"即1923年10月10日公布实施的《中华民国宪法》。因这部宪法在起草和通过过程中受到曹锟贿选的操纵，故而被国人讥称为"贿选宪法"或称"曹锟宪法"。该宪法企图用漂亮的辞藻和虚伪的民主自由形式掩盖军阀统治的本质，虽然它是中国正式公布的第一部较为完备的宪法，但却在近代宪政史上写下了极不光彩的一页。

9. 1913年4月8日，国会依法成立。7月组成宪法起草委员会。10月31日，三度通过了《中华民国宪法草案》（由于以天坛祈年殿为起草场所，故史称《天坛宪草》）。该法共11章113条。《天坛宪草》虽有明显缺点，如规定："国民教育以孔子之道为修身大本"，但仍坚持了《中华民国临时约法》的精神实质。规定了国会采用两院制，并设置了国会委员会，坚持了责任内阁制。对总统的权力作了多方面的限制。这些都成为袁世凯专制独裁的严重障碍。1913年10月，袁世凯胁迫国会将其选为中华民国正式大总统之后，转手制造事端，于1914年1月解散国会。《中华民国宪法草案》也随之夭折。

10.《中华民国暂行新刑律》是北洋政府在删修《大清新刑律》的基础上而正式颁行的刑事法典。《暂行新刑律》删除了《大清新刑律》中"侵犯皇室罪"一章，并对一些反映帝制的条文和名词作了删修，此外无实质性的变化。这部刑律的出台，表明了北洋政府法律与清末修律之间的继承和发展关系。《暂行新刑律》较之《大清新刑律》有所进步，使得中国刑法与欧美资本主义国家的刑法之间的差距有所缩小。

11. 大理院是北洋政府的最高审判机关，下设民事厅和刑事厅，在各省高等审判厅内设大理院分院。其主要职权除了作为终审机关具体审理案件外，还拥有统一解释法律的权力。大理院在司法实践中针对出现的问题适时做出调整，颁布了大量的司法解释条例，对于清末制定的多种法律在中国社会的实施起到了很大的作用，也对中国法律近代化的进程产生了相当大的影响。

12. 平政院是北洋政府效法欧洲大陆国家设立的专门受理行政诉讼案件的司法机关。根据《平政院编制法》等法律的规定，平政院设于京师，实行一级一审终审制。凡各级官署做出的违法处分，损害了人民权利，经人民提出陈述者，由平政院裁决。平政院还有对违宪犯法的政府官员提出纠弹的权力。但是，由于平政院隶属于大总统，其行使职权的独立性易受到行政干涉。

## 四 简答题

1.《鄂州临时约法》是辛亥革命运动高涨的产物，是中国历史上第一个具有比较完整意义的资产阶级民主共和国性质的地方革命政权——中华民国鄂州军政府的组织纲领，是在孙中山创建中华民国方略与立法思想指引下，中国民族资产阶级制定的第一个具有宪法性质的地区性重要文件。它由宋教仁起草，于1911年11月底12月初由湖北军政府公布实施，分总纲、人民、都督、政务委员、议会、法司、补则7章60条。其主要内容是：①在推翻了清封建王朝后，建立资产阶级民主共和国性质的中华民国；②按三权分立的原则组织湖北军政府，实行政务委员制度；③规定了人民的权利义务；④有利于发展资本主义的原则。《鄂州临时约法》宣告了封建君主专制制度在湖北地区的死亡，资产阶级民主共和制度的诞生，也为以后其他独立的各省组建革命政府、制定约法树立了榜样。

2. 制定于 1911 年 12 月的《中华民国临时政府组织大纲》分为 4 章，共 21 条，该法实际上还只是一个政府组织法，起着临时宪法作用。第一章"临时大总统、副总统"，规定了中华民国临时大总统、副总统的产生及其权限。第二章"参议院"，规定了参议院的组成、议员的产生以及参议院的职权。第三章"行政各部"，规定了临时大总统下设行政各部、部长的任免及其权限。第四章"附则"，规定了《中华民国临时政府组织大纲》的施行期限，至中华民国宪法成立之日止。

这部政府组织法的特点是：①以西方三权分立原则组织临时政府，总统府为最高行政机构；②仿效美国 1787 年宪法模式，采取了总统制；③仿效美国独立战争时期的大陆会议，采取一院制的议会制度，参议院是类似西方国家国会的立法机关。

《中华民国临时政府组织大纲》还不是一部完整的宪法，其中对国体问题、人民基本权利义务等未加规定。

3. （1）1912 年 11 月公布的《中华民国临时约法》共 7 章，56 条，依次为总纲，人民，参议员，临时大总统、副总统，国务员，法院，附则。依照《中华民国临时约法》之规定，临时大总统的职权是：代表临时政府，总揽政务，公布法律；为执行法律，或基于法律之委托，发布命令；统帅全国海陆军；制定官职、官规，但须提交参议院议决；任免文武职员，但任命国务员及外交大使、公使，须得参议院之同意；宣战、媾和及缔结条约；依法宣告戒严；代表全国接受外国之大使、公使；提出法律案于参议院；颁布勋章并其他荣典；宣告大赦、特赦、减刑、复核，但大赦须经参议院之同意。

（2）《中华民国临时约法》规定议会的职权是：第一，议决一切法律议案以及临时政府之预算、决算，全国之税法、币制、度量衡之准则，公债之募集。国库有负担之契约等。第二，对临时大总统提交之宣战、媾和、缔约、任命国务员及外交大使、公使、大赦事件等拥有同意权。第三，对于法律、行政及官吏违法事件等拥有咨询、建议或质问权。第四，对于临时大总统和国务员有弹劾权。

（3）《中华民国临时约法》是在特殊的历史条件下，即资产阶级革命派即将交出领导权的时候产生的法律制度，本身的突出特点就是对袁世凯加以限制和防范。包括：第一，改总统制为责任内阁制。总统的权力受到参议院和国务员的大大牵制；第二，进一步扩大了参议院的权力，如规定参议院在拥有立法权的同时，还拥有对由总统决定之重大事件的同意权，并具有弹劾总统的权力；第三，专章规定人民的权利义务，显示了对人民的基本权利和自由的重视；第四，规定了严格的修改程序，只有经过参议院议员 2/3 以上或临时大总统之提议，经参议院议员

4/5以上之出席，出席议员3/4之可决，才能增修之。

4．（1）北洋政府刑事立法的特点主要有：①以《中华民国暂行新刑律》为国家基本刑律，刑事法律多沿用清末立法。《中华民国暂行新刑律》是北洋政府在删修《大清新刑律》的基础上而正式颁行的刑事律典。这部刑律的出台，表明了北洋政府法律与清末修律之间的继承关系。但《暂行新刑律》较之《大清新刑律》有所进步，使得中国刑法与欧美资本主义国家的刑法之间的差距有所缩小。②重视刑法修正草案的拟定，对后世刑法发展影响较大。北洋政府先后于1915年和1918年两次拟定刑法修正草案。由于第二次刑法修正草案采用了近代资产阶级刑事立法的某些原则和内容，减少了封建色彩，在体例上也作了较大变动，因而成为后来中华民国南京政府制定《中华民国刑法》的蓝本。③颁布了大量单行刑事法规。如《陆军惩罚令》、《预戒条例》、《惩治盗匪法》、《易笞条例》、《徒刑改遣条例》、《陆军刑事条例》和《海军刑事条例》等，其中不少是特别法，是为了适应军阀专制统治的需要而立的。④复活封建刑罚。《易笞条例》、《徒刑改遣条例》是以早已被废除的封建时代的身体刑笞刑和发遣来代替现行的一些刑罚，这无疑是逆历史之潮流而动的。

（2）根据《中华民国暂行法院编制法》规定，北洋政府全国的普通法院组织由（中央）大理院、（省）高等审判厅、（较大商埠或中心县）地方审判厅及（州、县）初级审判厅四级组成。在各级审判机关中相应平行设置检察机关，即总检察厅、高等检察厅、地方检察厅和初级检察厅，负责侦查、公诉和监督判决等职权。司法行政职权则由中央司法部和省司法筹备处行使，后来省司法行政划归高等审判厅或高等检察厅兼管或会同办理。实际上，有的层级的普通法院并未完全成立。北洋政府曾因财政原因撤销初级审判厅，改为在有地方审判厅的县份，厅内设简易厅，办理初级审判厅的事务。在普通法院之外，北洋政府在1914～1923年间还在首都设立平政院，作为行政诉讼机关，专门受理行政诉讼案件，这是仿效欧洲大陆国家司法制度的结果。此外，为加强军阀统治，北洋政府还设有名目繁多的特别法院，包括陆海军内的军事审判机关和边疆地区及特区的特别法院。

## 五　论述题

1．《中华民国临时约法》的起草始于1912年1月初，并交临时大总统孙中山于1912年3月11日公布，共56条，分为7章。

（1）明确宣示中华民国为统一的共和国。"总纲"明确规定："中华民国由中华人民组织之"，"中华民国之主权属于国民全体"。可知，中华民国之国体为民主共和国。

（2）规定了中华民国是一个主权独立统一的多民族国家。"总纲"明确宣告中华民国的领土范围为22行省、内外蒙古、青海和西藏。第一次以根本法形式向全世界宣告：中国是一个领土完整、主权独立、统一的多民族国家。

（3）采取三权分立的政府组织原则。依照《中华民国临时约法》在《总纲》部分之规定，"中华民国以参议院、临时大总统、国务员、法院行使其统治权。"参议院是立法机关，行使立法权；临时大总统、副总统和国务员是行政机关，行使行政权；法院是司法机关，行使司法权。三机关各有所司，相互独立行使各项权力，同时又在一定程度上互相制约。

（4）规定人民享有广泛的权利和应尽的义务。《中华民国临时约法》规定人民之身体，非依法律不得逮捕、拘禁、审问、处罚。人民之家宅，非依法律不得侵入或搜索。人民有言论、著作、刊行、集会、结社、书信秘密、居住、迁徙、信教之自由。人民有陈愿于议会、陈述于行政官署、诉讼于法院受其审判、对官吏违法损害权利之行为得陈述于平政院、应任官考试、选举及被选举之权。

（5）确认了保护私有财产的原则。《中华民国临时约法》规定："人民有保有财产及营业之自由。"

（6）确定了《中华民国临时约法》的最高效力和修改程序。"附则"规定：中华民国之宪法由国会制定，宪法未施行以前，本约法之效力与宪法等。本约法只有经过参议院议员2/3以上或临时大总统之提议，经参议院议员4/5以上之出席，出席议员3/4之可决，才能增修之。这一规定主要是想以严格的修订程序，保障约法的稳定性，防止袁世凯的破坏。

《中华民国临时约法》具有中华民国宪法的性质，在宪法实施以前，它与宪法有同等的效力，《中华民国临时约法》是中国法制史上的一个重要里程碑，集中体现了资产阶级的意志。既反映了资产阶级的一般利益和愿望，又是当时复杂的阶级斗争和紧张的政治力量对比关系的一面镜子。应该看到，临时约法没有规定反帝、反封建的民工纲领，也没有具体涉及关系到"民生"的土地问题，带有很大的阶级局限性，在某些地方甚至是孙中山三民主义的倒退。

2. 中华民国南京临时政府为稳定社会秩序，为适应资产阶级民主与法制建设的需要，进行了大量的立法活动，取得了较大的成就，表现在以下几个方面：

（1）禁止刑讯和非法逮捕拘禁。1912年3月发布的《大总统令内务、司法两部通饬所属禁止刑讯文》和《司法部咨各省都督禁止刑讯文》规定无论行政、司法官署及何种案件,一概不准刑讯逼供。鞫狱当视证据之充实与否,不能只偏重口供。以前使用过的不法刑具,全部进行销毁。

(2) 实行新的刑罚制度,废止体罚。《大总统令内务、司法两部通饬所属禁止体罚文》规定,民事案件,有赔偿损害、回复原状之条;刑事案件,有罚金、拘留、禁锢、大辟之律。这些规定初步确定了新的刑罚制度的基本原则。同时,南京临时政府还注意改良监狱,在一定程度上善待犯人,实行人道主义。

(3) 实行司法独立原则。《中华民国临时约法》第51条规定:"法官独立审判,不受上级官厅之干涉。"为了保障法官独立行使审判权,第52条又规定:"法官在任中不得减俸或转职,非依法律受刑事宣告,或应免职之惩戒处分,不得解职。"

(4) 公开审判原则的确立。《中华民国临时约法》第50条规定:"法院之审判,须公开之;但有认为妨害安宁秩序者,得秘密之。"

(5) 律师辩护制度。辛亥革命后,南京临时政府采取积极步骤,筹建律师辩护制度。孙中山在《大总统令法制局审核呈复律师法草案文》中指出:"查律师制度与司法独立相辅为用,夙为文明各国所通行。现各处既纷纷设立律师公会,尤应亟定法律,俾资依据。"

(6) 建立上诉制度。南京临时政府对上诉制度未作统一规定。从各地审判实践来看,已开始实行上诉制度。

3. (1)《临时约法》第54条规定:"中华民国之宪法,由国会制定;宪法未施行以前,本约法之效力与宪法等。"这就赋予《临时约法》以中华民国临时宪法的性质。它的制定和颁布,体现了资产阶级的意志,具有革命性和民主性,在当时的历史条件下有着重大的历史意义。首先,《临时约法》以根本法的形式向国内外庄严宣告资产阶级民主共和制度在中国的建立,否定了君主专制制度,以"主权在民"原则代替了奉行两千余年的"主权在君"原则。其中关于国家机关权力相互制约的规定,充分反映了资产阶级捍卫辛亥革命成果的良苦用心。其次,《临时约法》肯定了资产阶级民主自由原则,将广大民众通过革命应取得的各项民主自由权利以法律的形式规定下来。它在中华大地竖起一面"民主"、"共和"旗帜,从此成为任何人企图复辟专制帝制的一道无形障碍。在此后的一段历史时期内,"毁法"与"护法"的斗争也成为国内政治斗争的一个焦点。

(2)《临时约法》也存在着严重的缺陷。其一是未提出反对帝国主义的原则。自鸦片战争以来,外国侵略者在华享有种种非法特权,帝国主义已成为中国民主革命的障碍。进行民主革命的中国任何阶级、任何党派、任何政治力量都必须明确地回答如何对待帝国主义的问题。然而,《临时约法》作为一部国家根本法,不仅对此只字未提,并且还声称:"凡革命以前所有满(清)政府与各国缔结之条约,民国均认为有效,至于条约期满而止。"从而承认了帝国主义在中国攫取的各种特权。这暴露了资产阶级不敢触动帝国主义在华利益的软弱性,企图以此换取帝国主义对中国革命的支持,或至少是不进行干涉。后来帝国主义支持袁世凯窃取革命成果的历史证明,他们的这种期望是不切实际、异常天真的。

其二是未提出彻底的反对封建主义的原则。当然,取消封建帝制固然是反封建之举,但反对封建主义绝非只是赶走一个皇帝。中国民主革命的中心问题是土地问题。要取得革命的胜利,必须彻底铲除封建主义赖以生存的经济基础,即封建土地制度,使广大农民获得应有的土地。只有这样,才能发动亿万农民投身于革命之中。孙中山先生在1905年制定的同盟会纲领中就曾提出过"平均地权"的口号,但取得国家政权后的资产阶级却不敢将这个口号写进《临时约法》,更不敢付诸实施。这同样是资产阶级软弱性的表现,辛亥革命的最终失败与此不无关系。

4. 1914年1月袁世凯解散国会后,组成了由他钦定的人员组成的中央政治会议,并指示由其产生的约定会议来炮制为袁世凯所需的约法。1914年3月,袁世凯向所谓的"约法会议"提出增修《中华民国临时约法》的咨文,规定了7项大纲。依据这个大纲,约法会议指定施愚等7人为起草人员,《临时约法》1914年5月1日公布。这就是臭名昭著的"袁记约法"。该约法共10章,分别为国家、人民、大总统、立法、行政、司法、参政院、会计、制定宪法程序及附则,计68条。其主要内容和特点是:

(1) 取消责任内阁制,改行总统制。根据《中华民国约法》的规定,"大总统为国家之元首,总揽统治权。"大总统凌驾于国家行政机关之上,不设国务总理,只设国务卿一人赞襄。总统既是国家元首,又是行政首脑;国务卿只是总统的一名助手;各部总长也不再向国务卿负责,而是向总统负责,并由大总统任免。显然,责任内阁制已被取消,国务卿与各部只能秉承大总统的旨意处理行政事务。

(2) 赋予大总统以至高无上的权力。主要包括:制定官制官规,任免文武职官;宣告开战、媾和、缔结条约;接受外国公使、大使;为海陆军大元帅,统率陆海军,决定军队编制及兵饷;颁给爵位、勋章及其他荣典;宣告大赦、减刑、复权;可以发布与法律有同等效力的"教令",依法宣告戒严;财政紧急处分;召集立法院,宣告开会、停会,经参政院之同意解散立法院;任免法官,组织法院行使司法权。

（3）取消国会制，设立有名无实的立法院和纯属大总统咨询机构的参政院。《中华民国约法》规定立法院是立法机关，由人民选举之议员组成，行使立法权。但立法院之开会、停会、闭会及解散，均决定于大总统。因此它只是一个徒有其表、形同虚设的机构，实际上也未成立。参政院代行尚未成立的立法院的职权。但是参政院的院长和参政均由大总统任命，更是一个总统咨询机构。不难看出，《中华民国约法》是对《中华民国临时约法》的反动，它以根本法的形式彻底否定了《临时约法》所规定的民主共和制度，从根本上动摇了三权分立，相互制衡的民主共和政体而代之以袁世凯的个人专制独裁制度。《中华民国约法》实际上赋予了《中华民国约法》的出笼，使辛亥革命的成果丧失殆尽，成为军阀专制全面确立的标志，是半殖民地半封建的旧中国政治畸形发展的产物。

# 第十四章 中华民国国民政府的法律制度

（公元 1927～1949 年）

## 一 单项选择题

1. 废除大理院与审判厅的名称更改审判机关名称为"法院"是在中华民国（　　）。

   A. 北京政府时期　　　　　　　　B. 南京临时政府时期
   C. 广州武汉国民政府时期　　　　D. 南京国民政府时期

2. 我国法制史上第一次明确指出"反革命罪"概念的立法是（　　）。

   A. 《国民政府反革命罪条例》　　B. 《党员背誓罪条例》
   C. 《暂行反革命治罪法》　　　　D. 《惩治盗匪暂行条例》

3. 广州武汉国民政府最高政治指导机关是（　　）。

   A. 国民党参议院　　　　　　　　B. 国民党中央执行委员会
   C. 国民党中央政治委员会　　　　D. 国民党全国代表大会

4. 南京国民政府所采取的政府体制是（　　）。

   A. 一院制　　　B. 二院制　　　C. 四院制　　　D. 五院制

5. 南京国民政府实行训政的全国最高指导机关是（　　）。

   A. 国民党参议会　　　　　　　　B. 国民党中央执行委员会
   C. 国民党全国代表大会　　　　　D. 国民党中央政治会议

6. 根据 1928 年 10 月 3 日国民党中央常委会通过的《训政纲领》，规定行使国家"政权"的是（　　）。

   A. 国民政府　　　　　　　　　　B. 国民党全国代表大会
   C. 国民党中央政治会议　　　　　D. 国民大会

7. 南京国民政府实行三级立法体制，其中第二级是（　　）。

   A. 县政府　　　B. 省政府　　　C. 市政府　　　D. 国民政府

8. 南京国民政府的《票据法》属于（　　）。

A. 刑法　　　　B. 民法　　　　C. 经济法　　　　D. 贸易法

9. 1949 年《中华民国宪法》规定国家权力的重心集中于（　　）。

A. 总统　　　　B. 检察院院长　　　C. 内阁总理　　　D. 国民大会主席

10. 关于中国历史上第一部正式颁布实施的民法典，叙述正确的是（　　）。

A. 参照前代的民法典

B. 采用民商分立的立法体

C. 采取集体主义原则

D. 习惯和法理可以在无法可依的情况下作为审判民事案件依据

11. 南京国民政府的普通法院实行（　　）。

A. 三级三审终审制　　　　　　B. 三级二审终审制

C. 四级二审终审制　　　　　　D. 四级三审终审制

12. 下列关于《中华民国宪法》叙述错误的是（　　）。

A. 依三民主义、五权宪法确定国体与政体

B. 规定国民大会为全国最高政权机关，但对其职权加以限制

C. 该法体现了《动员戡乱时期临时条款》的立法原则

D. 该法确立的政权体制既不是内阁制，也不是总统制

## 二　多项选择题

1. 南京国民政府立法的重要特点有（　　）。

A. 蒋介石手令往往具有最高的法律效力

B. 特别法多于普通法

C. 标榜以孙中山的"遗教"作为立法根本原则

D. 采取大陆法系以成文法为主的法律体系

E. 判决例、解释例以及习惯和法理也可成为司法审判的依据

2. 南京国民党政府公布施行的宪法文件有（　　）。

A. "五五宪草"

B. 《中华民国训政时期约法》

C. 《中华民国临时约法》

D. 《训政纲领》

E. 1947 年《中华民国宪法》

3. 规定采取五院制政府体制的宪法性文件包括（　　）。

A. 1911 年《中华民国临时政府组织大纲》

B. 1946 年《中华民国宪法》

C. 1931 年《中华民国训政时期约法》

D. 1936 年《中华民国宪法草案》

E. 1928 年《中华民国国民政府组织法》

4. 南京国民政府制定的刑事特别法主要有（　　）。

A.《戡乱时期危害国家紧急治罪法》　　B.《维持治安紧急办法》

C.《陆军刑事条例》　　　　　　　　　D.《易笞条例》

E.《暂行反革命治罪法》

5. 南京国民政府新刑法采取的立法原则主要有（　　）。

A. 擅断主义　　　　　　　　　　B. 主观人格主义

C. 社会防卫主义　　　　　　　　D. 罪刑法定主义

E. 重典治国

6. 国民党中央政治会议的主要职权是（　　）。

A. 讨论、决议建国纲领　　　　　B. 决定训政的根本大计

C. 讨论、决议立法原则　　　　　D. 讨论、决议施政方针

E. 讨论、决议财政计划

## 三　名词解释

1.《国民政府反革命罪条例》　2.《党员背誓罪条例》　3.《中华民国国民政府组织法》（1925）　4.《训政纲领》　5.《训政时期约法》　6. "五五宪草"　7. "训政保姆论"　8.《中华民国宪法》（1946）

## 四　简答题

1. 简述南京国民政府的立法特点。
2. 简述《中华民国民法》的内容特点及意义。
3. 简述南京国民政府司法机关的设置。
4. 简述南京国民政府立法机关的特色。
5. 简述南京国民政府刑事特别法的内容特点。

## 五 论述题

1. 试述《中华民国宪法》的主要内容和特点。
2. 中华民国南京国民政府进行了那些诉讼立法活动？请简要评论之。
3. 试论中华民国南京国民政府诉讼审判制度的特点。

## 参考答案

### 一 单项选择题

1. C  2. A  3. C  4. D  5. D  6. B  7. D  8. B  9. A  10. D  11. A  12. C

### 二 多项选择题

1. ABCDE  2. ABDE  3. BCDE  4. ABE  5. BCD  6. ABCDE

### 三 名词解释

1. 国民政府于1927年3月30日颁布《国民政府反革命罪条例》。该条例共16条，在法制史上第一次明确地提出了"反革命"这一概念，并勾画出这一罪行的基本构成要件："凡意图颠覆国民政府，或推翻国民革命之权力，而为各种敌对行为者，以及利用外力，或勾结军队，或使用金钱，而破坏国民政府之政策者，均为反革命行为。"《国民政府反革命罪条例》对于打击反革命势力，巩固国民革命成果产生了积极的作用。

2. 《党员背誓罪条例》是国民政府于1926年9月22日颁布的刑事法规。该法共8条，以法律的形式严惩背叛孙中山所确立的国民革命纲领和誓言的行为，其适用的对象仅限于在当时处于执政党地位的国民党党员，其基本精神是对违背誓言而有不法行为的党员，比照非党员分别情形，按刑律加一等以上处罚之。而且对于任有官职虽未宣誓的党员，也以已宣誓论。《党员背誓罪条例》充分反映了当时作为革命政党的国民党积极进取精神，是有很大进步意义的。

3. 为了确保完成国民革命的任务，国民政府吸取苏联的建政经验，采取了一系列新的建政原则，建立了不同于西方资本主义国家总统制、议会制的新型政府，这主要体现在《中华民国国民政府组织法》等政府组织法规上。1925年7月1日公布的《中华民国国民政府组织法》，是当时国民政府组成和开展活动的法律依据。共有十条内容。其主要特点是：（1）确定了执政党指导与监督政府的原则；（2）采取集体领导的原则；（3）实行议行合一的"一权制"。

4. 1928年10月3日，国民党中央常务委员会通过《中国国民党训政纲领》，共6条。确立了训政时期国民党"以党治国、以党训政"的施政方针。训政时期统治权归国民党独揽，政权由中国国民党全国代表大会代表国民大会领导国民行使。在国民党全国代表大会闭会期间，托付中国国民党中央执行委员会执行。治权亦在国民党中央执行委员会政治会议的指导监督下，由国民政府行之。

5. 1931年5月5日，"国民会议"召开，通过了《中华民国训政时期约法》，并于6月1日由国民政府公布施行。它是国民党"训政"时期颁布的最基本的宪法性文件，以根本法的形式肯定了《训政纲领》所确立的国民党的一党专政政权。该法规定采取五院制的政权组织形式，也规定了一系列公民的民主自由权利和在"国家"、"中央"的名义下发展官僚资本主义的基本政策。这部约法的核心，就是实行国民党一党专政和蒋介石个人独裁的国家制度，是大地主大资产阶级专政的集中体现。

6. 1936年5月5日国民政府公布这部宪法的草案，本想征求意见后进行进一步修改，然后提交国民大会正式通过。由于1937年抗日战争的爆发，不具备召开国民大会的条件，未能成为正式宪法，史称"五五宪草"。其总的特点是：人民无权，地方无权，议会无权，总统个人集权。实际上是为蒋介石实行独裁统治制造宪法根据，所以这部宪草公布后理所当然的遭到了中国共产党和全国人民的反对。

7. 1928年9月，国民党元老胡汉民依照"建国三时期"，系统地提出了"训政保姆论"，这种思想，孙中山曾提出过，后来为胡汉民等人进一步发展。它是南京国民政府的训政纲领。其核心思想是：在训政时期实施约法之治，国民党主持政权，不仅掌握国民政治、经济、军事等各项权力，还应以"政治保姆"的身份教育国民，训练其行使政权的能力。"训政保姆论"把民众视为"婴儿"，把国民党视为"保姆"，实际上民众的一切事情都须由国民党来包办。这种理论被国民党贯穿于训政、宪政时期，贯穿于各项立法活动，实际上已演变成为蒋介石实行一党专政和个人独裁的工具。

8. 《中华民国宪法》（1946）是旧中国政权制定和颁布实施的最后一部宪法，它经1946年12月国民党一手包办的国民大会通过，1947年1月1日公布，同年

12月25日实施。该宪法以"五五宪草"为基础,以"全民政治"、"主权在民"、"保障民权"、"地方自治"以及"民生主义"等口号为幌子,规定了以蒋介石个人独裁为实质内容的总统集权制,因此又被称为"蒋记宪法"。1946年的《中华民国宪法》是大地主、大资产阶级意志的体现,它不仅为蒋介石的独裁统治制造宪法依据,而且为南京国民政府的内战、卖国政策张目。

## 四 简答题

1. 南京国民政府时期,进行大量立法活动,建立了一个庞杂的法律体系,形成了以下立法特点:

(1) 立法权受制于国民党中央。按1928年颁布的《国民政府组织法》规定,南京国民政府实行五院制的政府体制,立法院应是国家最高立法机关。但国民党掌握着国家最高权力,一手操纵国民政府,并推行"一党专政"政策,国民党全国代表大会及其产生的中央执行委员会,成为事实上的国家最高立法机关。国民党中央执行委员会特设政治指导机关中央政治会议,简称"中政会",位处于执政党与政府之间。中政会设主席一人。1928年3月,蒋介石被推选为主席。根据《国民政府组织法》的规定,立法院在行使立法权时,必须遵循国民党中央政治会议确定的立法原则;对于中央政治会议交议的事项,不得就其内容进行审议;中央政治会议对立法院通过的法律,则有要求复议的权力。

(2) 以孙中山的"遗教"作为根本立法原则。1928年公布《训政纲领》起,南京国民政府颁布的各种法律,几乎无一不将"总理遗教"、"三民主义"等文字置于篇首。孙中山手拟的《建国大纲》等文件,也被作为国家最高准则:"我们革命以后,一切建设的方向,就是要把建国大纲整个地实现出来,一切政治制度必须以建国大纲为基础,遇到实际上困难莫决的问题,也要以建国大纲为最高原则,拿来作解决一切的准绳……因为这是总理对实际政治研究的结晶,也就是我们目前建设政治的方针……教育、实业及一切政治制度、政纲、政策的基础,总不能离开这个原则。"但实际上,南京国民政府的立法,与孙中山的主张常常是背道而驰的。

(3) 外来法与本土法融合,法律体系庞杂详备。南京国民政府与北洋政府的法律有一定的继承关系,如其刑法、民法、商法、诉讼法等都不同程度地受到了北洋政府立法的影响。因此,其立法是清末修律以来中国法律近代化过程的继续。但是,这一时期的法律近代化又有很大发展,其表现之一是进一步吸收外来法,而且这种吸收已不仅仅是条文的翻译照搬，而是对近代法律原则的深刻领悟与切实贯彻。与此同时，南京国民政府更加注意吸收传统法律中的合理内容，将外来法与本土法进行融合，并将这种融合建立在法典化的基础之上，形成了庞杂详备的六法体系。

（4）特别法多于普通法，其法律效力往往高于普通法。南京国民政府继承北洋政府的特别法传统，在用普通法来规范正常法律关系的同时，又制定大量针对特定对象、适用于特定时间和特定地点的特别法，并凌驾于普通法之上，以此加强对危害其统治秩序的行为进行镇压。通过这些特别法，更能透视出南京国民政府法律的本质。

2. 南京国民政府编撰的《中华民国民法》，是我国历史上第一部正式颁布实施的民法典，共5编1225条，采用分编草拟、分期公布的形式陆续完成。《中华民国民法》除具有民商合一的重要特点外，还有以下几方面的特点。

（1）采取社会本位主义原则，特别是债编，通篇贯穿着注重社会公益的精神。如该编起草说明书强调："良以个人本位之立法，害多利少，已极显然，故特注重社会公益，以资救济。"强调法律对私人利益的保护是有条件的，只有在不违背国家、社会及他人利益的情况下，法律才保护私人利益。如第72条规定："法律行为，有背于公共秩序或善良风俗者无效。"第148条规定："权利之行使，不得以损害他人为主要目的。"对个人权利的行使、契约的订立及其他民事法律行为，也作了严格的限制。

（2）修改的幅度较大。同《大清民律草案》相比，它吸收了更多的西方资产阶级民法原则，主要是参照苏联、德国、日本、瑞士等大陆法系国家的民法，并愈加注意继受法与本土法的结合。如在编目上，将第二编债权编改为债编，以表明法律兼顾债权人和债务人的合法利益，而不单单保护债权人；在结婚的法律效力上，采用仪式制，而不采用登记制；在家庭关系上，取消嫡子与庶子的区别，废止宗祧继承制度，子女对遗产有平等继承权，不再认为妻是限制行为能力人，甚至明定配偶之间有相互继承遗产的权利等。《中华民国民法》在修订过程中，对特别限制女子行为能力之处一律删除，并规定已婚妇女有完全处分其个人财产的能力，其他权利义务亦不因男女而有轩轾。

（3）肯定习惯的法律效力。民事习惯在中国传统民法中居于重要地位，《大清民律草案》及"民律二草"都肯定了其法源性质，《中华民国民法》也规定"民事法律所未规定者，依习惯。"（第一条）但由于"我国幅员辽阔，礼俗互殊，各地习惯，错综不齐，适合国情者固多……违背潮流者亦复不少"。因此，民法典第二条又规定:"民事所适用之习惯,以不背于公共秩序或善良风俗者为限。"此外,相当一部分具体的民事习惯,已作为本土法的重要组成部分,被吸收到该民法典中,具体分为两种情况。一种为直接被纳入法典之习惯。如"买卖不破租赁"的习惯,民法典表述为:"出租人于租赁物交付后,纵将其所有权让与第三人,其租赁契约,对于受让人,仍继续存在。"(第425条)再如典权制度的一系列规定。另一种为间接援引的情况,即法律并不直接规定习惯的具体内容,而是在某些情况下依习惯的规定。如"租赁定有期限者,其租赁关系,于期限届满时消灭。未定期限者,各当事人得随时终止契约,但有利于承租人之习惯者,从其习惯"。(第450条)

(4) 对传统的婚姻家庭制度仍有相当的保留。如前所述,《中华民国民法》对传统的婚姻家庭制度有很大变革,但仍保留了不少封建婚姻家庭制度的内容。首先,它确认以夫权为中心的封建婚姻制度,维护夫妻间事实上的不平等。如夫妻财产由丈夫管理(第1018条),妻子冠以夫姓,子女从父姓,等等。其次,确认以父权为中心的封建家长制度,规定"家置家长",子女财产由父管理,父母得于必要范围内惩戒其子女。此外,它还肯定包办婚姻为合法。如规定"未成年之男女订定婚约,应得法定代理人之同意"(第974条),允许父母在子女未成年时便为其定下终身。

《中华民国民法》的产生,具有特别重大的意义。首先,它改变了我国历史上没有单独的民法典、民事法律规范依附于刑法典的局面,使民法彻底从刑法中独立出来,从而排除了民事纠纷中的刑事处罚手段。其次,它使清末以来建立的部门法体系进一步完备化,是我国法制走向文明和进步的表现。但从本质上说,这部民法典还是代表占统治地位的大地主大资产阶级利益的,其核心是维护私有制的经济制度,维护私有财产的所有权,特别是地主的土地经营权。如在物权编中,共有10章,其主旨在于保护有产者的利益。它甚至还规定:"为保护自己权利,对于他人之自由或财产,施以拘束、押收或毁损者,不负损害赔偿之责。"(第151条) 这无疑是在鼓励与纵容有产者欺凌压榨社会最底层的民众。

3. 1935年《法院组织法》实施后,中华民国南京国民政府普通法院实行三级三审制。即:在县、省辖市设地方法院,区域狭小者可合若干县市设一地方法院,区域辽阔者可设地方法院分院;在省、首都、特别区、院(行政院)辖市设高等法院,区域辽阔者可设高等法院分院;在国民政府所在地南京设最高法院,隶属于国民政府司法院。最高法院不设分院,以统一全国法律之解释。法院为国家审判机关,负责审理刑事、民事案件,并依法律规定管辖非诉讼案件。除普通法院外，南京国民政府还根据统治需要，设立了许多特别的审判机关，主要有：（1）军事审判机关。军事审判机关对战区内发生的刑事案件拥有优先管辖权，主要审理军人违法犯罪案件。（2）特种刑事法庭。南京国民政府将危害其政权的刑事案件列为"特别刑事案件"，以便采取特殊的镇压措施。（3）行使司法权的特务组织。国民政府行使司法权的特务组织主要有"中统"和"军统"两大系统，采取直接暗杀、军事镇压等手段。

检察机关也是司法机构的重要组成部分。在普通司法机关中，设立相应的检察机关或一定数量的检察官，行使检察权。检察官在刑事案件的整个诉讼过程中有着重要的地位和作用，检察官依据法律的规定，有权对刑事案件做出侦查或不侦查的决定，提起或不提起公诉的决定。刑事案件判决后的执行，也由检察官来指挥并监督实施。

4. 中华民国南京国民政府立法活动的基本原则坚持"党治"，由国民党垄断立法权。由于南京国民政府延续了大革命时期广州武汉国民政府确立的执政党指导与监督政府的原则，所以其立法机关首推国民党全国代表大会及其中央执行委员会，中央政治会议更是具体指导国家立法的重要机关。

（1）中央政治会议即中央政治委员会（后又改称国防最高委员会），是国民党中央执行委员会特设的政治指导机关。其主要职权是：讨论、决议建国纲领，决定训政的根本大计；讨论、决议立法原则、施政方针、财政计划、政府重要官吏人选等。

（2）中央政治会议实际上是国民党行使一党专政的重要工具，其中心任务是进行"以党治国"、"以党训政"，是国民党政府最重要的法律。如1928年的《训政纲领》、1931年的《中华民国训政时期约法》和《国防最高委员会组织大纲》等，均由该机构制定颁行。

（3）在国民政府的五院中，立法院是"国家最高立法机关"，"有议决法律案、预算案、戒严案、大赦案、宣战案、媾和案、条约案及国家其他重要事项之权"。但是，立法院在行使立法权时，必须遵循国民党中央政治会议所确定的立法原则。

（4）行政院作为国民政府最高行政机关，有权向立法院提出法律案及其他议案，行政院及所属各部、委有权依据法律发布命令。

（5）此外，司法院、考试院和监察院均可在自己的职权范围内向立法院提出法律案，也可依据法律发布命令；司法院还行使解释法令及变更判例，使之统一职权。南京国民政府各地方政权的立法权也为国民党所掌握。

5. 南京国民政府继承北洋政府的特别法传统，制定了大量刑事特别法进行刑事镇压。主要包括第二次国内革命战争时期的《惩治盗匪暂行条例》、《暂行反革命治罪法》、《共产党人自首法》、《危害民国紧急治罪条例》、《维持治安紧急办法》等；抗日战争时期的《共产党问题处置办法》、《防止异常活动办法》、《非常时期维持治安紧急办法》、《惩治盗匪条例》等；1946年以后制定的《维持社会秩序临时办法》、《后方共产党处置办法》、《戡乱时期危害国家紧急治罪法》、《戒严法》、《惩治叛乱条例》等等。这些刑事特别法可以不受刑法典法律原则的约束，便于规定普通法不便规定的内容，主要有以下特点：

第一，补充和扩大刑法典关于犯罪的内容和范围，特别是把中国共产党和其他进步力量反抗其专制统治的行为规定为犯罪。如1928年《暂行反革命治罪法》规定，只要反对国民党和"三民主义"，就构成反革命罪。这是用刑事特别法的形式，公开维护国民党一党专政的统治制度。

第二，实行重刑主义。如刑法典对"内乱罪"的规定是"意图破坏国体，窃据国土，或以非法之方法变更国宪，颠覆政府，而着手实行者，处七年以上有期徒刑，首谋者处无期徒刑"。但特别法《戡乱时期危害国家紧急治罪条例》则规定，不问首从，一律处死刑或无期徒刑。

第三，触犯刑事特别法的"犯罪"，多由军事机关、军法机关或特种刑事法庭审理。如《修正危害民国紧急治罪法》规定，犯本法所定各罪者，由该区域最高军事机关审判之；《妨害国家总动员惩罚暂行条例》规定，犯本条例之罪者，由有军法审判权之机关审判，呈于中央最高军事机关核准执行；《戡乱时期危害国家紧急治罪条例》规定，犯本条例之罪者，军人由军法机关审判，非军人由特种刑事法庭审判。

第四，对共产党人和革命群众实行保安处分制度。南京国民政府设有反省院，是专门拘禁共产党人、革命群众和爱国民主人士的监狱。按《共产党人自首法》规定，共产党人即使自首，"受免除其刑或缓刑之宣告，或免执行其刑之全部者，法院得许保释或移送反省院；受减轻其刑之宣告者，得移送反省院以代执行"，仍要限制其人身自由，把他们与社会隔离开来。

刑事特别法数量之多，范围之广，效力之高，决定了它在南京国民政府刑法中的特殊地位。事实表明，在南京国民政府的刑事镇压中，主要依靠的是刑事特别法。从这个意义上讲，与形式上较为完备的刑法典相比，其刑事特别法实际上起着更大、更重要的作用。

## 五 论述题

1. 1945年8月，抗日战争胜利后，国共两党举行重庆谈判，于10月10日签订了"双十协定"。1946年1月，国民党被迫召开有中国共产党和其他民主党派参加的政治协商会议（史称旧政协），通过了包括《宪法草案案》在内的一系列协定，确定了国会制、内阁制、省自治、宪法保障人民之自由及权利等原则，否定了国民党一党专政和蒋介石个人独裁制度，结果激起了他们的极大不满。同年6月，国民党撕毁政协会议的各项协定，在美国支持下发动了全面内战。为了配合军事上的进攻，1946年11月，蒋介石下令召开"国民大会"，通过了《中华民国宪法》（草案），于1947年1月1日公布，12月25日实施。由于这部宪法完全是在蒋介石的授意下起草通过的，一般称为"蒋记宪法"。它共14章175条，以"五五宪草"为基础，吸收了旧政协关于国会制、内阁制、省自治等词句，其基本精神与《训政时期约法》一脉相承。

第一，虚伪的民主共和的国家性质。第一章总纲规定："中华民国基于三民主义，为民有民治民享之民主共和国"；"中华民国之主权属于国民全体"（第1、2条）但这里的"国民"不可能是广大劳动人民，因为南京国民政府自成立时起，国家权力就为国民党所垄断，广大人民一直处于被"训导"的地位，毫无民主权利可言，就连民族资产阶级也基本没有掌握过政权。

第二，不伦不类的政权组织形式。这部宪法规定的政权组织形式，比以往任何一部宪法性法律都要复杂。其权力划分不明晰，既非总统制，又非责任内阁制。首先，总统权力受立法院、行政院制约。"总统依法公布法律，发布命令，须经行政院院长之副署，或行政院院长及有关部会首长之副署"（第37条）；国家遇有重大变故，总统得发布紧急命令，为必要之处置，"但须于发布命令后一个月内提交立法院追认，如立法院不同意时，该紧急命令立即失效"（第43条）；监察院则对总统有弹劾权。（第100条）其次，国民政府仍设五院。"行政院为国家最高行政机关"（第53条），对总统发布命令拥有副署权。但与立法院发生意见冲突时，行政院要经过总统"核可"方能作出反应，这就使总统的意志参与进来。行政院要"对立法院负责"（第57条），但立法院并没有监督、弹劾行政院国务员的权力，也就无法要求行政院对其负责。所以，这又不是责任内阁制。事实上，无论行政院、立法院还是考试院、监察院，都以国民党员占据多数席位，不管采用什么政治体制，国民党总裁都能控制国民政府。

第三，限制性地规定人民的自由权利。1946年旧政协通过的"关于宪草问题的协议"中，曾形成一个宪法修改原则，即"关于人民自由，如用法律规定，须出之于保障自由之精神，非以限制为目的"。而这部宪法第二章"人民之权利义务"在规定人民的平等权、人身自由、生存权、工作权、请愿权、参政权等各项自由权利的同时，却采取法律限制主义原则，即用普通法律可以限制或剥夺宪法赋予的自由权利。

第四，形式上的中央与地方分权制。该宪法规定了地方自治制度，允许各省、县分别设议会，制定自治法，选举省、县长。但在中央和地方的权限划分上，则以集权主义为出发点，省自治法不得违宪，县自治法不得违背宪法及省自治法，中央政府即以此来控制地方政权。

第五，巩固和发展官僚资本。宪法宣称："国民经济应以民生主义为基本原则，实施平均地权，节制资本，以谋国计民生之均足。"（第142条）同时，又在保障私有权的前提下，明确实行"国家本位"主义："国家对于私人财富及私营事业，认为有妨害国计民生之平衡发展者，应以法律限制之。"（第145条）这就在肯定封建土地私有制和资本主义私有财产制度的基础上，维护官僚资本的垄断地位。

第六，"尊重条约"的外交政策。第十三章"基本国策"特增"外交"一节，宣布"尊重条约"，实际是用根本法确认一切卖国条约，维护帝国主义特别是美国的侵华利益。1946年11月4日签订的《中美友好通商航海条约》（简称《中美商约》），即全面彻底地出卖了中国的主权。

综上所述，《中华民国宪法》形式上的民主与完备，并不能掩盖其代表大地主、大资产阶级意志的本质。它限制和剥夺人民的自由民主权利，实行中央集权和总统独裁，反映了人民无权、独夫集权的特点。

2. 南京国民政府先后颁布了刑事诉讼法、民事诉讼法和行政诉讼法。①南京国民政府以民国北京政府的《刑事诉讼条例》为底本，修订完成了《刑事诉讼法》，于1928年7月公布，同年9月施行。该法分为9编，共513条，采用四级三审制，实行国家追诉主义。1933年底，随着《刑法》、《法院组织法》的修订，国民政府立法院着手拟定《修正刑事诉讼法草案》。至1935年1月公布新《刑事诉讼法》，于同年7月施行。新《刑事诉讼法》仍分为9编，共516条，增设执行保安处分及执行训诫之规定。②南京国民政府成立以后，在民国北京政府《民事诉讼条例》的基础上，修订完成《民事诉讼法》，分为5编，共600条，于1932年5月公布施行。该法施行两年以后，至1934年4月，国民政府司法行政部认为：现行《民事诉讼法》"关于诉讼程序之规定，有过于繁杂者，亦有尚嫌疏漏者，于诉讼人既多不便，而法院结案亦不免因之延滞"，并拟订了《修正民事诉讼法草案》。修正公布的新《民事诉讼法》分为9编，共636条。③1932年11月，国民政府立法院公布《行政诉讼法》，次年6月施行。该法不分章节，共27条，规定：当事人对于行政官署的违法处分可以提起行政诉讼，行政诉讼由行政法院管辖，实行一审终审制。④特别诉讼法规。南京国民政府还制定颁行了一系列特别诉讼法规，主要规定特别刑事案件的诉讼程序，如《各省高级军事机关代核军法案件暂行办法》、《特种刑事案件诉讼条例》、《特种刑事法庭审判条例》、《反革命案件陪审暂行法》等等。这些特别法以维护南京国民政府的统治秩序为出发点，不惜损害当事人的诉讼权利，基本排除了普通法特别是刑事诉讼法典的适用。

南京国民政府的民事诉讼法和刑事诉讼法系列，在一定程度上体现了尊重权利、保护当事人利益的精神，从程序方面保证民法与刑法的实施，并且补充了实体法的不足。但遗憾的是，诉讼法典并未成为南京国民政府诉讼制度的主要依据。与完备的诉讼法体系形成鲜明对比的，是特别法的侵蚀、军法机关的操纵以及国民党的监控，使其诉讼制度呈现出更多武断专横的特点。

3. 南京国民政府的诉讼法典基本采纳了近代西方的诉讼原则，如公开审判制度、律师辩护制度、合议审判制度、民事诉讼"当事人进行主义"等，但其内容与效力往往遭到特别法规的排除。综观南京国民政府的诉讼审判制度，主要有以下特点：

第一，采取秘密侦查制度。南京国民政府行使侦查职权的人员，由高及低分为三种，即检察官、司法检察官以及司法警察。他们组成一个庞大的侦查队伍，成分包括检、政、警、宪、特，散布在社会各个角落，对革命者和广大人民群众实行严密的侦查活动。在检察官行使侦查权时，《刑事诉讼法》赋予其相当大的权力，包括直接指挥司法警察官和司法警察进行侦查，而且他认为情况急迫时，还可命令在场或附近的人为之辅助；必要时，"并得请附近军事长官派遣军队辅助"；在急迫情形时，也可对不属其管辖的"犯罪嫌疑"作出"必要之处分"。总之，他们可以动用一切想要动用的力量（甚至可以请军队协助），可以侦查或处分一切想要侦查或处分的人或事。在南京国民政府的利益面前，宪法赋予人民的种种权利与自由，包括人身自由、不受军事审判之自由、生存权、通信秘密、住宅秘密等，都被随意剥夺和践踏。

第二，采取"自由心证"的诉讼证据原则。南京国民政府的刑事民事诉讼法都规定了这个原则。所谓"自由心征",即诉讼中证据的证明力及其是否被采用,不是由法律预先规定,而是由法官的"内心信念"自由判断和取舍,带有很强的唯心主义色彩。只有在严格的司法独立与成熟的法官制度予以配合的情况下,才能在一定程度上保障该制度的公平、公正。但在南京国民政府五院分而不立的体制下,在大量国民党人充任法官的情况下,法官完全根据南京国民政府的需要认定和取舍事实。当时的最高法院院长夏勤曾说:"无论何项证据,审判官以为可信则信之,以为可舍则舍之,证据力之强弱悉凭审判官之心理判断。"由此可见,这一规定表现出司法制度的武断专横。

第三,实行秘密审判和陪审制度。南京国民政府害怕革命者利用法庭作讲坛,向国民宣传革命道理,故其《法院组织法》规定:对于"妨害公共秩序"案件,即政治案件,实行秘密审判。这也有利于法院躲避社会舆论监督,更加肆无忌惮地镇压革命者。为了直接操纵对共产党人的审判,1929年12月31日,南京国民政府修正公布并实施了《反革命案件陪审暂行法》,赋予国民党党部上诉权。这种国民党员陪审制,是国民党一党专政在诉讼制度上的明显反映,也是对南京国民政府标榜的司法独立的莫大嘲讽。

第四,扩大和强化军事机关审判权。国民党统治大陆的22年间,每逢交战必戒严,而一旦戒严,就要由军法机关主理当地司法审判工作。为适应军事专政的需要,南京国民政府还不断扩大和强化军事机关的审判权。到第三次国内革命战争时期,其《戒严法》规定,不但地方司法事务归该地最高司令官掌管,司法官受其指挥,而且刑法上的"内乱"等罪以及违犯其特别刑法等罪,军事机关得自行审判;在无法院或与管辖的法院交通断绝时,其他刑事和民事案件也由该地军事机关审判。这样的军事机关已不仅仅是"参与"司法镇压,而且已使司法机关直接处于军事机关"操纵"之下,成为国民党实行军事专政的组成部分。1944年10月,南京国民政府又公布《军法人员转任司法官条例》,规定军法人员在一定条件下可转任为不同级别的法官或检察官。

第五,公开维护帝国主义侵华军队的特权。1946年6月,南京国民政府曾下令延长抗日战争时期颁行的《处理在华美军人员刑事案件条例》的效力,规定侵华美军在中国境内所犯刑事案件归美军军事法庭及军事当局裁判。这就从诉讼程序上为美国军队在中国犯罪开脱罪责提供了可能,成为外国在华领事裁判权的一种延伸。

第六,特务机关法外司法。为了严厉镇压人民群众的革命活动,国民党除依靠司法制裁外,还以多种形式的法外特务机关维持其统治,其中最重要的是中统局和军统局。这些特务组织搜罗党棍、汉奸、地痞、无赖等各种社会渣滓，并将其成员派遣到政府各个部门和社会各个角落，建立起一个自成体系的侦查网和审判机构。这种由特务机关行使审判权，广泛采用法外制裁的做法，充分暴露其宪法关于人民自由权利条文的虚伪性，成为南京国民政府司法制度法西斯化的一个标志。

# 第十五章 革命根据地新民主主义的法律制度

（公元 1912～1949 年）

## 一 单项选择题

1. 工农民主政权最具代表性的土地立法是（　　）。
   A. 《井冈山土地法》　　　　　　B. 《兴国土地法》
   C. 《中华苏维埃共和国土地法》　D. 《中国土地法大纲》

2. 共产党领导人民制定的第一个宪法性文献是（　　）。
   A. 《陕甘宁边区施政纲领》　　　B. 《中国土地法大纲》
   C. 《中华苏维埃共和国宪法大纲》D. 《中华人民共和国宪法》

3. 人民代表会议制确立于（　　）。
   A. 第一次国内革命时期　　　　　B. 抗日战争时期
   C. 解放战争时期　　　　　　　　D. 新中国建立以后

4. 《中华苏维埃共和国宪法大纲》规定的中华苏维埃共和国的最高政权是（　　）。
   A. 政府主席　　　　　　　　　　B. 人民委员会
   C. 临时中央执行委员会　　　　　D. 全国工农兵苏维埃代表大会

5. 人民陪审制度确立于（　　）。
   A. 苏区　　B. 解放区　　C. 抗日根据地　　D. 新中国

6. 我国现行刑法中的"管制"刑发端于（　　）。
   A. 工农民主政权时期　　　　　　B. 抗日战争时期
   C. 解放战争时期　　　　　　　　D. 新中国建立以后

7. 革命根据地制定的唯一一部刑法典是（　　）。
   A. 《中华苏维埃共和国惩治反革命条例》
   B. 《赣东北特区苏维埃暂行刑律》

297

C.《陕甘宁边区抗战时期惩治汉奸条例》

D.《惩治盗匪条例》

8. 解放战争后期人民民主政权施政纲领的典型代表是（　　）。

A.《陕甘宁边区宪法原则》

B.《华北人民政府施政纲领》

C.《内蒙古自治政府施政纲领》

D.《东北各省市民主政府共同施政纲领》

## 二　多项选择题

1.《中华苏维埃共和国宪法大纲》规定苏维埃政权属于（　　）。

　A. 工人　　　　　　B. 农民　　　　　　C. 民族资产阶级

　D. 红色战士　　　　E. 一切劳苦民众

2. 1931年《中华苏维埃共和国婚姻法》确立了新型婚姻和家庭制度，具体体现为（　　）。

A. 规定男女婚姻以自由为原则

B. 禁止一夫多妻和一妻多夫

C. 禁止近亲结婚

D. 禁止童养媳

E. 废除一切包办强迫和买卖婚姻

3. 抗日战争时期，我党实行"三三制"，包括哪三种势力？（　　）

　A. 共产党员　　　　　　　　B. 中间派

　C. 非党的左派进步分子　　　D. 大资产阶级

　E. 民族资产阶级

4. 抗日根据地时期马锡五审判方式的基本特点是（　　）。

　A. 审判与调解相结合　　　　B. 深入实际，调查研究

　C. 实行巡回审判　　　　　　D. 严格依法执法

　E. 采用对抗制诉讼形式

5.《中华苏维埃共和国惩治反革命条例》规定的刑罚的种类有（　　）。

　A. 死刑　　　　　B. 监禁　　　　　C. 没收财产

　D. 无期徒刑　　　E. 剥夺公民权利

6. 解放战争时期人民民主政权刑事立法的主要内容是（　　）。

A. 镇压地主恶霸　　B. 惩办战争罪犯
C. 肃清政治土匪　　D. 解散一切反动会道门迷信组织
E. 惩治反革命

## 三　名词解释

1.《中华苏维埃共和国宪法大纲》　2.《陕甘宁边区施政纲领》　3.《陕甘宁边区宪法原则》　4.《井冈山土地法》　5.《中华苏维埃共和国土地法》　6.《中国土地法大纲》（1947年）　7."三三制"政策　8. 马锡五审判方式

## 四　简答题

1. 简述革命根据地法制建设的基本特征和立法指导思想。
2. 简述《陕甘宁边区施政纲领》的主要内容。
3. 简述革命根据地的劳动立法特点。
4. 简述革命根据地的刑事立法的原则。
5. 简述革命根据地的人民调解制度。

## 五　论述题

1. 试述《中华苏维埃共和国宪法大纲》的主要内容。
2. 试述《中华苏维埃共和国土地法》的基本内容和历史意义。

## 参考答案

### 一　单项选择题

1. C　2. C　3. C　4. D　5. C　6. C　7. B　8. A

### 二　多项选择题

1. ABDE　2. ABCDE　3. ABC　4. ABCD　5. ABCE　6. ABCD

## 三 名词解释

1. 《中华苏维埃共和国宪法大纲》是 1931 年 11 月 7 日第一次全国苏维埃代表大会正式通过的宪法性文件。它的基本内容是宣告了中华苏维埃中央临时政府的成立，确定中华苏维埃共和国的政权性质是工农民主政权，政权的组织形式是工农兵苏维埃代表大会制度，并确定以彻底实现反帝反封建的革命纲领作为工农民主专政的基本任务，同时还规定了苏维埃公民的基本权利。《中华苏维埃共和国宪法大纲》是中国共产党领导人民制定的第一部新民主主义性质的宪法文件，是第二次国内革命战争时期苏区民主政权的根本大法和革命纲领，为全国工农民众指明了革命的方向，并为新民主主义宪政的发展积累了宝贵的经验。

2. 《陕甘宁边区施政纲领》是陕甘宁边区第二届参议会于 1942 年 11 月通过施行的宪法性文件。该纲领共 28 条，主要内容包括规定了抗日民主政权的基本任务和奋斗目标，抗日民主政权的性质、组织形式以及抗日人民的各项自由权利，改进司法制度，厉行廉洁政治以及规定了边区政府的基本经济文化政策。

3. 《陕甘宁边区宪法原则》是 1946 年 4 月陕甘宁边区第三届参议会第一次会议通过的宪法性文件。这个宪法原则分政权组织、人民权利、司法、经济和文化五部分，共 24 条，是解放战争时期具有代表性的宪法性文献，后来的《陕甘宁边区宪法草案》即根据它所确立的原则而制定。

4. 1928 年 12 月，湘赣边界工农民主政府颁布的《井冈山土地法》，是工农民主政权的第一部土地立法。它规定没收一切土地归苏维埃政府所有，以人口或劳动力为标准，男女平均分配。作为早期苏区土地立法的代表，这部土地法也有一些原则错误，如没收一切土地而不是只没收地主土地；农民只有土地的使用权而没有所有权；禁止土地的买卖等。

5. 《中华苏维埃共和国土地法》是 1931 年 12 月 1 日由中华工农兵苏维埃第一次全国代表大会通过的重要法律。它规定没收一切封建主、军阀、豪绅、地主的动产与不动产，以及富农多余的房屋、农具、牲畜等，宣布一切高利贷债务无效。该法还规定了土地财产的分配办法，并原则上确立了农民的土地私有权。但是，这部土地法的一些规定仍然受到极"左"路线的影响。

6. 为了充分发动群众，在解放战争中战胜国民党反动派，满足农民对土地所有权的要求，1946 年 5 月 4 日，中共中央发布了《关于土地问题的指示》（即"五四指示"），决定由减租减息政策转变为没收地主土地分配给农民的政策。1947 年

7~9月,中国共产党在河北平山县召开全国土地会议,制定了《中国土地法大纲》,于1947年10月10日公布。基本特点是:不但肯定了"五四指示"中关于"没收地主土地分给农民"的原则,还修改了对某些地主照顾过多的条款,同时也避免了历史上犯过的"地主不分田,富农分坏田"的政策错误。其主要内容有:实行耕者有其田;确定土地财产的分配办法;确定土改机关等。《土地法大纲》是解放战争时期最重要的新民主主义土地立法,它统一了各解放区土地改革工作的基本原则,纠正了中国共产党在第二次国内战争时期以来"地主不分田,富农分坏田"、不确认农民土地私有的左倾错误,推动了土地改革工作的正确开展。

7. 为充分发扬人民民主,各抗日根据地在政权组织上都实行"三三制"。即在政权机关的人员分配上,规定共产党员占1/3,非党的左派进步分子占1/3,不左不右的中间派占1/3。这一政策反映在施政纲领中即第五条规定:"在候选名单中确定共产党员只占1/3,以便各党派及无党派人士均能参加边区民意机关之活动与边区行政之管理。……共产党员应与这些党外人士实行民主合作,不得一意孤行把持包办"。这些规定对于纠正左倾关门主义,发挥党外人士参政议政的积极性,起到了重要作用。

8. 马锡五审判方式是中国共产党群众路线工作方针运用于司法审判工作的产物,因由边区陇东专署专员兼高等法院陇东分庭庭长马锡五首创而得名。这一方式在边区政权所辖的范围内得到普遍的推广。其主要内容是简化诉讼手续,实行巡回审判、就地审判。在审判中依靠群众,调查研究,运用审判与调解相结合的方法,解决疑难案件,纠正错案,使群众在审判中得到教育。马锡五审判方式,在各抗日根据地得到了广泛推广,进一步推动了人民司法的民主化。

## 四 简答题

1. 在新民主主义不同阶段,人民民主政权有不同名称。第二次国内革命战争时期称工农民主政权或红色政权;抗日战争时期称抗日民主政府或边区政府;第三次国内革命战争时期称人民民主政府。各个时期的革命任务虽有差异,但具有一些共同点:第一,工人阶级是领导阶级,它是通过中国共产党对政权的领导实现的;第二,农民阶级是最可靠的同盟军,工农联盟是政权的坚实基础;第三,这些政权坚持人民民主专政,即对人民实行最广泛的民主,对敌人实行专政。因此,人民民主政权的性质是:工人阶级领导的,以工农联盟为基础的,联合其他革命阶级的,反对外国侵略者和官僚买办资产阶级、封建地主阶级的专政;第四,革命根据地法制建设始终贯彻人民民主的原则。即在为了群众、相信群众并依靠群众的思想指导下，发动人民亲自登上历史舞台，掌握政权，制定法律，执行法律，行使广泛的民主权利，建立了以人民代表大会制度为核心的新型政治制度，成立了人民的司法机关，实行便利人民的诉讼制度。这一切都是以民主集中制和贯彻群众路线作为根本指导方针。

政权的性质决定着法律的性质。中国共产党及人民民主政权的法律制度，代表了广大民众的根本意志和利益。因此，作为党的指导思想的理论基础，马克思主义、毛泽东思想成为人民民主政权的立法指导思想；党的纲领、路线、方针、政策也就成为立法基本原则。在法律不完备时，党的决议、决定、方针、政策可以起到法律的作用。党在不同历史阶段的革命任务，也就成为人民民主政权的主要立法目的。

2. 1937年卢沟桥事变的爆发及日本帝国主义发动全面侵华战争，使民族矛盾上升为中国社会的主要矛盾。为了挽救民族危机，中国共产党提出了同国民党合作共同抗日的主张。我党领导的各抗日革命根据地，遵照抗日民族统一战线总方针和《抗日救国十大纲领》精神，陆续制定和实施了各自的施政纲领。《陕甘宁边区施政纲领》是以反对日本帝国主义，保护抗日人民，调节各阶级利益，改良工农生活和镇压汉奸、反动派为基本出发点。经中共中央政治局批准，于1942年11月陕甘宁边区参议会通过施行的宪法性文献。该纲领共21条，其主要内容是：

（1）明确阐述制定施政纲领的依据以及抗日民主政权的主要任务，规定了边区政府的基本任务和奋斗目标。即团结边区内部各社会阶级、各抗日党派，发挥一切人力、物力、财力、智力，为保卫边区、保卫西北、保卫中国、驱逐日本帝国主义而战。

（2）加强政权民主建设，保障人民民主权利，规定了抗日民主专政的政权性质。即是民族统一战线的，是一切赞成抗日又赞成民主的政权，是几个革命阶级联合起来对于汉奸和反动派的民主专政。规定实行参议会制度和"三三制"政策。参议会制度是我国人民代表大会制度在抗战时期特定历史条件下变通的政权组织形式。边区各级参议会为边区各级之人民代表机关，由其选举产生同级政府委员会。"三三制"政策则是在民主政权组成人员的分配上，共产党员（代表无产阶级和贫民）、非党的左派进步分子（代表农民和小资产阶级）、中间分子（代表民族资产阶级和开明绅士）各占1/3。这种政策的实行，对于纠正左倾关门主义，发挥党外人士参政议政的积极性，推动抗战的胜利，具有重要作用。

（3）规定了抗日人民的各项自由权利。如：保证一切抗日人民的言论、出版、集会、结社、居住、信仰、迁徙之自由权,除司法系统及公安机关依法执行其职务外,任何机关、部队、团体不得对任何人加以逮捕审问或处罚,而人民则有用无论何种方式,控告任何公务人员非法行为之权利。

(4) 规定边区政府的基本经济文化政策,规定了抗日民主政权的各项方针政策。包括实行减租减息的土地政策、调节劳资关系的劳动政策、实行男女平等的婚姻政策以及文教卫生、民族、侨务、外事方面的政策等。

3. 人民民主政权劳动立法的出发点,是维护工人阶级为主体的广大劳动者的根本利益,以调动其生产积极性,促进革命根据地的经济建设,巩固人民民主政权,改善人民生活。其主要立法原则是:

第一,废除对工人的封建剥削和其他非法剥削。如《中华苏维埃共和国劳动法》规定:"严格禁止所谓工头、包工员、买办或任何私人的代理处的各种契约、劳动包工制、包工头等";"严格禁止并严厉处罚要工人出钱买工做,或从工资中扣钱作介绍报酬"。

第二,规定工人的工作时间和工资待遇。如《中华苏维埃共和国劳动法》规定:工人每日工作时间不得超过8小时,并实行休息休假制度。抗日战争时期,为增强边区的经济实力,允许适当增加工人劳动时间,但最多不得超过12小时,且须工人自愿。《中华苏维埃共和国劳动法》还规定:工人工资不得少于劳动部规定的最低工资额,例假期间工资照发。劳资双方合同规定的工资,资方不得少发或拖欠,工人也不得提出额外要求。第三次国内革命战争时期还特别规定:在新解放城市,资方必须保持职工月工资水平不低于解放前三个月的平均工资。

第三,保护女工、青工和童工的特殊利益。严禁雇佣14岁以下的童工;对学徒工须特殊保护;实行男女同工同酬;某些部门禁止使用女工、青工。

第四,实行劳动保护和社会保险制度。企业所有机器都必须设置防护器;从事危险工作的工人必须发给必要的劳保防护用品;工人因工得病、受伤或致残、死亡,雇主须负担医药费、残废津贴或抚恤金。

第五,工人有组织工会的权利。工会主要职责是维护工人合法权益,工人参加工会组织的活动,企业主、雇主不得干涉。

但是,工农民主政权时期,由于左倾错误的影响,劳动立法也有一些脱离客观条件的内容,过分要求给予工人福利和劳动待遇,如规定工人休假过多,且要求带薪休假等。这实际上造成企业主或雇主获利太低,使其纷纷倒闭停业,造成大批工人失业,结果损害了工人根本利益。抗日战争和解放战争时期的劳动立法比较成熟,对团结一切可以团结的力量,夺取抗日战争和解放战争的胜利发挥了作用。

4. 第一，罪刑相适应原则。又称罪刑相均衡原则、罪刑等价原则，即对犯罪分子的量刑轻重，以其对社会造成的危害大小为依据。刑法性质与犯罪性质相适应，犯罪情况相同，处刑也应当相同。但是，第二次国内革命战争时期，由于左倾机会主义路线一度占据统治地位，工农民主政权曾片面贯彻所谓"阶级路线"，把工农成分和曾为苏维埃政权立功也作为减轻量刑的根据，从而破坏了罪刑相适应原则，使工农家庭出身或有功者享有减轻甚至免除刑罚的特权。抗日战争时期，摒弃了"唯成分论"和"唯功绩论"。第三次国内革命战争时期，明确把罪刑相适应原则作为刑事立法的基本原则，保证了法律面前人人平等。

第二，罪责自负原则。又称罪及个人或罪责自负反对株连原则，即对犯罪分子的惩罚只限于本人，不得连累与该犯罪无关的人。在封建社会，一人犯罪株连全家是普遍现象。国民党政权也曾推行"联保连坐"制度。人民民主政权坚持罪责自负原则，是具有重要意义的。

第三，镇压与宽大相结合原则。其含义是尽量缩小打击面，扩大教育面，着重打击罪大恶极的犯罪分子，尤其是首恶分子，而对胁从分子适当从宽处理。其目的是分化瓦解犯罪集团。1942年11月，中共中央《关于宽大政策的解释》指出：必须区别首要分子与胁从分子，主要惩治首要分子，而宽大政策主要实施于胁从分子。是否予以宽大，以表示改悔与否为标准。1947年的《中国人民解放军宣言》宣布，对国民党人员采取区别对待方针，"首恶者必办，胁从者不问，立功者受奖"。可见，镇压与宽大相结合原则，是人民民主政权刑事立法一贯坚持的基本原则。这对分化瓦解敌人，争取多数，反对少数，教育罪犯本人，争取罪犯亲属，都起到良好的作用。

第四，惩罚与教育改造相结合原则。刑法不仅是打击惩罚犯罪的武器，也起着教育改造罪犯的作用，力求做到预防和减少犯罪。人民民主政权对罪犯政策的出发点，是通过实施刑罚，将犯罪分子改造为遵纪守法自食其力的新人。为此，刑法摒弃惩罚主义、报复主义，而采取感化主义，故严禁打骂、侮辱、虐待罪犯。即使对判处死刑的罪犯，也要尊重其人格，满足其合理要求。这是革命人道主义在刑事政策上的反映，对于惩罚和改造罪犯，争取和团结其家属，都有重要意义。

5. 人民调解制度是人民民主政权司法制度的重要组成部分。革命根据地的案件，绝大部分属于人民内部矛盾，其中多数可以通过调解方式解决。人民民主政权十分重视人民调解工作，颁布了许多相应法规，如1941年山东省抗日民主政府《调解委员会暂行组织条例》，1942年晋西北行政公署《晋西北村调解暂行办法》，晋察冀边区《行政村调解工作条例》，1943年陕甘宁边区《民刑事件调解条例》

等，形成了比较完善的人民调解制度。

（1）调解形式：一是民间自行调解，即由双方当事人共同信赖的有威望的人进行调解。二是群众团体调解，如工会、农会、妇救会等出面调解。三是基层政府调解，即由基层政府的调解委员会主持调解。四是司法机关调解。这是具有法律效力的调解，如当事人违反调解达成的协议，司法机关可采取措施强制执行。而前三种调解达成的协议不具备强制性，只能靠当事人自觉遵守履行义务。如当事人反悔，任何一方均可向司法机关起诉，请求依照法律程序审判。

（2）调解的基本原则：第一，双方当事人自愿。调解必须建立在双方当事人自愿的基础上，充分尊重当事人的意愿。一方当事人不愿调解，或对拟达成的协议有不同意见，不得强行进行调解。第二，调解必须依法进行。调解不是无原则地和稀泥，而要明辨是非，依法进行。调解可以照顾进步、善良的习俗，而不能迁就落后、有害的习俗。调解方案必须符合法律规定，不得与法律相冲突。第三，调解不是必经程序。当事人可以不经调解直接向司法机关起诉，司法机关不得以该案未经调解而拒绝受理。

（3）调解的范围：调解的范围主要是民事案件（法律另有规定的除外）及轻微刑事案件，重大刑事案件或社会危害较大的刑事案件必须交司法机关依法审理，不得调解。

（4）调解的纪律：进行调解工作时，必须奉公守法，清正廉洁，摆事实，讲道理，尊重当事人的人格尊严。

## 五 论述题

1. 20世纪30年代初，工农民主政权已发展到十几个，需要建立一个中央政权。经党中央决定，1931年11月7日，在江西瑞金召开全国苏维埃代表大会，通过《中华苏维埃共和国宪法大纲》，该《宪法大纲》共17条，根据上述7条原则制定而成，基本内容如下：

第一，规定了中华苏维埃共和国宪法的任务："在于保证苏维埃区域工农民主专政的政权和达到它在全中国的胜利"。这个专政的目的是要完成反帝反封建的革命任务，统一中国，以转变到无产阶级专政。这就以宪法的形式把中共"六大"规定的反帝反封建的新民主主义任务固定下来，同时也把"六大"确定的将民主革命转变为社会主义革命的纲领肯定下来，使《宪法大纲》具有纲领的性质和特点。

第二，规定了中华苏维埃共和国的国体和政体。"中华苏维埃所建设的，是工人和农民的民主专政国家。苏维埃政权是属于工人、农民、红色战士及一切劳苦民众的",军阀、官僚、地主、豪绅、资本家、富农、僧侣及一切剥削人的人和反革命分子没有参政权和政治自由。"中华苏维埃共和国之最高政权为全国工农兵苏维埃代表大会。在大会闭会期间,全国苏维埃临时中央执行委员会为最高政权机关。在中央执行委员会下组织人民委员会,处理日常政务,发布一切法令和决议案"。各级工农兵苏维埃代表大会"讨论和决定一切国家的地方的政治任务";其代表由选举产生,必须"按期向其选举人作报告";选举人"有撤回被选举人及重新选举代表的权利"。这说明中华苏维埃共和国的国体是工人阶级领导的,以工农联盟为基础的,联合城市小资产阶级的工农民主专政;工农兵苏维埃代表大会制度实行民主集中制和议行合一的组织原则,既便于发扬民主,集中群众的意志和智慧,又能使各级工农兵苏维埃代表大会有高度的权力处理人民决定的事务,真正实现工农劳苦群众当家作主和行使管理国家事务的权利。

第三,规定了保障工农劳苦民众经济利益的各项政策。为了改善工人和农民的生活状况,消灭封建剥削制度,制定劳动法和土地法;为了保障工农利益,"使劳苦群众脱离资本主义的剥削",取消一切苛捐杂税,"征收统一的累进税","采取一切有利于工农群众并为工农群众所了解的走向社会主义的经济政策"。

第四,规定了工农劳苦民众的权利和自由。在苏维埃国家里,工农劳苦民众享有广泛的权利和自由。"工人、农民、红色战士及一切劳苦民众和他们的家属,不分男女、种族、宗教,在苏维埃法律前一律平等";他们"有权选派代表掌握政权的管理",有"手执武器参加革命战争的权利"和受教育的权利;有言论、出版、集会、结社的自由及婚姻自由、信教自由和反宗教宣传的自由,"并用群众政权的力量",取得保障这些自由的物质基础。

第五,确定了民族平等和民族自决的原则。《宪法大纲》不但规定国内各族工农劳苦民众一律平等,而且"承认中国境内少数民族的民族自决权",即"加入或脱离中国苏维埃联邦,或建立自己的自治区域"。在半殖民地半封建的旧中国,汉族与少数民族的劳动民众面临共同敌人,共同利益需要他们紧密联合起来,推翻帝国主义和国民党政权的反动统治,才能获得自由与解放。因此,《中华苏维埃共和国十大纲领》提出:"希望中国各民族,在自愿结合、抵抗共同敌人的基础上,建立完全平等的苏维埃联邦共和国。"

第六,规定了反对帝国主义和实行无产阶级国际主义的对外政策原则。《宪法大纲》从"彻底地将中国从帝国主义压榨之下解放出来"的目的出发,"宣布中国民族的完全自由与独立",不承认帝国主义在华的一切特权,废除一切不平等条约，无条件收回帝国主义的租界、租借地。"对于凡因革命行动而受到反动统治迫害的中国民众以及世界革命战士，给予托庇于苏维埃区域的权利，并帮助和领导他们重新恢复斗争的力量，一直达到革命的胜利"。"对于居住苏维埃区域内从事劳动的外国人，一律使其享有苏维埃法律所规定的一切政治上的权利"。《宪法大纲》还宣告：世界无产阶级和被压迫民族，与中华苏维埃政权站在一条革命战线上，无产阶级专政国家——苏联是它的巩固联盟。

2. 1931年12月1日，中华工农兵苏维埃第一次全国代表大会通过的《中华苏维埃共和国土地法》，是第二次国内革命战争时期适用时间最长、流行区域最广、影响最大的一部土地法，共14条，主要内容有：

第一，规定了没收土地的对象和范围。为了铲除封建制度存在的基础，没收所有封建地主、豪绅、军阀、官僚的土地和财产，没收其他大私有主的土地，没收富农的土地和多余财产。一切祠堂庙宇及公共土地，在取得农民自愿的赞助后，无条件交给农民。废除一切佃租契约和高利贷债务。

第二，规定了分配土地财产的对象、原则和方法。贫农、雇农、中农以及苦力、劳动贫民、红军家属，不分男女，都有分配土地的权利。乡村失业的独立劳动者，在农民群众赞同下，可以同样分配土地。富农不参加反革命活动，而且自己劳动耕种，"可以分得较坏的劳动份地"。土地分配应选择最有利于贫农、中农利益的方法，或按照每家劳动力多寡和人口多寡的混合原则分配，或者中农、贫农、雇农按人口平均分配，富农以劳动力为单位、人口为补助单位分配。土地分配不仅应计算面积，而且应估计土地质量。被没收的房屋，一部分分配给没有住所的贫农、中农居住，一部分归学校、机关、团体使用。牲畜和农具由贫农、中农按组织按户分配；或根据贫农意见，自愿办初步合作社经管；或根据农民主张和苏维埃同意，设立牲畜农具经理处，供给贫农、中农耕种土地使用。

《土地法》贯彻了消灭封建、半封建土地剥削制度的基本原则，对推动和保障根据地建设，消灭地主土地所有制，解放农村生产力，改善农民生活，提高其生产和革命的积极性，都起了很大作用。不过，它仍有一些左的错误规定，如："被没收土地的以前的所有者，没有分配任何土地的权利"；"富农在没收土地后"，只"可以分得较坏的劳动份地"。这一"地主不分田，富农分坏田"的政策，使地主失去生活来源，富农也很难维持生活，扩大了敌对势力，也不利于根据地的社会治安，在实践中产生了一些副作用。此外，它还规定土地国有，也违背了农民对土地私有的渴望，不利于调动其积极性。

图书在版编目（CIP）数据

中国法制史考研辅导与习题精解／李军，孙照海主编.—北京：社会科学文献出版社，2012.7
（高等学校法学专业考研辅导与习题精解）
ISBN 978 - 7 - 5097 - 3457 - 5

Ⅰ.①中… Ⅱ.①李… ②孙… Ⅲ.①法制史 - 中国 - 研究生 - 入学考试 - 自学参考资料 Ⅳ.①D929

中国版本图书馆 CIP 数据核字（2012）第 108285 号

·高等学校法学专业考研辅导与习题精解·
## 中国法制史考研辅导与习题精解

主　　编／李　军　孙照海
副 主 编／李　震　张丽静

出 版 人／谢寿光
出 版 者／社会科学文献出版社
地　　址／北京市西城区北三环中路甲 29 号院 3 号楼华龙大厦
邮政编码／100029

责任部门／人文分社　（010）59367215　　责任编辑／孙以年
电子信箱／renwen@ssap.cn　　　　　　　 责任校对／李淑慧
项目统筹／宋月华　张晓莉　　　　　　　 责任印制／岳　阳
总 经 销／社会科学文献出版社发行部　（010）59367081　59367089
读者服务／读者服务中心　（010）59367028

印　　装／北京艺辉印刷有限公司
开　　本／787mm×1092mm　1/16　　　印　张／20
版　　次／2012 年 7 月第 1 版　　　　 字　数／359 千字
印　　次／2012 年 7 月第 1 次印刷
书　　号／ISBN 978 - 7 - 5097 - 3457 - 5
定　　价／35.00 元

本书如有破损、缺页、装订错误，请与本社读者服务中心联系更换
▲ 版权所有　翻印必究